OEUVRES
COMPLÈTES
DE
J. J. ROUSSEAU

AVEC LES NOTES DE TOUS LES COMMENTATEURS.

NOUVELLE ÉDITION
ORNÉE DE QUARANTE-DEUX VIGNETTES,
GRAVÉES PAR NOS PLUS HABILES ARTISTES,

D'APRÈS LES DESSINS DE DEVÉRIA.

CORRESPONDANCE.
TOME V.

A PARIS,
CHEZ DALIBON, LIBRAIRE
DE S. A. R. MONSEIGNEUR LE DUC DE NEMOURS,
RUE HAUTEFEUILLE, N°. 10.

M DCCC XXVI.

ŒUVRES

COMPLÈTES

DE

J. J. ROUSSEAU.

TOME XXIV.

PARIS. — IMPRIMERIE DE G. DOYEN,
RUE SAINT-JACQUES, N. 38.

CORRESPONDANCE.

CORRESPONDANCE.

CINQUIÈME PARTIE.

DEPUIS LE MOIS D'AOÛT 1766 JUSQU'AU 2 DÉCEMBRE 1768.

LETTRE DCCXI.

A MADAME LA MARQUISE DE VERDELIN [1].

Wootton, août 1766.

J'ai attendu, madame, votre retour à Paris pour vous répondre, parce qu'il y a, pour écrire des provinces d'Angleterre dans les provinces de France, des embarras que j'aurois peine à lever d'ici.

Vous me demandez quels sont mes griefs contre M. Hume. Des griefs! non, madame, ce n'est pas le mot : ce mot propre n'existe pas dans la langue françoise, et j'espère, pour l'honneur de l'humanité, qu'il n'existe dans aucune langue.

M. Hume a promis de publier toutes les pièces relatives à cette affaire : s'il tient parole, vous

---

[1] * Voyez ci-devant la lettre du 13 mai 1764.

verrez, dans la lettre que je lui ai écrite le 10 juillet, les détails que vous demandez, du moins assez pour que le reste soit superflu. D'ailleurs, vous voyez sa conduite publique depuis ma dernière lettre; elle parle assez clair, ce me semble, pour que je n'aie plus besoin de rien dire.

Je vous dois cependant, madame, d'examiner ce que vous m'alléguez à ce sujet.

Que la fausse lettre du roi de Prusse soit de M. d'Alembert, ami de M. Hume, ou de M. Walpole, ami de M. Hume, ce n'est pas, au fond, de cela qu'il s'agit; c'est de savoir, quel que soit l'auteur de la lettre, si M. Hume en est complice. Vous voulez que madame du Deffand ait travaillé à cette lettre; à la bonne heure : mais deux autres écrits, mis successivement dans les mêmes papiers, et de la même main, ne sont sûrement pas de celle d'une femme; et quant à M. Walpole, tout ce que je puis dire est qu'il faut assurément que je me connoisse mal en style pour avoir pu prendre le françois d'un Anglois pour le françois de M. d'Alembert.

Votre objection, tirée du caractère connu du M. Hume, est très-forte, et m'étonnera toujours : il n'a pas fallu moins que ce que j'ai vu et senti d'opposé pour le croire. Tout ce que je peux conclure de cette contradiction est qu'apparemment M. Hume n'a jamais haï que moi seul; mais aussi quelle haine! quel art profond à la cacher et à l'assouvir! le même cœur pourroit-il suffire à deux passions pareilles?

On vous marque que j'ai voué à M. Hume une haine implacable, parce qu'il veut me déshonorer en me forçant d'accepter des bienfaits. Savez-vous bien, madame, ce que milord Maréchal, à qui vous me renvoyez, eût fait si on lui eût dit pareille chose? il eût répondu que cela n'étoit pas vrai, et n'eût pas même daigné m'en parler.

Tout ce que vous ajoutez sur l'honneur que m'eût fait une pension du roi d'Angleterre est très-juste; il est seulement étonnant que vous ayez cru avoir besoin de me dire ces choses-là. Pour vous prouver, madame, que je pense exactement comme vous sur cet article, je vous envoie ci-jointe la copie d'une lettre que j'écrivis, il y a trois mois, à M. le général Conway, et dans laquelle j'étois même fort embarrassé, sentant déjà les trahisons de M. Hume, et ne voulant cependant pas le nommer. Il ne s'agit pas de savoir si cette pension m'eût été honorable, mais si elle l'étoit assez pour que je dusse l'accepter à tout prix, même à celui de l'infamie.

Quand vous me demandez quel est le sujet qui ose solliciter son maître pour un homme qu'il veut avilir, vous ne voyez pas qu'il faisoit de cette sollicitation son grand moyen pour m'accuser bientôt de la plus noire ingratitude. Si M. Hume eût travaillé publiquement à m'avilir lui-même, vous auriez raison; mais il ne faut pas supposer qu'il exécutoit avec bêtise un projet si profondément médité : cette objection seroit bonne encore, si, connu depuis long-temps de M. Hume, j'avois été inconnu du roi d'Angleterre et de sa cour; mais votre lettre même dit le contraire : cette affaire ne pouvoit tourner, comme elle a fait, qu'à l'avantage de M. Hume. Toute la cour d'Angleterre dit maintenant : *Ce pauvre homme! il croit que tout le monde lui ressemble; nous y avons été trompés comme lui.*

Dans le plan qu'il s'étoit fait, et qu'il a si pleinement exécuté, de paroître me servir en public avec la plus grande ostentation, et de me diffamer ensuite avec la plus grande adresse, il devoit écrire et parler honorablement de moi. Vouliez-vous qu'il allât dire du mal d'un homme pour lequel il affectoit tant d'amitié? c'eût été se contredire, et jouer très-mal son jeu; il vouloit paroître avoir été pleinement ma dupe; il préparoit l'objection que vous me faites aujourd'hui.

Vous me renvoyez, sur ce que vous appelez mes griefs, à milord Maréchal, pour en juger : milord Maréchal est trop sage pour vouloir, d'où il est, voir mieux que moi ce qui se passe où je suis; et quand un homme, entre quatre yeux, m'enfonce à coups redoublés un poignard dans le sein, je n'ai pas besoin, pour savoir s'il m'a touché, de l'aller demander à d'autres.

Finissons pour jamais sur ce sujet, je vous supplie. Je vous avoue, madame, toute ma foiblesse : si je savois que M. Hume ne fût pas démasqué avant sa mort, j'aurois peine à croire encore à la Providence.

Je me fais quelque scrupule de mêler dans une même lettre des sujets si disparates ; mais cette atteinte de goutte que vous avez sentie, mais les incommodités de vos enfants, ne me permettent pas de vous rien dire ici d'eux et de vous. Quant à la goutte, il n'est pas naturel qu'elle vous maltraite beaucoup à votre âge, et j'espère que vous en serez quitte pour un ressentiment passager ; mais je n'envisage pas de même cette humeur scrofuleuse, qui paroît avoir été transmise à vos enfants par leur père ; l'âge pubère les guérira, comme je l'espère, ou rien ne les guérira ; et, dans ce dernier cas, je vois une raison de plus de combler les vœux d'un honnête homme qui a toute votre estime, et qui mérite tout votre attachement. Vos filles, malgré leur mérite, leur naissance et leur bien, se marieront peut-être avec peine, et peut-être aurez-vous vous-même quelque scrupule de les marier. Ah ! madame, les races de gens de bien sont si rares sur la terre ! voulez-vous en laisser éteindre une ? A la place des simples et vrais sentiments de la nature, qu'on étouffe, on a fourré dans la société je ne sais quels raffinements de délicatesse que je ne saurois souffrir. Croyez-moi, croyez-en votre ami, et l'ami de toutes choses honnêtes, mariez-vous, puisque votre âge et votre cœur le demandent. L'intérêt même de vos filles ne s'y oppose pas. Vos enfants des deux parts auront les biens de leur père, et ils auront de plus les uns dans les autres un appui que vous rendrez très-solide par l'attachement mutuel que vous leur saurez inspirer. Mon intérêt aussi se mêle à ce conseil, je vous l'avoue; je sens et j'ai grand besoin de sentir qu'on n'est pas tout-à-fait misérable quand on a des amis heureux[1]. Soyez-le l'un et l'autre, et l'un par l'autre; qu'au milieu des afflictions qui m'accablent j'aie la consolation de savoir que j'ai deux amis unis et fidèles, qui parlent quelquefois avec attendrissement de mes misères; elles m'en seront moins rudes à supporter. J'aime à envisager comme faite une chose qui doit se faire. Permettez-moi de vous conseiller, lorsque vous serez dans votre nouveau ménage, de bien choisir ceux à qui vous accorderez l'entrée de votre maison : qu'elle ne soit pas ouverte à tout le monde, comme la plupart des maisons de Paris. Ayez un petit nombre d'amis sûrs, et tenez-vous-en à leur commerce; ayez-en, si vous voulez, qui aient de la littérature, cela jette de l'agrément dans la société;

---

[1] Ces conseils prouvent que Jean-Jacques avoit de l'amitié pour l'amant de madame de Verdelin et dont elle vouloit faire son mari. Il ne le devint pas. C'étoit M. de Mayency.

mais point de gens de lettres de profession, sur toute chose; jamais aucun auteur, quel qu'il soit. Souvenez-vous de cet avis, madame; et soyez sûre que, si vous le négligez, vous vous en trouverez mal tôt ou tard.

Je n'ai pas la force d'étendre jusqu'à vous ma résolution de ne plus écrire; c'est une résolution que j'avois pourtant prise, mais qu'il est impossible à mon cœur d'exécuter: je vous écrirai quelquefois, madame, mais rarement peut-être; je voudrois qu'en cela vous ne m'imitassiez pas. Je ne dois pas vous affliger, et vous pouvez me consoler. Je vous prie de ne remettre vos lettres ni à M. Coindet ni à personne; mais de les envoyer vous-même sous l'adresse ci-jointe, exactement suivie, sans que mon nom y paroisse en aucune façon: en prenant soin de faire affranchir les lettres jusqu'à Londres, elles parviendront sûrement, et personne ne les ouvrira que moi; mais il faut tâcher, par économie, d'éviter les paquets, et d'écrire plutôt des lettres simples sur d'aussi grand papier qu'on veut; car, quelque grosse que soit une lettre simple, elle ne paie que pour simple; mais la moindre enveloppe renchérit le port exorbitamment. Le dernier paquet de M. Coindet m'a coûté six francs de port: je ne les ai pas regrettés assurément; ce paquet contenoit une lettre de vous; mais en tout ce qui peut se faire avec économie, sans que la chose aille moins bien, je suis dans une position qui m'en rend le soin très-utile. Au reste, je ne sais pas qui peut vous avoir dit que j'étois à vingt-cinq lieues de Londres; j'en suis à cinquante bonnes; et j'ai mis quatre jours à les faire, avec les mêmes chevaux à la vérité. Recevez, madame, les salutations de la plus tendre amitié.

LETTRE DCCXII.

A M. MARC-MICHEL REY.

Woolton, août 1766.

Je reçois, mon cher compère, avec grand plaisir, de vos nouvelles : l'impossibilité de trouver nulle part ce repos après lequel mon cœur soupire inutilement m'eût fait un scrupule de vous donner des miennes, pour ne pas vous affliger. D'ailleurs, voulant me recueillir en moi-même, autant qu'il est possible, et ne plus rien savoir de ce qui se passe dans le monde par rapport à moi, j'ai rompu tout commerce de lettres, hors les cas d'absolue nécessité; cela fera que je vous écrirai plus rarement désormais : mais soyez sûr que mon attachement pour vous, et pour tout ce qui vous appartient, est toujours le même; et que ce seroit une grande consolation pour moi dans la vieillesse qui s'approche, au milieu d'un cortége de douleurs de toute espèce, d'embrasser ma chère filleule avant ma mort.

J'ai su que vous aviez eu aussi quelques affaires désagréables : j'en étois en peine ; et je vous aurois écrit à ce sujet, si vous ne m'aviez prévenu. J'augure, sur ce que vous ne m'en dites rien, que tout cela n'a pas eu de suites, et je m'en réjouis de tout mon cœur ; mais mon amitié pour vous ne me permet pas de vous taire mon sentiment sur ces sortes d'affaires. Tandis que vous commenciez et que vous aviez besoin de mettre, pour ainsi dire, à la loterie, il vous convenoit de courir quelques risques pour vous avancer : mais maintenant que votre maison est bien établie, que vos affaires, comme je le suppose, sont en bon état, ne les dérangez pas par votre faute ; jouissez en paix de la fortune dont la Providence a béni votre travail ; et, au lieu d'exposer le bien de vos enfants et le vôtre, contentez-vous de l'entretenir en sûreté, sans plus vous permettre d'entreprises hasardeuses. Voilà, mon cher compère, un conseil de l'amitié, et, je crois, de la raison : si vous trouvez qu'il soit à votre usage, profitez-en.

Vos gazettes disent donc que M. Hume est mon bienfaiteur, et que je suis son protégé ! Que Dieu me préserve d'être souvent protégé de la sorte, et de trouver en ma vie encore un pareil bienfaiteur ! Je présume que cet article n'est que préparatoire, et qu'il en suivra bientôt un second, aussi véridique, aussi humain, aussi juste. Qu'importe, mon cher compère ? laissons dire, et M. Hume, et les plénipotentiaires, et les puissances, et les gazetiers, et le public, et tout le monde ; qu'ils crient, qu'ils m'outragent, qu'ils m'insultent ; qu'ils disent et fassent tout ce qu'ils voudront : mon ame, en dépit d'eux, restera toujours la même ; il n'est pas au pouvoir des hommes de la changer. Le public désormais est mort pour moi ; je vous prie, quand vous m'écrirez, de ne me reparler jamais de ce qu'on y dit.

MM. Becket et de Hondt ne m'ont point parlé de la pension de mademoiselle Le Vasseur ; et comme l'année n'est pas écoulée, cela ne presse pas : mais je vous prie de ne vous servir jamais de ces messieurs, pour me rien envoyer, ni pour rien qui me regarde ; j'ai senti, dans plus d'une affaire, l'influence que M. Hume a sur eux. Il vient de m'en arriver une qui mérite d'être contée. M. du Peyrou ayant jugé à propos de m'envoyer mes livres, je l'avois prié de les adresser à ces messieurs, qui s'étoient offerts. Ayant une collection considérable d'estampes, dont les droits, exigés à la rigueur, auroient passé mes ressources, je les priai de tâcher de faire mitiger le droit, d'autant plus que la moitié de mes estampes ne valant pas ce droit, j'aimerois mieux les abandonner que de les payer sans rabais : ces messieurs promettent de faire de leur mieux ; ils reçoivent mes livres, et, outre quinze louis de port, en prennent quinze autres chez mon banquier pour les frais de douane ; gardent et fouillent les livres, tant qu'il leur plaît, sans me rien marquer de leur arrivée ; m'envoient enfin sans avis un ballot que je les avois priés de m'envoyer sitôt que les miens arriveroient. J'ouvre ce ballot où mes estampes étoient ; je trouve les portefeuilles vides, et pas une seule estampe ni petite ni grande, sans qu'ils aient même daigné me marquer ce qu'ils en avoient fait. Ainsi j'ai quinze louis de port, autant de douane, sans savoir sur quoi, et pour cent louis d'estampes perdues, sans qu'il m'en reste une seule[1]. Je ne sais si les livres que vous avez vus doivent payer à Londres mille écus de douane ; mais je sais bien que si je les revends, comme il le faut bien, je n'en retirerai pas la moitié de cette somme. Il y a un seul article d'une livre sterling (c'est près d'un louis) pour une vieille guitare sourde, brisée et pourrie, qui m'a coûté six francs de France, et dont je ne les retrouverai jamais. Cela ne se feroit pas à Alger, mais cela se fait à Londres, grâces aux bons soins de ces messieurs. Si je laisse long-temps mes livres dans leur magasin, et s'ils me font payer à proportion pour l'entrepôt, ne le pouvant pas, je serai

---

[1] * Ces estampes, déplacées des portefeuilles qui les contenoient, se sont retrouvées dans un autre ballot.

forcé de leur laisser mes livres : ainsi j'aurai perdu, par leurs bons soins, tous mes livres, toutes mes estampes, et trente louis d'argent comptant. Que dites-vous de cela? Je crois que ces messieurs sont par eux-mêmes de fort honnêtes gens; mais je crois aussi qu'à mon égard ils cèdent trop à l'instigation d'autrui. C'est pourquoi je veux n'avoir avec eux, si je puis, aucune sorte d'affaires, de peur de m'en trouver toujours plus mal. Je chercherai, si vous y consentez, à me prévaloir sur vous des trois cents francs de mademoiselle Le Vasseur, soit par lettre de change, soit en vous envoyant d'Angleterre son reçu, en échange duquel vous en donnerez l'argent à celui qui vous le remettra.

Je dois avoir parmi mes livres un exemplaire de la musique du *Devin du village* : si vous persistez à vouloir le faire graver, je pourrois corriger cet exemplaire, et vous l'envoyer; mais il faut du temps, non seulement pour attendre l'occasion, mais pour le faire venir de Londres, parce qu'il faut que je donne commission à quelqu'un de confiance d'ouvrir la balle où il est, pour l'en tirer et me l'envoyer; ce qui ne peut se faire avant cet hiver. Je suis très-fâché que vous publiiez *la Reine fantasque*, parce que cela peut faire encore des tracasseries désagréables pour vous et pour moi.

Guy m'a écrit au sujet du *Dictionnaire de*

Musique; il se plaint de vous et de vos propositions, qu'il trouve déraisonnables : je lui ai répondu qu'il fît comme il l'entendroit; que je vous aimois fort tous les deux, mais que des affaires de libraire à libraire, je ne m'en mêlerois de mes jours. Mille tendres salutations à madame Rey. J'embrasse la chère petite et son cher papa.

Voici une adresse dont il faut vous servir désormais, quand vous m'écrirez : ne faites point d'enveloppe; et, quoique mon nom ne paroisse point sur la lettre, soyez sûr que personne ne l'ouvrira que moi, et qu'elle me parviendra sûrement, pourvu que vous suiviez exactement l'adresse, et que vous affranchissiez jusqu'à Londres, sans quoi les lettres pour les provinces d'Angleterre restent au rebut.

LETTRE DCCXIII.

A M. D'IVERNOIS.

Wootton, le 16 août 1766.

Je suis extrêmement en peine de vous, monsieur, n'ayant point de vos nouvelles depuis le 21 juin : je vous ai marqué, il est vrai, que je ne vous écrirois pas; mais, comme vous n'étiez pas dans le même embarras que moi, je me flattois que mon silence ne produiroit pas le vôtre; et j'espère au moins, puisque vous ne m'avez rien écrit de contraire à la promesse que vous m'avez faite de me venir voir cet automne, que cette promesse sera exécutée: ainsi je vous attends au mois de novembre, fâché seulement que vous ne preniez pas une meilleure saison.

Je vous prie de voir, en passant à Lyon, madame Boy de la Tour, ma bonne amie, et sa chère fille, et de m'apporter amplement de leurs nouvelles. Apprenez-moi le rétablissement de la première, et le bonheur de la seconde dans son mariage; rien ne manquera à mon plaisir en vous embrassant. Assurez-les de ma tendre et constante amitié pour elles, et dites-leur que vous leur expliquerez à votre retour pourquoi je ne leur ai point écrit, moi qui pense continuellement à elles, et pourquoi je n'écris plus à personne, hors le cas de nécessité.

Vous ne manquerez pas, je vous prie, en passant à Paris, de voir madame la veuve Duchesne, libraire, et M. Guy, à qui je compte envoyer une lettre pour vous, où je rassemblerai ce que je peux avoir à vous dire d'ici à ce temps-là concernant votre voyage. En attendant, je vous préviens de ne donner votre confiance à personne à Londres sur ce qui me regarde; mais de remettre, s'il se peut, les affaires que vous pourriez avoir dans cette capitale à votre retour, où vous pourrez aussi m'y rendre des services. Je vous prie aussi de ne m'amener personne de Londres, qui que ce puisse être, et quelque prétexte qu'ils puissent prendre pour vous accompagner; il suffira que vous preniez, pour la route, un domestique qui sache la langue; je ne vois pas que vous puissiez vous en passer; car dans la route, ni dans cette contrée, personne ne sait un seul mot de françois.

Je ne vous envoie point cette lettre par M. Lucadou; vous en saurez la raison quand nous nous serons vus : ne me répondez pas non plus par son canal; mais envoyez votre lettre à M. du Peyrou, qui aura la bonté de me la faire parvenir; je vous avoue même que je désirerois que M. Lucadou ne fût pas prévenu de votre voyage, de crainte qu'il ne survînt des obstacles qui vous empêcheroient de l'achever. Je ne puis vous en dire ici davantage; mais tout ce que je désire pour ce moment le plus au monde est de vous voir arriver en bonne santé. Je vous embrasse.

LETTRE DCCXIV.

A M. DU PEYROU.

Wootton, le 16 août 1766.

Je ne doute point, mon cher hôte, que les choses incroyables que M. Hume écrit partout ne vous soient parvenues, et je ne suis pas en peine de l'effet qu'elles feront sur vous. Il promet au public une relation de ce qui s'est passé entre lui et moi, avec le recueil des lettres. Si ce recueil est fait fidèlement, vous y verrez, dans celle que je lui ai écrite le 10 juillet, un ample détail de sa conduite et de la mienne; sur lequel vous pourrez juger entre nous; mais comme infailliblement il ne fera pas cette publication, du moins sans les falsifications les plus énormes, je me réserve à vous mettre au fait par le retour de M. d'Ivernois; car vous copier maintenant cet immense recueil, c'est ce qui ne m'est pas possible, et ce seroit rouvrir toutes mes plaies : j'ai besoin d'un peu de trève pour reprendre mes forces prêtes à me manquer; du reste je le laisse déclamer dans le public et s'emporter aux injures les plus brutales : je ne sais point quereller en charretier : j'ai un défenseur dont les opérations sont lentes, mais sûres; je les attends et je me tais.

Je vous dirai seulement un mot sur une pension du roi d'Angleterre dont il a été question, et dont vous m'aviez parlé vous-même : je ne vous répondis pas sur cet article, non seulement à cause du secret que M. Hume exigeoit, au nom du roi, et que je lui ai fidèlement gardé jusqu'à ce qu'il l'ait publié lui-même, mais parce que n'ayant jamais bien compté sur cette pension, je ne voulois vous flatter pour moi de cette espérance que quand je serois assuré de la voir remplir. Vous sentez que, rompant avec M. Hume, après avoir découvert ses trahisons, je ne pouvois, sans infamie, accepter des bienfaits qui me venoient par lui : il est vrai que ces bienfaits et ces trahisons semblent s'accorder fort mal ensemble ; tout cela s'accorde pourtant fort bien. Son plan étoit de me servir publiquement avec la plus grande ostentation, et de me diffamer en secret avec la plus grande adresse : ce dernier objet a été parfaitement rempli ; vous aurez la clef de tout cela. En attendant, comme il publie partout qu'après avoir accepté la pension, je l'ai malhonnêtement refusée, je vous envoie une copie de la lettre que j'écrivis à ce sujet au ministre, par laquelle vous verrez ce qu'il en est. Je reviens maintenant à ce que vous m'en avez écrit.

Lorsqu'on vous marqua que la pension m'avoit été offerte, cela étoit vrai ; mais lorsqu'on ajouta que je l'avois refusée, cela étoit parfaitement faux ; car, au contraire, sans aucun doute alors sur la sincérité de M. Hume, je ne mis, pour accepter cette pension, qu'une condition unique, savoir, l'agrément de milord Maréchal, que, vu ce qui s'étoit passé à Neuchâtel, je ne pouvois me dispenser d'obtenir. Or, nous avions eu cet agrément avant mon départ de Londres ; il ne restoit de la part de la cour qu'à terminer l'affaire ; ce que je n'espérois pourtant pas beaucoup ; mais ni dans ce temps-là, ni avant, ni après, je n'en ai parlé à qui que ce fût au monde, hors le seul milord Maréchal, qui sûrement m'a gardé le secret : Il faut donc que ce secret ait été ébruité de la part de M. Hume. Or, comment M. Hume a-t-il pu dire que j'avois refusé, puisque cela étoit faux, et qu'alors mon intention n'étoit pas même de refuser? Cette anticipation ne montre-t-elle pas qu'il savoit que je serois bientôt forcé à ce refus, et qu'il entroit même dans son projet de m'y forcer, pour amener les choses au point où il les a mises? La chaîne de tout cela me paroît importante à suivre pour le travail dont je suis occupé; et si vous pouviez parvenir à remonter, par votre ami, à la source de ce qu'il vous écrit, vous rendriez un grand service à la chose et à moi-même.

Les choses qui se passent en Angleterre à mon égard sont, je vous assure, hors de toute imagination : j'y suis dans la plus complète diffamation où il soit possible d'être, sans que j'aie donné à cela la moindre occasion, et sans que pas une ame puisse dire avoir eu personnellement le moindre mécontentement de moi. Il paroît maintenant que le projet de M. Hume et de ses associés est de me couper toute ressource, toute communication avec le continent, et de me faire périr ici de douleur et de misère. J'espère qu'ils ne réussiront pas; mais deux choses me font trembler : l'une est qu'ils travaillent avec force à détacher de moi

M. Davenport, et que, s'ils réussissent, je suis absolument sans asile, et sans savoir que devenir; l'autre, encore plus effrayante, est qu'il faut absolument que, pour ma correspondance avec vous, j'aie un commissionnaire à Londres, à cause de l'affranchissement jusqu'à cette capitale, qu'il ne m'est pas possible de faire ici; je me sers pour cela d'un libraire que je ne connois point, mais qu'on m'assure être fort honnête homme; si par quelque accident cet homme venoit à me manquer, il ne me reste personne à qui adresser mes lettres en sûreté, et je ne saurois plus comment vous écrire : il faut espérer que cela n'arrivera pas; mais, mon cher hôte, je suis si malheureux ! il ne me faudroit que ce dernier coup.

Je tâche de fermer de tous côtés la porte aux nouvelles affligeantes ; je ne lis plus aucun papier public; je ne réponds plus à aucune lettre, ce qui doit rebuter à la fin de m'en écrire ; je ne parle que de choses indifférentes au seul voisin avec lequel je converse, parce qu'il est le seul qui parle françois. Il ne m'a pas été possible, vu la cause, de n'être pas affecté de cette épouvantable révolution, qui, je n'en doute pas, a gagné toute l'Europe; mais cette émotion a peu duré; la sérénité est revenue, et j'espère qu'elle tiendra : car il me paroît difficile qu'il m'arrive désormais aucun malheur imprévu. Pour vous, mon cher hôte, que tout cela ne vous ébranle pas : j'ose vous prédire qu'un jour l'Europe portera le plus grand respect à ceux qui en auront conservé pour moi dans mes disgrâces.

LETTRE DCCXV.

A MADAME LA COMTESSE DE BOUFFLERS.

Wootton, le 30 août 1766.

Une chose me fait grand plaisir, madame, dans la lettre que vous m'avez fait l'honneur de m'écrire le 27 du mois dernier, et qui ne m'est parvenue que depuis peu de jours; c'est de connoître à son ton que vous êtes en bonne santé.

Vous dites, madame, n'avoir jamais vu de lettre semblable à celle que j'ai écrite à M. Hume; cela peut être, car je n'ai, moi, jamais rien vu de semblable à ce qui y a donné lieu : cette lettre ne ressemble pas du moins à celles qu'écrit M. Hume; et j'espère n'en écrire jamais qui leur ressemblent.

Vous me demandez quelles sont les injures dont je me plains. M. Hume m'a forcé de lui dire que je voyois ses manœuvres secrètes, et je l'ai fait; il m'a forcé d'entrer là-dessus en explication : je l'ai fait encore, et dans le plus grand détail. Il peut vous rendre compte de tout cela, madame; pour moi, je ne me plains de rien.

Vous me reprochez de me livrer à d'odieux soupçons : à cela je réponds que je ne me livre point à des soupçons : peut-être auriez-vous pu, madame, prendre pour vous un peu des leçons que vous me donnez, n'être pas si facile à croire que je croyois si facilement aux trahisons, et vous dire pour moi une partie des choses que vous vouliez que je me disse pour M. Hume.

Tout ce que vous m'alléguez en sa faveur forme un préjugé très-fort, très-raisonnable, d'un très-grand poids, surtout pour moi, et que je ne cherche point à combattre; mais les préjugés ne font rien contre les faits. Je m'abstiens de juger du caractère de M. Hume, que je ne connois pas; je ne juge que sa conduite avec moi, que je connois. Peut-être suis-je le seul homme qu'il ait jamais haï, mais aussi quelle haine! Un même cœur suffiroit-il à deux comme celle-là ?

Vous vouliez que je me refusasse à l'évidence, c'est ce que j'ai fait autant que j'ai pu ; que je démentisse le témoignage de mes sens, c'est un conseil plus facile à donner qu'à suivre; que je ne crusse rien de ce que je sentois ; que je consultasse les amis que j'ai en France : mais si je ne dois rien croire de ce que je vois et de ce que je sens, ils croiront bien moins encore, eux qui ne le voient pas, et qui le sentent encore moins. Quoi; madame! quand un homme vient entre quatre yeux m'enfoncer, à coups redoublés, un poignard dans le sein, il faut, avant d'oser lui dire qu'il me frappe, que j'aille demander à d'autres s'il m'a frappé !

L'extrême emportement que vous trouvez dans ma lettre me fait présumer, madame, que vous n'êtes pas de sang-froid vous-même, ou que la copie que vous avez vue est falsifiée. Dans la circonstance funeste où j'ai écrit cette lettre, et où M. Hume m'a forcé de l'écrire, sachant bien ce qu'il en vouloit faire, j'ose dire qu'il falloit avoir une ame forte pour se modérer à ce point. Il n'y a que les infortunés qui sentent combien, dans l'excès d'une affliction de cette espèce, il est difficile d'allier la douceur avec la douleur.

M. Hume s'y est pris autrement, je l'avoue ; tandis qu'en réponse à cette même lettre il m'écrivoit en termes décents et même honnêtes, il écrivoit à M. d'Holbach et à tout le monde en termes un peu différents. Il a rempli Paris, la France, les gazettes, l'Europe entière, de choses que ma plume ne sait pas écrire, et qu'elle ne répétera jamais : étoit-ce comme cela, madame, que j'aurois dû faire ?

Vous dites que j'aurois dû modérer mon emportement contre un homme qui m'a réellement servi. Dans la longue lettre que j'ai écrite le 10 juillet à M. Hume, j'ai pesé avec la plus grande équité les services qu'il m'a rendus : il étoit digne de moi d'y faire partout pencher la balance en sa faveur, et c'est ce que j'ai fait : mais quand tous ces grands services auroient eu autant de réalité que d'ostentation, s'ils n'ont été que des pièges qui couvroient les plus noirs desseins, je ne vois pas qu'ils exigent une grande reconnoissance.

Les liens de l'amitié sont respectables même après qu'ils sont rompus : cela est vrai, mais cela suppose que ces liens ont existé : malheureusement ils ont existé de ma part ; aussi le parti que j'ai pris de gémir tout bas et de me taire est-il l'effet du respect que je me dois.

Et les seules apparences de ce sentiment le sont aussi. Voilà, madame, la plus étonnante maxime dont j'aie jamais entendu parler. Comment ! sitôt qu'un homme prend en public le masque de l'amitié, pour me nuire plus à son aise, sans même daigner se cacher de moi, sitôt qu'il me baise en m'assassinant, je dois n'oser plus me défendre, ni parer ses coups, ni m'en plaindre, pas même à lui..... Je ne puis croire que c'est là ce que vous avez voulu dire ; cependant, en relisant ce passage dans votre lettre, je n'y puis trouver aucun autre sens.

Je vous suis obligé, madame, des soins que vous voulez prendre pour ma défense, mais je ne les accepte pas : M. Hume a si bien jeté le masque, qu'à présent sa conduite parle et dit tout à qui ne veut pas s'aveugler ; mais quand cela ne seroit pas, je ne veux point qu'on me justifie, parce que je n'ai pas besoin de justification, et je ne veux pas qu'on m'excuse, parce que cela est au-dessous de moi; je souhaiterois seulement que, dans l'abîme de malheurs où je suis plongé, les personnes que j'honore m'écrivissent des lettres moins accablantes, afin que j'eusse au moins la consolation de conserver pour elles tous les sentiments qu'elles m'ont inspirés.

LETTRE DCCXVI.

A M. D'IVERNOIS.

Wootton, 30 août 1766.

J'ai lu, monsieur, dans votre lettre du 31 juillet, l'article de la gazette que vous y avez transcrit, et sur lequel vous me demandez des instructions pour ma défense. Eh! de quoi, je vous prie, voulez-vous me défendre? de l'accusation d'être un infâme? Mon bon ami, vous n'y pensez pas : lorsqu'on vous parlera de cet article, et des étonnantes lettres qu'écrit M. Hume, répondez simplement : Je connois mon ami Rousseau; de pareilles accusations ne sauroient le regarder : du reste, faites comme moi; gardez le silence, et demeurez en repos : surtout ne me parlez plus de ce qu'on dit dans le public et dans les gazettes; il y a longtemps que tout cela est mort pour moi.

Il y a cependant un point sur lequel je désire que mes amis soient instruits, parce qu'ils pourroient croire, comme ils ont fait quelquefois, et toujours à tort, que des principes outrés me conduisent à des choses déraisonnables. M. Hume a répandu à Paris et ailleurs que j'avois refusé brutalement une pension de deux mille francs du roi d'Angleterre, après l'avoir acceptée: je n'ai jamais parlé à personne de cette pension que le roi vouloit qui fût secrète, et je n'en aurois parlé de ma vie si M. Hume n'eût commencé. L'histoire en seroit longue à déduire dans une lettre; il suffit que vous sachiez comment je m'en défendis, quand, ayant découvert les manœuvres secrètes de M. Hume, je dus ne rien accepter par la médiation d'un homme qui me trahissoit. Voici, monsieur, une copie de la lettre que j'écrivis à ce sujet à M. le général Conway, secrétaire d'état. J'étois d'autant plus embarrassé dans cette lettre que, par un excès de ménagement, je ne voulois ni nommer M. Hume, ni dire mon vrai motif: je l'envoie pour que vous jugiez, quant à présent, d'une seule chose, si j'ai refusé malhonnêtement. Quand nous nous verrons, vous saurez le reste: plaise à Dieu que ce soit bientôt! Toutefois, ne prenez rien sur vos affaires d'aucune espèce: je puis attendre, et, dans quelque temps que vous veniez, je vous verrai toujours avec le même plaisir. Je me rapporte en toute chose à la lettre que je vous ai écrite, il y a une quinzaine de jours, par voie d'ami; je vous embrasse de tout mon cœur.

P. S. Il faut que vous ayez une mince opinion de mon discernement, en fait de style, pour vous imaginer que je me trompe sur celui de M. de Voltaire, et que je prends pour être de lui ce qui n'en est pas; et il faut en revanche que vous ayez une haute opinion de sa bonne foi, pour croire que dès qu'il renie un ouvrage c'est une preuve qu'il n'est pas de lui.

LETTRE DCCXVII.

A MADAME LA DUCHESSE DE PORTLAND.

Wootton, le 3 septembre 1766.

Madame,

Quand je n'aurois eu aucun goût pour la botanique, les plantes que M. Granville m'a remises de votre part m'en auroient donné; et, pour mériter les trésors que je tiens de vous, je voudrois apprendre à les connoître : mais, madame la duchesse, il me manque le plus essentiel pour cela, et ce n'est pas assez pour moi de vos herbes, il me faudroit de plus vos instructions ; que ne suis-je à portée d'en profiter quelquefois ! Si, commençant trop tard cette étude, je n'avois jamais l'honneur de savoir, j'aurois du moins le plaisir d'apprendre, et celui d'apprendre auprès de vous : j'y trouverois cette précieuse sérénité d'ame que donne la contemplation des merveilles qui nous entourent ; et, que j'en devinsse ou non meilleur botaniste, j'en deviendrois sûrement et plus sage et plus heureux. Voilà, madame la duchesse, un bien que j'aime à chercher à votre exemple, et qu'on ne recherche jamais en vain : plus l'esprit s'éclaire et s'instruit, plus le cœur demeure paisible ; l'étude de la nature nous détache de nous-mêmes et nous élève à son auteur. C'est en ce sens qu'on devient vraiment philosophe, c'est ainsi que l'histoire naturelle et la botanique ont un usage pour la sagesse et pour la vertu. Donner le change à nos passions par le goût des belles connoissances, c'est enchaîner les Amours avec des liens de fleurs.

Daignez, madame la duchesse, recevoir avec bonté mon profond respect.

LETTRE DCCXVIII.

A M. ROUSTAN.

Wootton, le 7 septembre 1766.

Vous méritez bien, monsieur, l'exception que je fais pour vous de très-bon cœur au parti que j'ai pris de rompre toute correspondance de lettres, et de n'écrire plus à personne, hors les cas de nécessité. Je ne veux pas vous laisser un moment la fausse opinion que je ne vois en vous qu'un homme d'église, et j'ajouterai que je suis bien éloigné de voir les ecclésiastiques en général de l'œil que vous supposez; ils sont bien moins mes ennemis que des instruments aveugles et ostensibles dans les mains de mes ennemis adroits et cachés. Le clergé catholique, qui seul avoit à se plaindre de moi, ne m'a jamais fait ni voulu aucun mal; et le clergé protestant, qui n'avoit qu'à s'en louer, ne m'en a fait et voulu que parce qu'il est aussi stupide que courtisan, et qu'il n'a pas vu que ses ennemis et les miens le faisoient agir pour me nuire contre tous ses vrais intérêts. Je reviens à vous, monsieur, pour qui mes sentiments n'ont point changé, parce que je crois les vôtres toujours les mêmes, et que les hommes de votre étoffe prennent moins l'esprit de leur état qu'ils n'y portent le leur. Je n'ai pas craint que les clameurs de M. Hume fissent impression sur vous, ni sur M. Abauzit, ni sur aucun de ceux qui me connoissent; et, quant au public, il est mort pour moi; ses jugements insensés l'ont tué dans mon cœur; je ne connois plus d'autre bien que celui de la paix de l'ame et des jours achevés en repos, loin du tumulte et des hommes; et si les méchants ne veulent pas m'oublier, peu m'importe, pour moi je les ai parfaitement oubliés. M. Hume, en m'accablant publiquement des outrages que vous savez, a promis de publier les faits et les pièces qui les autorisent. Peut-être voudroit-il aujourd'hui n'avoir pas pris cet engagement, mais il est pris enfin: s'il le remplit, vous trouverez dans sa relation l'éclaircissement que vous demandez; s'il ne le remplit pas, vous en pourrez juger par-là même: un tel silence, après le bruit qu'il a fait, seroit décisif. Il faut, monsieur, que chacun ait son tour, c'est à présent celui de M. Hume: le mien viendra tard; il viendra toutefois, je m'en fie à la Providence. J'ai un défenseur dont les opérations sont lentes, mais sûres; je les attends, et je me tais. Je suis touché du souvenir de M. Abauzit et de ses obligeantes inquiétudes: saluez-le tendrement et respectueusement de ma part; marquez-lui qu'il ne se peut pas qu'un homme qui sait honorer dignement la vertu en soit dépourvu lui-même: assurez-le que, quoi que puissent faire et dire et

M. Hume, et les gazetiers, et les plénipotentiaires, et toutes les puissances de la terre, mon ame restera toujours la même : elle a passé par toutes les épreuves, et les a soutenues; il n'est pas au pouvoir des hommes de la changer. Je vous remercie de l'offre que vous me faites de m'instruire de ce qui se passe; mais je ne l'accepte pas : je ne prévois que trop ce qui arrivera, comme j'ai prévu tout ce qui arrive. La bourgeoisie n'a démenti en rien la haute opinion que j'avois d'elle ; sa conduite, toujours sage, modérée, et ferme dans d'aussi cruelles circonstances, offre un exemple peut-être unique, et bien digne d'être célébré. Jamais ils n'ont mieux mérité de jouir de la liberté qu'au moment qu'ils la perdent; et j'ose dire qu'ils effacent la gloire de ceux qui la leur ont acquise. Vous devriez bien, monsieur, former la noble entreprise de célébrer ces hommes magnanimes, en faisant l'oraison funèbre de leur liberté : votre cœur seul, même sans vos talents, suffiroit pour vous faire exécuter supérieurement cette entreprise ; et jamais Isocrate et Démosthène n'ont traité de plus grand sujet. Faites-le, monsieur, avec majesté et simplicité; ne vous y permettez ni satire ni invective, pas un mot choquant contre les destructeurs de la république; les faits, sans y ajouter de réflexion, quand ils seront à leur charge. Détournez vos regards de l'iniquité triomphante, et ne voyez que la vertu dans les fers.

Imitez cette ancienne prêtresse d'Athènes qui ne voulut jamais prononcer d'imprécations contre Alcibiade, disant qu'elle étoit ministre des dieux, non pour excommunier et maudire, mais pour louer et bénir.

LETTRE DCCXIX.

A MILORD MARÉCHAL.

7 septembre 1766.

Je ne puis vous exprimer, milord, à quel point, dans les circonstances où je me trouve, je suis alarmé de votre silence. La dernière lettre que j'ai reçue de vous étoit du... Seroit-il possible que les terribles clameurs de M. Hume eussent fait impression sur vous, et m'eussent, au milieu de tant de malheurs, ôté la seule consolation qui me restoit sur la terre ? Non, milord : cela ne peut pas être ; votre ame ferme ne peut être entraînée par l'exemple de la foule ; votre esprit judicieux ne peut être abusé à ce point. Vous n'avez point connu cet homme, personne ne l'a connu, ou plutôt il n'est plus le même. Il n'a jamais haï que moi seul ; mais aussi quelle haine ! un même cœur pourroit-il suffire à deux comme celle-là ? Il a marché jusqu'ici dans les ténèbres, il s'est caché ;

mais maintenant il se montre à découvert. Il a rempli l'Angleterre, la France, les gazettes, l'Europe entière, de cris auxquels je ne sais que répondre, et d'injures dont je me croirois digne si je daignois les repousser. Tout cela ne décèle-t-il pas avec évidence le but qu'il a caché jusqu'à présent avec tant de soin? Mais laissons M. Hume, je veux l'oublier malgré les maux qu'il m'a faits: seulement qu'il ne m'ôte pas mon père; cette perte est la seule que je ne pourrois supporter. Avez-vous reçu mes dernières lettres, l'une du 20 juillet et l'autre du 9 août? Ont-elles eu le bonheur d'échapper aux filets qui sont tendus tout autour de moi, et au travers desquels peu de chose passe? Il paroît que l'intention de mon persécuteur et de ses amis est de m'ôter toute communication avec le continent, et de me faire périr ici de douleur et de misère; leurs mesures sont trop bien prises pour que je puisse aisément leur échapper. Je suis préparé à tout et je puis tout supporter hors votre silence. Je m'adresse à M. Rougemont; je ne connois que lui seul à Londres à qui j'ose me confier: s'il me refuse ses services, je suis sans ressource et sans moyens pour écrire à mes amis. Ah, milord! qu'il me vienne une lettre de vous, et je me console de tout le reste!

LETTRE DCCXX.

A M. RICHARD DAVENPORT.

Wootton, le 11 septembre 1766.

Après le départ, monsieur, de ma précédente lettre, j'en reçus enfin une de M. Becket : il me marque que les estampes sont dans une des autres caisses; ainsi je n'ai plus rien à dire : mais vous m'avouerez que, ne les trouvant pas dans la caisse où elles devoient être, et trouvant les portefeuilles vides, il étoit assez naturel que je les crusse perdues. Il me reste à vous faire mes excuses de vous avoir donné pour cette affaire bien de l'embarras mal à propos.

Vous recevez si bien vos hôtes, et votre habitation me paroît si agréable, que j'ai grande envie de retourner vous y voir l'année prochaine. Si vous n'étiez pas pressé pour la plantation de votre jardin, et que vous voulussiez attendre jusqu'à l'année prochaine, il me viendroit peut-être quelques idées; car, quant à présent, j'ai l'esprit encore trop rempli de choses tristes pour qu'aucune idée agréable vienne s'y présenter; mais l'asile où je suis, et la vie douce que j'y mène, m'en rendront bientôt, quand rien du dehors ne viendra les troubler. Puissé-je être oublié du public, comme je l'oublie! Quoi que vous en disiez, je préférerois, et je croirois faire une chose cent fois plus utile de découvrir une seule nouvelle plante, que de prêcher pendant cinquante ans tout le genre humain.

Nous avons depuis quelques jours un bien mauvais temps, dont je serois moins affligé, si j'espérois qu'il ne s'étendît pas jusqu'à Davenport. J'en salue de tout mon cœur les habitants, et surtout le bon et aimable maître.

LETTRE DCCXXI.

A MILORD MARÉCHAL.

Wootton, le 27 septembre 1766.

Je n'ai pas besoin, milord, de vous dire combien vos deux dernières lettres m'ont fait de plaisir et m'étoient nécessaires. Ce plaisir a pourtant été tempéré par plus d'un article, par un, surtout, auquel je réserve une lettre exprès, et aussi par ceux qui regardent M. Hume, dont je ne saurois lire le nom, ni rien qui s'y rapporte, sans un serrement de cœur et un mouvement convulsif, qui fait pis que de me tuer, puisqu'il me laisse vivre. Je ne cherche point, milord, a détruire l'opinion que vous avez de cet homme, ainsi que toute l'Europe ; mais je vous conjure, par votre cœur paternel, de ne me reparler jamais de lui sans la plus grande nécessité.

Je ne puis me dispenser de répondre à ce que vous m'en dites dans votre lettre du 5 de ce mois. *Je vois avec douleur*, me marquez-vous, *que vos ennemis mettront sur le compte de M. Hume tout ce qu'il leur plaira d'ajouter au démêlé d'entre vous et lui.* Mais que pourroient-ils faire de plus que ce qu'il a fait lui-même ? Diront-ils de moi pis qu'il n'en a dit dans les lettres qu'il a écrites à Paris, par toute l'Europe, et qu'il a fait mettre dans toutes les gazettes ? Mes autres ennemis me font du pis qu'ils peuvent et ne s'en cachent guère ; lui fait pis qu'eux et se cache, et c'est lui qui ne manquera pas de mettre sur leur compte le mal que jusqu'à ma mort il ne cessera de me faire en secret.

Vous me dites encore, milord, que je trouve mauvais que M. Hume ait sollicité la pension du roi d'Angleterre à mon insu. Comment avez-vous pu vous laisser surprendre au point d'affirmer ainsi ce qui n'est pas ? Si cela étoit vrai, je serois un extravagant tout au moins ; mais rien n'est plus faux. Ce qui m'a fâché c'étoit qu'avec sa profonde adresse il se soit servi de cette pension, sur laquelle il revenoit à mon insu, quoique refusée, pour me forcer de lui motiver mon refus et de lui faire la déclaration qu'il vouloit absolument avoir et que je voulois éviter, sachant bien l'usage qu'il en vouloit faire. Voilà, milord, l'exacte vérité, dont j'ai les preuves, et que vous pouvez affirmer.

Grâce au ciel, j'ai fini quant à présent sur ce qui regarde M. Hume. Le sujet dont j'ai maintenant à vous parler est tel que je ne puis me résoudre à le mêler avec celui-là dans la même lettre; je le réserve pour la première que je vous écrirai. Ménagez pour moi vos précieux jours, je vous en conjure. Ah! vous ne savez pas, dans l'abîme de malheurs où je suis plongé, quel seroit pour moi celui de vous survivre!

LETTRE DCCXXII.

A MADAME ***.

Wootton, le 27 septembre 1766.

Le cas que vous m'exposez, madame, est dans le fond très-commun, mais mêlé de choses si extraordinaires, que votre lettre a l'air d'un roman. Votre jeune homme n'est pas de son siècle; c'est un prodige ou un monstre. Il y a des monstres dans ce siècle, je le sais trop, mais plus vils que courageux, et plus fourbes que féroces. Quant aux prodiges, on en voit si peu que ce n'est pas la peine d'y croire; et si Cassius en est un de force d'ame, il n'en est assurément pas un de bon sens et de raison.

Il se vante de sacrifices qui, quoiqu'ils fassent horreur, seroient grands s'ils étoient pénibles, et seroient héroïques s'ils étoient nécessaires, mais où, faute de l'une et de l'autre de ces conditions, je ne vois qu'une extravagance qui me fait très-mal augurer de celui qui les a faits. Convenez, madame, qu'un amant qui oublie sa belle dans un voyage; qui en redevient amoureux quant il la revoit, qui l'épouse et puis qui s'éloigne, et l'oublie encore, qui promet sèchement de revenir à ses couches et n'en fait rien, qui revient enfin pour lui dire qu'il l'abandonne, qui part, et ne lui écrit que pour confirmer cette belle résolution; convenez, dis-je, que si cet homme eut de l'amour il n'en eut gnère, et que la victoire dont il se vante avec tant de pompe lui coûte probablement beaucoup moins qu'il ne vous dit.

Mais, supposant cet amour assez violent pour se faire honneur du sacrifice, où en est la nécessité? C'est ce qui me passe. Qu'il s'occupe du sublime emploi de délivrer sa patrie, cela est fort beau, et je veux croire que cela est utile; mais ne se permettre aucun sentiment étranger à ce devoir, pourquoi cela? Tous les sentiments vertueux ne s'étayent-ils pas les uns les autres, et peut-on en détruire un sans les affoiblir tous? *J'ai cru long-temps*, dit-il, *combiner mes affections avec mes devoirs.* Il n'y a point là de combinaisons à faire, quand ces affections elles-mêmes sont des devoirs. *L'illusion cesse, et je vois qu'un vrai citoyen doit les abolir.* Quelle est donc cette illusion, et où a-t-il pris cette affreuse maxime? S'il est de tristes situations dans la vie, s'il est de cruels devoirs qui nous forcent quelquefois à leur en sacrifier d'autres, à déchirer notre cœur pour obéir à la nécessité pressante ou à l'inflexible vertu, en est-il, en peut-il jamais être qui nous forcent d'étouffer des sentiments aussi légitimes que ceux de l'amour filial, conjugal, paternel? et tout homme qui se fait une expresse loi de n'être plus ni fils, ni mari, ni père, ose-t-il usurper le nom de citoyen, ose-t-il usurper le nom d'homme?

On diroit, madame, en lisant votre lettre, qu'il s'agit d'une conspiration. Les conspirations peuvent être des actes héroïques de patriotisme, et il y en a eu de telles; mais presque toujours elles ne sont que des crimes punissables, dont les auteurs songent bien moins à servir la patrie qu'à l'asservir, et à la délivrer de ses tyrans qu'à l'être. Pour moi, je vous déclare que je ne voudrois pour rien au monde avoir trempé dans la conspiration la plus légitime, parce que enfin ces sortes d'entreprises ne peuvent s'exécuter sans troubles, sans désordres, sans violences, quelquefois sans effusion de sang, et qu'à mon avis le sang d'un seul homme est d'un plus grand prix que la liberté de tout le genre humain. Ceux qui aiment sincèrement la liberté n'ont pas besoin, pour la trouver, de tant de machines, et, sans causer ni révolutions ni troubles, quiconque veut être libre l'est en effet.

Posons toutefois cette grande entreprise comme un devoir sacré qui doit régner sur tous les autres; doit-il pour cela les anéantir, et ces différents devoirs sont-ils donc à tel point incompatibles qu'on ne puisse servir la patrie sans renoncer à l'humanité? Votre Cassius est-il donc le premier qui ait formé le projet de délivrer la sienne, et ceux qui l'ont exécuté l'ont-ils fait au prix des sacrifices dont il se vante? Les Pélopidas, les Brutus, les vrais Cassius, et tant d'autres, ont-ils eu besoin d'abjurer tous les droits du sang et de la nature pour accomplir leurs nobles desseins? y eut-il jamais de meilleurs fils, de meilleurs maris, de meilleurs pères que ces grands hommes? La plupart, au contraire, concertèrent leurs entreprises au sein de leurs familles; et Brutus osa révéler, sans nécessité, son secret à sa femme, uniquement parce qu'il la trouva digne d'en être dépositaire. Sans aller si loin chercher des exemples, je puis, madame, vous en citer un plus moderne d'un héros à qui rien ne manque pour être à côté de ceux de l'antiquité, que d'être aussi connu qu'eux; c'est le comte Louis de Fiesque, lorsqu'il voulut briser les fers de Gênes, sa patrie, et la délivrer du joug des Doria. Ce jeune homme si aimable, si vertueux, si parfait, forma ce grand dessein presque dès son enfance, et s'éleva, pour ainsi dire, lui-même pour l'exécuter. Quoique très-prudent, il le confia à son frère, à sa famille, à sa femme aussi jeune que lui; et, après des préparatifs très-grands, très-lents, très-difficiles, le secret fut si bien gardé, l'entreprise fut si bien concertée et eut un si plein succès, que le jeune Fiesque étoit maître de Gênes au moment qu'il périt par un accident.

Je ne dis pas qu'il soit sage de révéler ces sortes de secrets, même à ses proches, sans la plus grande nécessité : mais autre chose est garder son secret, et autre chose rompre avec ceux à qui on le cache : j'accorde même qu'en méditant un grand dessein l'on est obligé de s'y livrer quelquefois au point d'oublier pour un temps des devoirs moins pressants peut-être, mais non moins sacrés sitôt qu'on peut les remplir; mais que, de propos délibéré, de gaieté de cœur, le sachant, le voulant, on ait avec la barbarie de renoncer pour jamais à tout ce qui nous doit être cher celle de l'accabler de cette déclaration cruelle, c'est, madame, ce qu'aucune situation imaginable ne peut ni autoriser ni suggérer même à un homme dans son bon sens qui n'est pas un monstre. Ainsi je conclus, quoique à regret, que votre Cassius est fou, tout au moins; et je vous avoue qu'il m'a tout-à-fait l'air d'un ambitieux embarrassé de sa femme, qui veut couvrir du masque de l'héroïsme son inconstance et ses projets d'agrandissement : or, ceux qui savent employer à son âge de pareilles ruses sont des gens qu'on ne ramène jamais, et qui rarement en valent la peine.

Il se peut, madame, que je me trompe ; c'est à vous d'en juger. Je voudrois avoir des choses plus agréables à vous dire ; mais vous me demandez mon sentiment, il faut vous le dire, ou me taire, ou vous tromper. Des trois partis j'ai choisi le plus honnête et celui qui pouvoit le mieux vous marquer, madame, ma déférence et mon respect.

LETTRE DCCXXIII.

A M. DU PEYROU.

A Wootton, le 4 octobre 1766.

Tu quoque !...

J'ai reçu, mon cher hôte, votre lettre n° 32 ; je n'ai pas besoin de vous dire quel effet elle a fait sur moi ; j'ai besoin plutôt de vous dire qu'elle ne m'a pas achevé. Celle n° 30 ne me préparoit pas à celle-là ; ce que vous aviez écrit à Panckoucke m'y préparoit encore moins ; et j'aurois juré, surtout après la promesse que vous m'aviez faite, que vous étiez à l'épreuve du voyage de Genève. J'avois tort : je devrois savoir mieux que personne qu'il ne faut jurer de rien. Le soin que vous prenez de me ramasser les jugements du public sur mon compte m'apprend assez quels sont les vôtres, et je vois que si vous exigez que je me justifie, c'est surtout auprès de vous; car, quant au public, vous savez que vos soins là-dessus sont inutiles, que mon parti est pris sur ce point, et que de mon vivant je n'ai plus rien à lui dire.

Mais, avant de parler de ma justification, parlons de la vôtre; car enfin je n'ai aucun tort avec vous, que je sache, et vous en avez avec moi de peu pardonnables; puisque avant de se résoudre d'accabler un ami dans mon état, il faut s'assurer d'avoir dix fois raison, après quoi l'on a tort encore. J'entre en matière.

Je vous disois dans ma précédente lettre que lorsqu'on vous marqua que la pension m'avoit été offerte, cela étoit vrai; mais que lorsqu'on ajouta que je l'avois refusée, cela étoit faux; qu'il étoit faux même que j'eusse alors l'intention de la refuser; que, comme c'étoit alors un secret, je n'en avois parlé à qui que ce fût; qu'il falloit donc que ce bruit anticipé fût venu de M. Hume, qui lui-même avoit exigé le secret, etc., etc.

Là-dessus, voici votre réponse; de peur de la mal extraire, je la transcrirai mot à mot.

« Votre lettre au général Conway est du 12 mai,

« et l'affaire de votre démêlé n'a éclaté dans ce
« pays et à Genève que sur la fin de juillet; à Paris,
« dans le courant du même mois, ou dans celui
« de juin. Il est donc possible que M. Hume n'ait
« parlé, dans sa lettre à d'Alembert, de votre
« pension, que sur le refus de l'accepter fait à
« M. Conway. Je dis possible, parce que n'ayant
« pas la date de la lettre à d'Alembert, je ne peux
« pas l'assurer; mais l'époque en est du mois de
« juin au plus tôt. Ainsi, la conséquence que vous
« tirez contre Hume de cette circonstance n'est
« pas nécessaire, et le secret ébruité de la pension
« n'a eu lieu qu'après votre refus. Je vous fais
« cette réflexion pour vous engager à bien com-
« biner les dates, à bien vous en assurer, avant
« d'établir sur elles aucunes inductions. Il me
« sera difficile d'avoir la date de cette lettre à
« d'Alembert, puisqu'elle ne se communique plus,
« mais je tâcherai d'en savoir ce que je pourrai.
« Ce que j'en savois venoit d'une lettre de M. Fischer
« au capitaine Steiner de Couvet; la lettre étoit de
« fraîche date, et je vous écrivis sur-le-champ son
« contenu, et cela le 31 juillet. »

Il paroît, par tout ce récit, que je vous en ai imposé dans le mien, en antidatant le bruit répandu de mon refus, pour en accuser M. Hume. Je crois que vous n'avez pas tiré positivement cette conséquence : mais, comme elle suit nécessairement de votre exposé, surtout de la fin, il a bien fallu, malgré vous, qu'elle se présentât au moins dans l'éloignement, puisqu'il étoit totalement impossible, de la manière que vous présentez la chose, que je fusse dans l'erreur sur ce point; et, quand j'y aurois été, cette erreur sur pareil sujet eût été une étourderie impardonnable à mon âge, et ne pouvoit que rendre mon caractère très-suspect. Or, sans vous parler des devoirs de l'amitié, ceux de l'équité, de l'humanité, du respect qu'on doit aux malheureux, vouloient que vous commençassiez par bien vous assurer des faits qui entraînoient cette conséquence, et que vous ne vous fiassiez pas légèrement à votre mémoire pour m'imputer une pareille méchanceté. Avant d'aller plus loin, je vous supplie de rentrer ici en vous-même, et de vous demander si j'ai tort ou raison.

Suivez maintenant ce que j'ai à vous dire.

Premièrement, je viens de relire, en entier, votre lettre du 31 juillet, n° 30, et je n'y ai pas trouvé un seul mot de M. d'Alembert, ni de M. Fischer, ni de M. Steiner, ni de rien de ce que vous dites y avoir mis à ce sujet, et il n'en est question, que je sache, dans aucune autre de vos lettres.

Mais voici ce que vous m'écriviez le 16 mars, dans votre n° 21 :

« Si vous avez besoin d'un homme sûr, adres-
« sez-vous hardiment à mon ami Cerjéat ; je vous

« fournis son adresse à tout évènement. Il me dit
« que l'on prétend que le roi vous a offert une
« pension que vous avez refusée, par la raison
« que vous n'aviez pas voulu accepter celle que le
« roi de Prusse vouloit vous faire, que vous ne
« voulez pas recevoir des Suisses, et que vous vous
« plaignez de l'accueil que vous avez trouvé en
« Angleterre. »

Voici là-dessus comment je raisonnois en vous écrivant le 16 août.

M. de Cerjeat n'a pu vous écrire de Londres plus tard que le commencement de mars, ce que vous me marquez de Neuchâtel du 16.

Or, au commencement de mars, j'étois encore à Londres, d'où je ne suis parti que le 19 pour ce pays.

Au commencement de mars, M. Hume avoit encore toute ma confiance, et j'avois eu la bêtise de ne pas le pénétrer, quoiqu'il entrât dans son profond projet que je le pénétrasse, et que personne au monde ne le pénétrât que moi seul.

Au commencement de mars, j'étois très-déterminé, sauf l'aveu de milord Maréchal, d'accepter la pension si réellement elle m'étoit donnée; chose dont, à la vérité, j'ai toujours douté.

Et au commencement de mars, je n'avois parlé de cette pension à qui que ce fût, qu'au seul milord Maréchal, du consentement de M. Hume, et l'on ne pouvoit encore avoir la réponse.

Je concluois de là qu'il falloit que le bruit parvenu à M. de Cerjeat eût été répandu par M. Hume, qui m'avoit recommandé le secret, et je pensois, comme je le pense encore, qu'il eût peut-être été très-important pour moi qu'on pût remonter à la source de ce premier bruit ; mais j'avoue que dans l'état déplorable où j'achève ma malheureuse vie, il est plus aisé de m'accabler que de me servir.

Combinez et concluez vous-même ; pour moi, je n'ajouterai rien. Voilà, monsieur, mon premier grief. Commençons, si vous voulez bien, par le mettre en règle, avant que d'aller plus loin. Aussi bien, je sens que mes forces achèvent de m'abandonner, et j'ai besoin d'un peu de relâche dans le travail cruel auquel, au lieu de consolation que j'attendois de vous, il vous plaît de me condamner. Je reprendrai votre lettre article par article; et avec l'ame que je vous connois, vous gémirez de l'avoir écrite ; mais en attendant, elle aura fait son effet. Je vous embrasse, mon cher hôte, de tout mon cœur.

J'ai reçu réponse de milord Maréchal sur l'affaire de M. d'Escherny. Dans ma première lettre, je vous ferai l'extrait de la sienne.

Je reçois en ce moment votre n° 33, et j'y vois que M. de Luze nie que nous ayons jamais couché nous trois dans la même chambre durant la route. M. de Luze nie cela ! Mon Dieu ? suis-je parmi des hommes ? Mon Dieu ! mais je crois que c'est un défaut de mémoire. Mon Dieu ! demandez, de grâce, à M. de Luze, comment donc nous couchâmes à Roye, je crois que c'est à Roye, la première nuit de notre départ de Paris. Rappelez-lui que nous occupâmes une chambre à trois lits, dont je donne ici le plan pour éviter une longue description.....

La main me tremble, je ne saurois tracer la figure. Il y avoit deux lits des deux côtés de la porte, et un dans le fond à main droite, que j'occupai; la cheminée étoit entre mon lit et celui de M. de Luze, qui étoit à main droite en entrant. M. Hume occupoit celui de la gauche, et faisoit diagonale avec moi. La table où nous avions soupé étoit devant la cheminée, entre le lit de M. de Luze et le mien. Je me couchai le premier, M. de Luze ensuite, M. Hume le dernier. Je le vois encore prendre sa chemise à manches étroites plissées... Mon Dieu !... Parlez, de grâce, à M. de Luze ; et son domestique nie-t-il aussi ? Non, ce domestique est un valet, mais c'est un homme. Malheureusement je ne l'ai pas revu depuis notre arrivée à Londres ; il n'a point eu d'étrennes... mais c'est un homme enfin. Si nous n'avions pas couché dans la même chambre, imaginez-vous à quel degré iroit ma stupidité, d'aller choisir un pareil mensonge, et concevez-vous que Hume l'eût laissé passer sans le relever ? J'ose dire plus :

Hume, tout Hume qu'il est, ne le niera pas, s'il ne sait pas que M. de Luze le nie. Ah Dieu! parmi quels êtres suis-je! Toute chose cessante, parlez à M. de Luze, et me répondez un mot, un seul mot, et je ne vous demande plus rien. Il me paroît, messieurs, que vous avez l'un et l'autre peu de mémoire au service de la vérité et des malheureux.

Il n'y avoit sur votre n° 33 qu'un petit brin de cire, très-légèrement mis, et le peu d'empreinte qui paroît n'est pas de votre cachet. Si cette lettre a été ouverte, jugez de ce qu'il peut en arriver!

LETTRE DCCXXIV.

AU MÊME.

A Wootton, le 15 octobre 1766.

J'apprends, mon cher hôte, par votre n° 34, le sujet qui vous conduit à Béfort. Tous mes vœux vous y accompagnent; puissiez-vous y recouvrer votre bonne ouïe! Je vois maintenant, avec une peine extrême, qu'elle ne s'affecte plus qu'à force de bruit.

J'ai vu aussi l'extrait de la lettre de milord Maréchal, où il vous dit que je blâme M. Hume d'avoir demandé et obtenu la pension sans mon aveu. J'avoue rondement que si cela est, je suis un extravagant tout au moins. Je n'ai rien à dire de plus sur cet article; et, dès que milord Maréchal m'accuse, je ne sais pas me justifier, ou du moins je ne le sais que par-devant lui. Revenons à vous.

J'ai fait sur vos trois dernières lettres des réflexions qu'il faut que je vous communique. Supposons que je fusse mort avant de les avoir reçues, et par conséquent avant d'avoir pu m'expliquer avec vous, ni avec M. de Luze, ni avec milord Maréchal.

Parce qu'une lettre de M. d'Alembert parloit d'un bruit répandu à Paris du refus de la pension du roi d'Angleterre, vous auriez continué de conclure que ce bruit n'avoit pu courir à Londres auparavant, et, ayant parfaitement oublié ce que vous avoit écrit M. de Cerjeat, vous seriez resté persuadé que j'avois antidaté ce même bruit tout exprès pour en accuser M. Hume.

Milord Maréchal, qui prend pour un grief, ce dont je me plains, un fait que je lui rapporte en preuve d'un autre fait, auroit toujours vu que je blâmois M. Hume quand j'aurois dû le remercier; et il eût conclu de là que non seulement je m'abusois sur le compte du bon David, mais que j'avois cherché les chicanes les plus ridicules pour avoir le plaisir de rompre avec lui.

M. de Luze, fondé sur cet admirable argument

qu'il vous a donné pour bon, et que vous avez pris pour tel, que lorsqu'en route deux passagers couchent dans la même chambre il est impossible qu'il y en couche un troisième; M. de Luze, dis-je, eût tenu bon dans cette persuasion, que, puisqu'il avoit toujours couché dans la même chambre que M. Hume, je n'y avois jamais couché. Il eût donc cru d'abord, comme il a fait, que la lettre à M. Hume, où je disois y avoir couché, étoit falsifiée. Mais, quand enfin l'on eût vérifié que la lettre étoit authentique sur cet article, il eût nécessairement conclu qu'avec une impudence incroyable j'avois inventé cette fausseté pour appuyer une calomnie.

Je pourrois ajouter ici l'article de M. Vernes, sur lequel vous êtes revenu deux fois de suite; mais je le réserve pour un autre lieu. Les trois précédents me suffisent quant à présent.

De ces trois jugements communiqués entre vous et bien combinés, il eût résulté qu'avec tous mes beaux raisonnements, et avec toute la feinte probité dont je m'étois paré durant ma vie, je n'étois au fond qu'un insensé, un menteur, un calomniateur, un scélérat; et, comme l'autorité de mes plus vrais amis n'étoit pas suspecte, si ma mémoire eût passé à la postérité, elle n'y eût passé que comme celle d'un malfaiteur, dont on se souvient uniquement pour le détester.

Et tout cela, parce que M. de Luze n'a point de

mémoire et raisonne mal; parce que M. du Peyrou n'a point de mémoire et raisonne mal; et parce que milord Maréchal, prévenu que je blâme à tort le bon David, voit partout ce blâme, et même où je n'en ai point mis.

Cela m'a bien appris, mon cher hôte, ce que vaut l'opinion des hommes quels qu'ils soient, et à quoi tient ce que l'on appelle dans le monde honneur et réputation, puisque l'évènement le plus cruel, le plus terrible de ma vie entière, celui dont j'ai porté le coup accablant avec le plus de constance, où je n'ai pas fait une démarche qui ne soit un acte de vertu, est précisément celui qui, si je n'y avois pas survécu, m'attiroit une ignominie éternelle, non pas seulement de la part du stupide public, mais de la part des hommes du meilleur sens, et de mes plus solides amis.

En devenant insensible aux jugements du public, je n'ai fait que la moitié de ma tâche; j'ai gardé toute ma sensibilité à l'estime de ceux qui ont toute la mienne, et par-là je me suis assujetti à tous les jugements inconsidérés qu'ils peuvent faire, à toutes les erreurs où ils peuvent tomber, puisqu'enfin ils sont hommes. Prévoyant de loin tous les moyens détournés qu'on alloit mettre en usage pour vous détacher de moi, tous les préjugés dont on alloit tâcher de vous éblouir, quelles sages mesures n'ai-je pas prises pour vous en garantir? Comptant, comme j'avois droit de le faire, sur votre confiance en ma probité, j'avois commencé par vous conjurer de ne rien croire de moi que ce que je vous en écrirois moi-même : vous me l'aviez promis très-positivement; et la première chose que vous avez faite a été de manquer à cette promesse. Vous ne vous êtes pas contenté de vous livrer à tous les bruits du coin des rues, sur ce que je ne vous avois point écrit, mais même sur ce que je vous avois écrit; sitôt que quelqu'un s'est trouvé en contradiction avec moi, c'est lui que vous avez cru, et c'est moi que vous avez refusé de croire. Exemple : dans ce que je vous avois marqué des mauvais offices que le bon David me rendoit auprès de M. Davenport, un M. de Bruhl écrit le contraire, et aussitôt vous me demandez si je suis bien sûr de ce que je vous ai écrit. Vous me permettrez de ne pas trouver, en cette occasion, la question fort obligeante. Je n'ai pas, il est vrai, l'honneur d'être envoyé d'un prince; mais, en revanche, je suis votre ami, et connu de vous où devant l'être.

Le résultat de toutes ces réflexions, que je vous communique, est de me détacher pour jamais de l'opinion des hommes, quels qu'ils soient, et même de ceux qui me sont le plus chers. Vous avez et vous aurez toujours toute mon estime; mais je me passerai de la vôtre, puisque vous la retirez si légèrement, et je me consolerai de la perdre en méritant de la conserver toujours. Je suis las de passer ma vie en continuelles apologies, de me justifier sans cesse auprès de mes amis, et d'essuyer leurs réprimandes lorsque j'ai mérité tous leurs applaudissements. Ne vous gênez pas plus désormais que vous n'avez fait jusqu'ici sur ce chapitre ; continuez, si cela vous amuse, à me rapporter les folies et les mensonges que vous entendez débiter sur mon compte. Rien de tout cela ne me fâchera plus, je vous le jure, mais je n'y répondrai de ma vie un seul mot.

Ceci, du reste, regarde uniquement l'avenir ; car je vous ai promis d'examiner avec vous votre n° 32, et je veux tenir ma parole ; mais il faut finir pour aujourd'hui. Dans l'état où je suis, la tâche que vous m'imposez ne peut se remplir sans reprendre haleine. Je finis donc en vous réitérant mes plus tendres vœux pour votre rétablissement, et en vous embrassant, mon cher hôte, de tout mon cœur.

―――――

LETTRE DCCXXV.

AU MÊME.

Wootton, le 15 novembre 1766.

Je vois avec douleur, cher ami, par votre n° 35, que je vous ai écrit des choses déraisonnables dont vous vous tenez offensé. Il faut que vous ayez raison d'en juger ainsi, puisque vous êtes de sang froid en lisant mes lettres, et que je ne le suis guère en les écrivant; ainsi vous êtes plus en état que moi de voir les choses telles qu'elles sont. Mais cette considération doit être aussi de votre part une plus grande raison d'indulgence : ce qu'on écrit dans le trouble ne doit pas être envisagé comme ce qu'on écrit de sang froid. Un dépit outré a pu me laisser échapper des expressions démenties par mon cœur, qui n'eut jamais pour vous que des sentiments honorables. Au contraire, quoique vos expressions le soient toujours, vos idées souvent ne le sont guère; et voilà ce qui, dans le fort de mes afflictions, a souvent achevé de m'abattre. En me supposant tous les torts dont vous m'avez chargé, il falloit peut-être attendre un autre moment pour me les dire, ou du moins vous résoudre à endurer ce qui en pouvoit résulter. Je ne prétends pas, à Dieu ne plaise, m'excuser ici, ni vous charger, mais seulement vous donner des raisons, qui me semblent justes, d'oublier les torts d'un ami dans mon état. Je vous en demande pardon de tout mon cœur; j'ai grand besoin que vous me l'accordiez, et je vous proteste, avec vérité, que je n'ai jamais cessé un seul moment d'avoir pour vous tous les sentiments que j'aurois désiré vous trouver pour moi.

La punition a suivi de près l'offense. Vous ne

pouvez douter du tendre intérêt que je prends à tout ce qui tient à votre santé, et vous refusez de me parler des suites de votre voyage de Béfort. Heureusement vous n'avez pu être méchant qu'à demi, et vous me laissez entrevoir un succès dont je brûle d'apprendre la confirmation. Écrivez-moi là-dessus en détail, mon aimable hôte, donnez-moi tout à la fois le plaisir de savoir que vos remèdes opèrent, et celui d'apprendre que je suis pardonné. J'ai le cœur trop plein de ce besoin pour pouvoir aujourd'hui vous parler d'autre chose, et je finis en vous répétant du fond de mon ame que mon tendre attachement et mon vrai respect pour vous ne peuvent pas plus sortir de mon cœur que l'amour de la vertu.

LETTRE DCCXXVI.

A M. LALIAUD.

Wootton, le 15 novembre 1766.

A peine nous connoissons-nous, monsieur, et vous me rendez les plus vrais services de l'amitié : ce zèle est donc moins pour moi que pour la chose, et m'en est d'un plus grand prix. Je vois que ce même amour de la justice, qui brûla toujours dans mon cœur, brûle aussi dans le vôtre : rien ne lie tant les ames que cette conformité. La nature nous fit amis; nous ne sommes, ni vous ni moi, disposés à l'en dédire. J'ai reçu le paquet que vous m'avez envoyé par la voie de M. Dutens; c'est à mon avis la plus sûre. Le duplicata m'a pourtant déjà été annoncé, et je ne doute pas qu'il ne me parvienne. J'admire l'intrépidité des auteurs de cet ouvrage, et surtout s'ils le laissent répandre à Londres, ce qui me paroît difficile à empêcher. Du reste, ils peuvent faire et dire tout à leur aise : pour moi, je n'ai rien à dire de M. Hume, sinon que je le trouve bien insultant pour un bon homme, et bien bruyant pour un philosophe. Bonjour, monsieur; je vous aimerai toujours, mais je ne vous écrirai pas, à moins de nécessité : cependant je serois bien aise, par précaution, d'avoir votre adresse. Je vous embrasse de tout mon cœur, et vous prie de dire à M. Sauttersheim que je suis sensible à son souvenir, et n'ai point oublié notre ancienne amitié. Je suis aussi surpris que fâché qu'avec de l'esprit, des talents, de la douceur, et une assez jolie figure, il ne trouve rien à faire à Paris. Cela viendra, mais les commencements y sont difficiles.

LETTRE DCCXXVII.

A MADEMOISELLE DEWES.

Wootton, le 9 décembre 1766.

Ma belle voisine, vous me rendez injuste et jaloux pour la première fois de ma vie : je n'ai pu voir sans envie les chaînes dont vous honoriez mon Sultan; et je lui ai ravi l'avantage de les porter le premier : j'en aurois dû parer votre brebis chérie, mais je n'ai osé empiéter sur les droits d'un jeune et aimable berger ; c'est déjà trop passer les miens de faire le galant à mon âge, mais puisque vous me l'avez fait oublier, tâchez de l'oublier vous-même, et pensez moins au barbon qui vous rend hommage qu'au soin que vous avez pris de lui rajeunir le cœur.

Je ne veux pas, ma belle voisine, vous ennuyer plus long-temps de mes vieilles sornettes : si je vous contois toutes les bontés et amitiés dont votre cher oncle m'honore, je serois encore ennuyeux par mes longueurs; ainsi je me tais. Mais revenez l'été prochain en être le témoin vous-même, et ramenez madame la comtesse[1], à condition que

---

[1] Madame la comtesse Cowper, veuve du feu comte Cowper, et fille du comte de Granville.

nous serons cette fois-ci les plus forts, et qu'au lieu de vous laisser enlever comme cette année, vous nous aiderez à la retenir.

LETTRE DCCXXVIII.

A MILORD MARÉCHAL.

11 décembre 1766.

Abréger la correspondance [1]!..... Milord, que m'annoncez-vous, et quel temps prenez-vous pour cela! Serois-je dans votre disgrâce? Ah! dans

---

[1] * La lettre de milord Maréchal à laquelle celle-ci sert de réponse se terminoit ainsi : « Je suis vieux, infirme ; j'ai trop peu de mé-
« moire. Je ne sais plus ce que j'ai écrit à M. du Peyrou, mais je
« sais très-positivement que je désirois vous servir en assoupissant
« une querelle sur des soupçons qui me paroissoient mal fondés,
« et non pas vous ôter un ami. Peut-être ai-je fait quelques sot-
« tises : pour les éviter à l'avenir, ne trouvez pas mauvais que
« j'abrège la correspondance, comme j'ai déjà fait avec tout le
« monde, même avec mes plus proches parents et amis, pour
« finir mes jours dans la tranquillité. Bonsoir.
« Je dis *abréger*, car je désirerai toujours savoir de temps en
« temps des nouvelles de votre santé, et qu'elle soit bonne. »
D'amples éclaircissements à ce sujet, et la preuve de l'amitié que milord Maréchal conserva pour Rousseau jusqu'à ses derniers moments, se trouvent dans la *Réponse d'une anonyme* (madame La Tour de Franqueville) *à un anonyme*, et dans l'*Histoire de la vie et des ouvrages de J.-J. Rousseau*, tome I, et tome II, article Keit.

tous les malheurs qui m'accablent, voilà le seul que je ne saurois supporter. Si j'ai des torts, daignez les pardonner; en est-il, en peut-il être que mes sentiments pour vous ne doivent pas racheter? Vos bontés pour moi font toute la consolation de ma vie : voulez-vous m'ôter cette unique et douce consolation? Vous avez cessé d'écrire à vos parents! Eh! qu'importe tous vos parents, tous vos amis ensemble? ont-ils pour vous un attachement comparable au mien? Eh! milord, c'est votre âge, ce sont mes maux qui nous rendent plus utiles l'un à l'autre : à quoi peuvent mieux s'employer les restes de la vie qu'à s'entretenir avec ceux qui nous sont chers? Vous m'avez promis une éternelle amitié; je la veux toujours, j'en suis toujours digne. Les terres et les mers nous séparent, les hommes peuvent semer bien des erreurs entre nous; mais rien ne peut séparer mon cœur du vôtre, et celui que vous aimâtes une fois n'a point changé. Si réellement vous craignez la peine d'écrire, c'est mon devoir de vous l'épargner autant qu'il se peut : je ne demande, à chaque fois, que deux lignes, toujours les mêmes, et rien de plus : *J'ai reçu votre lettre de telle date; je me porte bien, et je vous aime toujours.* Voilà tout; répétez-moi ces dix mots douze fois l'année, et je suis content. De mon côté j'aurai le plus grand soin de ne vous écrire jamais rien qui puisse vous importuner ou vous déplaire : mais cesser de vous écrire avant que la mort nous sépare ! Non, milord, cela ne peut pas être ; cela ne se peut pas plus que cesser de vous aimer.

Si vous tenez votre cruelle résolution, j'en mourrai ; ce n'est pas le pire ; mais j'en mourrai dans la douleur, et je vous prédis que vous y aurez du regret. J'attends une réponse, je l'attends dans les plus mortelles inquiétudes ; mais je connois votre ame, et cela me rassure : si vous pouvez sentir combien cette réponse m'est nécessaire, je suis très-sûr que je l'aurai promptement.

LETTRE DCCXXIX.

A M. D'IVERNOIS.

Wootton, le 11 décembre 1766.

J'étois extrêmement en peine de vous, monsieur, quand j'ai reçu votre lettre du 19 novembre, qui m'a tranquillisé sur votre santé et sur votre amitié, mais qui m'a donné des douleurs dont la perte de votre enfant, quelque touché que je sois de tout ce qui vous afflige, n'est pourtant pas la plus vive. Cette vie, monsieur, n'est le temps ni de la vérité, ni de la justice : il faut s'en consoler par l'attente d'une meilleure.

Tout bien pesé, je ne suis pas fâché que vous

n'ayez pas fait cette année la bonne œuvre que vous vous étiez proposée, mais je le suis beaucoup que vous m'ayez laissé dans la plus parfaite incertitude sur l'avenir. Il m'importeroit de savoir à quoi m'en tenir sur ce point. Il ne s'agit que d'un *oui* ou d'un *non* de votre part, que j'entendrai sans qu'il soit besoin de plus grande explication.

C'est à regret que je vous écris si rarement et si peu : ce n'est pas faute d'avoir de quoi vous entretenir, mais il faut attendre de plus sûres occasions. Mes respects à madame d'Ivernois; j'embrasse tendrement tout ce qui vous est cher, tous ceux qui m'aiment, et surtout votre associé.

LETTRE DCCXXX.

A M. DAVENPORT.

22 décembre 1766.

Quoique jusqu'ici, monsieur, malgré mes sollicitations et mes prières, je n'aie pu obtenir de vous un seul mot d'explication, ni de réponse sur les choses qu'il m'importe le plus de savoir, mon extrême confiance en vous m'a fait endurer patiemmebt ce silence, bien que très-extraordinaire. Mais, monsieur, il est temps qu'il cesse; et vous pouvez juger des inquiétudes dont je suis dévoré, vous voyant prêt à partir pour Londres sans m'accorder, malgré vos promesses, aucun des éclaircissements que je vous ai demandés avec tant d'instances. Chacun a son caractère ; je suis ouvert et confiant plus qu'il ne faudroit peut-être : je ne demande pas que vous le soyez comme moi ; mais c'est aussi pousser trop loin le mystère, que de refuser constamment de me dire sur quel pied je suis dans votre maison, et si j'y suis de trop ou non. Considérez, je vous supplie, ma situation, et jugez de mes embarras ; quel parti puis-je prendre, si vous refusez de me parler? Dois-je rester dans votre maison malgré vous? en puis-je sortir sans votre assistance? Sans amis, sans connoissances, enfoncé dans un pays dont j'ignore la langue, je suis entièrement à la merci de vos gens : c'est à votre invitation que j'y suis venu, et vous m'avez aidé à y venir ; il convient, ce me semble, que vous m'aidiez de même à en partir, si j'y suis de trop. Quand j'y resterois, il faudroit toujours, malgré toutes vos répugnances, que vous eussiez la bonté de prendre des arrangements qui rendissent mon séjour chez vous moins onéreux pour l'un et pour l'autre. Les honnêtes gens gagnent toujours à s'expliquer et s'entendre entre eux : si vous entriez avec moi dans les détails dont vous vous fiez à vos gens, vous seriez moins trompé et je serois mieux traité ; nous y trouverions tous deux notre avantage ; vous avez trop d'esprit pour ne pas voir qu'il y a des gens à qui mon séjour dans votre maison déplaît beaucoup, et qui feront de leur mieux pour me le rendre désagréable.

Que si, malgré toutes ces raisons, vous continuez à garder avec moi le silence, cette réponse alors deviendra très-claire, et vous ne trouverez pas mauvais que, sans m'obstiner davantage inutilement, je pourvoie à ma retraite comme je pourrai, sans vous en parler davantage, emportant un souvenir très-reconnoissant de l'hospitalité que vous m'avez offerte, mais ne pouvant me dissimuler les cruels embarras où je me suis mis en l'acceptant.

LETTRE DCCXXXI.

A LORD VICOMTE DE NUNCHAM,

AUJOURD'HUI COMTE DE HARCOURT.

Wootton, le 24 décembre 1766.

Je croirois, milord, exécuter peu honnêtement la résolution que j'ai prise de me défaire de mes estampes et de mes livres, si je ne vous priois de vouloir bien commencer par en retirer les estampes dont vous avez eu la bonté de me faire présent. J'en fais assurément tout le cas possible, et la nécessité de ne rien laisser sous mes yeux qui me rappelle un goût auquel je veux renoncer pouvoit seul en obtenir le sacrifice. S'il y a dans mon petit recueil, soit d'estampes, soit de livres, quelque chose qui puisse vous convenir; je vous prie de me faire l'honneur de l'agréer, et surtout par préférence ce qui me vient de votre digne ami M. Watelet, et qui ne doit passer qu'en main d'ami. Enfin, milord, si vous êtes à portée d'aider au débit du reste, je reconnoîtrai dans cette bonté les soins officieux dont vous m'avez permis de me prévaloir. C'est chez M. Davenport que vous pourrez visiter le tout, si vous voulez bien en prendre la peine. Il demeure en Piccadilly, à côté de lord Égremont. Recevez, milord, je vous prie, les assurances de ma reconnoissance et de mon respect.

LETTRE DCCXXXII.

A M.....

Janvier 1767.

Ce que vous me marquez, monsieur, que M. Deyverdun a un poste chez le général Conway, m'explique une énigme à laquelle je ne pouvois rien comprendre, et que vous verrez dans la lettre dont je joins ici une copie faite sur celle que M. Hume a envoyée à M. Davenport. Je ne vous la communique pas pour que vous vérifiiez si ledit M. Deyverdun a écrit cette lettre, chose dont je ne doute nullement, ni s'il est en effet l'auteur des écrits en question, mis dans le *Saint-James Chronicle*, ce que je sais parfaitement être faux; d'ailleurs ledit M. Deyverdun, bien instruit, et bien préparé à son rôle de prête-nom, et qui peut-être l'a commencé lorsque lesdits écrits furent portés au *Saint-James Chronicle*, est trop sur ses gardes pour que vous puissiez maintenant rien savoir de lui; mais il n'est pas impossible que dans la suite des temps, ne paroissant instruit de rien, et gardant soigneusement le secret que je vous confie, vous parveniez à pénétrer le secret de toutes ces manœuvres, lorsque ceux qui s'y sont prêtés seront moins sur leurs gardes; et tout ce que je souhaite, dans cette affaire, est que vous découvriez la vérité par vous-même. Je pense aussi qu'il importe toujours de connoître ceux avec qui l'on peut avoir à vivre, et de savoir si ce sont d'honnêtes gens : or, que ledit Deyverdun ait fait ou non les écrits dont il se vante, vous savez maintenant, ce me semble, à quoi vous en tenir avec lui. Vous êtes jeune, vous me survivrez, j'espère, de beaucoup d'années, et ce m'est une consolation très-douce de penser qu'un jour, quand le fond de cette triste affaire sera dévoilé, vous serez à portée d'en vérifier par vous-même beaucoup de faits, que vous saurez de mon vivant sans qu'ils vous frappent, parce qu'il vous est impossible d'en voir les rapports avec mes malheurs. Je vous embrasse de tout mon cœur.

LETTRE DCCXXXIII.

AU MÊME.

Janvier 1767.

Quand je vous pris au mot, monsieur, sur la liberté que vous m'accordiez de ne vous pas répondre, j'étois bien éloigné de croire que ce silence pût vous inquiéter sur l'effet de votre précédente lettre : je n'y ai rien vu qui ne confirmât les sentiments d'estime et d'attachement que vous m'avez inspirés ; et ces sentiments sont si vrais, que si jamais j'étois dans le cas de quitter cette province, je souhaiterois que ce fût pour me rapprocher de vous. Je vous avoue pourtant que je suis touché des soins de M. Davenport, et si content de sa société, que je ne me priverois pas sans regret d'une hospitalité si douce ; mais comme il souffre à peine que je lui rembourse une partie des dépenses que je lui coûte, il y auroit trop d'indiscrétion à rester toujours chez lui sur le même pied, et je ne croirois pouvoir me dédommager des agréments que j'y trouve que par ceux qui m'attendroient auprès de vous. Je pense souvent avec plaisir à la ferme solitaire que nous avons vue ensemble et à l'avantage d'y être votre voisin; mais ceci sont plutôt des souhaits vagues que des projets d'une prochaine exécution. Ce qu'il y a de bien réel est le vrai plaisir que j'ai de correspondre en toute occasion à la bienveillance dont vous m'honorez, et de la cultiver autant qu'il dépendra de moi.

Il y a long-temps, monsieur, que je me suis donné le conseil de la dame dont vous parlez : j'aurois dû le prendre plus tôt; mais il vaut mieux tard que jamais. M. Hume étoit pour moi une connoissance de trois mois, qu'il ne m'a pas convenu d'entretenir : après un premier mouvement d'indignation dont je n'étois pas le maître, je me suis retiré paisiblement : il a voulu une rupture formelle; il a fallu lui complaire : il a voulu ensuite une explication; j'y ai consenti. Tout cela s'est passé entre lui et moi : il a jugé à propos d'en faire le vacarme que vous savez; il l'a fait tout seul, je me suis tu; je continuerai de me taire, et je n'ai rien du tout à dire de M. Hume, sinon que je le trouve un peu insultant pour un bon homme, et un peu bruyant pour un philosophe.

Comment va la botanique? vous en occupez-vous un peu? voyez-vous des gens qui s'en occupent? pour moi, j'en raffole, je m'y acharne, et je n'avance point : j'ai totalement perdu la mémoire, et de plus, je n'ai pas de quoi l'exercer : car avant de retenir il faut apprendre, et ne pouvant trouver par moi-même les noms des plantes, je n'ai nul moyen de les savoir : il me semble que tous les livres qu'on écrit sur la botanique ne sont bons que pour ceux qui la savent déjà. J'ai acquis votre *Stillingfleet*, et je n'en suis pas plus avancé. J'ai pris le parti de renoncer à toute lecture, et de vendre mes livres et mes estampes, pour acheter des plantes gravées : sans avoir le plaisir d'apprendre, j'aurai celui d'étudier; et pour mon objet cela revient à peu près au même.

Au reste, je suis très-heureux de m'être procuré une occupation qui demande de l'exercice ; car rien ne me fait tant de mal que de rester assis, ou d'écrire ou lire ; et c'est une des raisons qui me font renoncer à tout commerce de lettres, hors les cas de nécessité. Je vous écrirai dans peu ; mais de grâce, monsieur, une fois pour toutes, ne prenez jamais mon silence pour un signe de refroidissement ou d'oubli, et soyez persuadé que c'est pour mon cœur une consolation très-douce d'être aimé de ceux qui sont aussi dignes que vous d'être aimés eux-mêmes : mes respects empressés à M. Malthus, je vous en supplie; recevez ceux de mademoiselle Le Vasseur, et mes plus cordiales salutations.

LETTRE DCCXXXIV.

RÉPONSES

AUX QUESTIONS FAITES PAR M. DE CHAUVEL [1].

A Wootton, le 5 janvier 1767.

Jamais, ni en 1759, ni en aucun autre temps, M. Marc Chappuis ne m'a proposé, de la part de M. de Voltaire, d'habiter une petite maison appelée l'Ermitage. En 1755, M. de Voltaire, me pressant de revenir dans ma patrie, m'invitoit d'aller boire du lait de ses vaches. Je lui répondis. Sa lettre et la mienne furent publiques. Je ne me ressouviens pas d'avoir eu de sa part aucune autre invitation.

Ce que j'écrivis à M. de Voltaire, en 1760 [2], n'étoit point une réponse. Ayant retrouvé par hasard le brouillon de cette lettre, je la transcris ici,

---

[1] * Voyez dans la Correspondance de Voltaire sa lettre à Hume, datée de Ferney, 24 octobre 1766. Ces *Réponses* de Rousseau ont pour objet de détruire une partie des assertions calomnieuses qu'elle contient. Rousseau sans doute dédaigne de répondre aux autres, relatives aux relations qui avoient eu lieu entre Voltaire et lui. Mais M. Ginguené (note 11 de son ouvrage sur les *Confessions*) s'est chargé de cette noble tâche, et n'a rien laissé à désirer sur ce point.

[2] * Voyez les *Confessions*, livre x, tome II.

permettant à M. de Chauvel d'en faire l'usage qu'il lui plaira [1].

Je ne me souviens point exactement de ce que j'écrivis il y a vingt-trois ans à M. du Theil : mais il est vrai que j'ai été domestique de M. de Montaigu, ambassadeur de France à Venise, et que j'ai mangé son pain, comme ses gentilshommes étoient ses domestiques et mangeoient son pain : avec cette différence, que j'avois partout le pas sur les gentilshommes, que j'allois au sénat, que j'assistois aux conférences, et que j'allois en visite chez les ambassadeurs et ministres étrangers ; ce qu'assurément les gentilshommes de l'ambassadeur n'eussent osé faire. Mais bien qu'eux et moi fussions ses domestiques, il ne s'ensuit point que nous fussions ses valets.

Il est vrai qu'ayant répondu sans insolence, mais avec fermeté, aux brutalités de l'ambassadeur, dont le ton ressembloit assez à celui de M. de Voltaire, il me menaça d'appeler ses gens, et de me faire jeter par les fenêtres. Mais ce que M. de Voltaire ne dit pas, et dont tout Venise rit beaucoup dans ce temps-là, c'est que, sur cette menace, je m'approchai de la porte de son cabinet, où nous étions ; puis l'ayant fermée, et mis la clef dans ma poche, je revins à M. de Montaigu, et lui dis : *Non pas, s'il vous plaît, monsieur l'ambassadeur. Les tiers sont incommodes*

---

[1] On trouvera cette lettre dans le livre x des *Confessions*.

dans les explications. Trouvez bon que celle-ci se passe entre nous. A l'instant son excellence devint très-polie ; nous nous séparâmes fort honnêtement ; et je sortis de sa maison, non pas honteusement, comme il plaît à M. de Voltaire de me faire dire, mais en triomphe. J'allai loger chez l'abbé Patizel, chancelier du consulat. Le lendemain, M. Le Blond, consul de France, me donna un dîner, où M. de Saint-Cyr et une partie de la légation françoise se trouva ; toutes les bourses me furent ouvertes, et j'y pris l'argent dont j'avois besoin, n'ayant pû être payé de mes appointements. Enfin, je partis accompagné et fêté de tout le monde ; tandis que l'ambassadeur, seul et abandonné dans son palais, y rongeoit son frein. M. Le Blond doit être maintenant à Paris, et peut attester tout cela ; le chevalier de Carrion, alors mon confrère et mon ami, secrétaire de l'ambassadeur d'espagne, et depuis secrétaire de l'ambassade à Paris, y est peut-être encore, et peut attester la même chose. Des foules de lettres et de témoins la peuvent attester ; mais qu'importe à M. de Voltaire ?

Je n'ai jamais rien écrit ni signé de pareil à la déclaration que M. de Voltaire dit que M. de Montmollin a entre les mains signée de moi. On peut consulter là-dessus ma lettre du 8 août 1765, adressée à M. du Peyrou, imprimée avec les siennes à lord Wemyss.

Messieurs de Berne m'ayant chassé de leurs états en 1765, à l'entrée de l'hiver, le peu d'espoir de trouver nulle part la tranquillité dont j'avois si grand besoin, joint à ma foiblesse et au mauvais état de ma santé, qui m'ôtoit le courage d'entreprendre un long voyage dans une saison si rude, m'engagea d'écrire à M. le bailli de Nidau une lettre qui a couru Paris, qui a arraché des larmes à tous les honnêtes gens, et des plaisanteries au seul M. de Voltaire.

M. de Voltaire ayant dit publiquement à huit citoyens de Genève qu'il étoit faux que j'eusse jamais été secrétaire d'un ambassadeur, et que je n'avois été que son valet, un d'entre eux m'instruisit de ce discours; et dans le premier mouvement de mon indignation, j'envoyai à M. de Voltaire un démenti conditionnel, dont j'ai oublié les termes, mais qu'il avoit assurément bien mérité.

Je me souviens très-bien d'avoir une fois dit à quelqu'un que je me sentois le cœur ingrat, et que je n'aimois point les bienfaits. Mais ce n'étoit pas après les avoir reçus que je tenois ce discours; c'étoit au contraire pour m'en défendre; et cela, monsieur, est très-différent. Celui qui veut me servir à sa mode, et non pas à la mienne, cherche l'ostentation du titre de bienfaiteur; et je vous avoue que rien au monde ne me touche moins que de pareils soins. A voir la multitude prodigieuse de mes bienfaiteurs, on doit me croire dans une situation bien brillante. J'ai pourtant beau regarder autour de moi, je n'y vois point les grands monuments de tant de bienfaits. Le seul vrai bien dont je jouis est la liberté ; et ma liberté, grâces au ciel, est mon ouvrage. Quelqu'un s'ose-t-il vanter d'y avoir contribué? Vous seul, ô George Keit! pouvez le faire ; et ce n'est pas vous qui m'accuserez d'ingratitude. J'ajoute à milord Maréchal mon ami du Peyrou. Voilà mes vrais bienfaiteurs. Je n'en connois point d'autres. Voulez-vous donc me lier par des bienfaits ? Faites qu'ils soient de mon choix et non pas du vôtre ; et soyez sûr que vous ne trouverez de la vie un cœur plus vraiment reconnoissant que le mien. Telle est ma façon de penser, que je n'ai point déguisée ; vous êtes jeune, vous pouvez la dire à vos amis ; et si vous trouvez qu'élqu'un qui la blâme, ne vous fiez jamais à cet homme-là.

LETTRE DCCXXXV.

A M. DU PEYROU.

A Wootton, le 8 janvier 1767.

Que Dieu comble de ses bénédictions mon cher hôte, qui, par une réconciliation parfaite, accorde à mon cœur la paix dont il avoit besoin ! Je prends à bon augure, dans ces circonstances, celle que vous m'annoncez pour le reste de mes jours à la fin de votre n° 38. Si je puis obtenir que le public m'oublie, comptez que je ne réveillerai plus ses souvenirs. La postérité me rendra justice, j'en suis très-sûr ; cela me console des outrages de mes contemporains.

C'est sans contredit une chose bien douce qu'une réconciliation, mais elle est précédée de moments si tristes, qu'il n'en faut plus acheter à ce prix. La première source de notre petite mésintelligence est venue du défaut de votre mémoire et de la confiance que vous n'avez pas laissé d'y avoir. Dans vos deux pénultièmes lettres, par exemple, parlant de ce que vous avoit dit M. de Luze, vous supposez m'avoir écrit qu'il disoit que je n'avois point couché à Calais dans la même chambre que M. Hume, fait qui est très-vrai. Si c'étoit là, en effet, ce que vous m'aviez écrit auparavant, j'aurois eu grand tort de m'en formaliser, et mes réponses seroient très-ridicules. Mais, mon cher hôte, votre n° 33 ne parloit point du tout de Calais, et décidoit nettement que je n'avois jamais couché dans la même chambre avec M. Hume ; voici vos propres expressions :

De Luze doute que vous ayez en effet écrit que vous couchiez dans la même chambre où étoit Hume ; parce que, dit-il ; c'est lui de Luze qui a toujours pendant la route occupé la même chambre avec M. Hume, et que vous étiez seul dans la vôtre. Ce mot *toujours* est décisif, ce me semble, non seulement pour Calais, mais pour toute la route ; et ma réponse, très-blâmable quant à l'emportement, est juste quant au raisonnement.

Dans votre n° 36, vous me marquez que j'ai rompu publiquement avec M. Hume. Mon cher hôte, où avez-vous pris cela ? Mettez-vous donc sur mon compte le vacarme qu'a fait le bon David, pendant que je n'ai pas dit un seul mot, si ce n'est à lui seul, dans le plus grand secret, et seulement quand il m'y a forcé ? Comme j'étois instruit de son projet, je craignois plus que la mort l'éclat de cette rupture ; je m'en défendis de tout mon pouvoir, et je ne la fis enfin que par des lettres bien cachetées, tandis qu'il faisoit faire un grand détour aux siennes pour me les envoyer ouvertes par M. Davenport. Ces lettres, s'il ne les eût montrées, n'eussent été vues que de lui, et je n'en aurois parlé même à personne au monde, qu'à milord Maréchal et à vous. Appelez-vous cela rompre publiquement ?

Dans votre n° 38, vous m'accusez d'avoir mis de la méchanceté dans ma lettre du 10 juillet. Ce que je viens de dire répond d'avance à cette accusation. La méchanceté consiste dans le dessein de nuire. Quand ma lettre eût contenu des choses effroyables, quel mal pouvoit-elle faire à M. Hume, n'étant vue que de lui seul? Il pouvoit y avoir de la brutalité dans cette lettre, jamais de la méchanceté, puisqu'il n'en pouvoit résulter aucun préjudice pour celui à qui elle étoit écrite, qu'autant qu'il le vouloit bien. Mais, de grâce, relisez avec moins de prévention cette lettre : dans la position où je l'ai écrite, elle est, j'ose le dire, un prodige de force d'ame et de modération. Forcé de m'expliquer avec un fourbe insigne, qui, sous l'appareil des services, travaille à ma diffamation, je pousse le ménagement jusqu'à ne lui parler qu'en tierce personne, pour éviter, dans ce que j'avois à lui dire, la dureté des apostrophes. Cette lettre est pleine de ses éloges (vous voyez comment il me les a rendus); partout la raison qui discute, pas un seul trait d'insulte ou d'humeur, pas un mouvement d'indignation, pas un mot dur, si ce n'est quand la force du raisonnement le rend si nécessaire, qu'on ne sauroit ôter le mot sans énerver l'argument; encore, alors même, ce mot n'est-il jamais direct et affirmatif, mais hypothétique et conditionnel. Si vous blâmez cette lettre, j'en suis d'autant plus fâché que je veux qu'on juge par elle de l'ame qui l'a dictée.

Cette sévérité de jugement, qui va jusqu'à l'injustice, est aussi loin de votre cœur que de votre raison, et ne vient que du défaut de votre mémoire. Vous recevez des éclaircissements qui vous font changer d'idée, et vous oubliez que je ne suis pas instruit de ce changement; vous voyez que ma rupture avec M. Hume est publique, et vous oubliez que je n'ai aucune part à cette publicité; vous voyez que je lui dis des choses dures qui sont imprimées, et vous oubliez également que c'est lui qui m'a forcé de les lui dire, et que c'est lui qui les a fait imprimer. Ce que vous avez écrit vous échappe ou se modifie, et il résulte de tout cela que je vous parois déraisonner toujours, parce qu'au lieu de répondre à votre idée présente, que je ne saurois deviner, je réponds à celle que vous m'avez communiquée, et dont vous ne vous souvenez plus.

Il y auroit à cela deux remèdes en votre pouvoir : le premier seroit que vous voulussiez bien présumer un peu moins de votre mémoire et un peu plus de ma raison, en sorte que, quand ma réponse cadreroit mal avec ce que vous croyez m'avoir écrit, vous supposassiez qu'il faut que vous m'ayez écrit autre chose, plutôt que de conclure que je ne sais ce que je dis; l'autre seroit de garder des copies des lettres que vous m'écrivez, pour y avoir recours au besoin sur mes réponses. Un troisième moyen seroit que, toutes les fois que je réponds à quelque article de vos lettres, je commençasse par transcrire dans la mienne l'article auquel je réponds; mais cette manière de s'armer jusqu'aux dents avec ses amis me paroît si cruelle, que j'aime cent fois mieux me présenter nu et être navré.

Outre les emportements très-condamnables que je me reproche de mon côté, je tâcherai de me guérir aussi d'une mauvaise fierté qui me fait négliger des avis utiles, pour vous mettre en garde sur ce qu'on vous dit contre moi. Par exemple, quand vous commençâtes à me parler de M. Brulh avec de grands éloges, je ne voulus rien vous répondre là-dessus ; et en effet je n'ai rien à dire contre ces éloges, parce que je ne connois point du tout le caractère de M. Brulh. Mais ce que j'aurois pourtant dû vous dire est qu'il vint me voir à Chiswick, et que son abord, son air, son ton, ses manières, me repoussèrent à tel point, qu'il ne fut pas en moi de le bien recevoir.

Je finis sur ce sujet désagréable, pour ne vous en reparler jamais. J'aurois, sur certaines questions que vous me faites dans votre lettre, beaucoup de choses à vous dire que je n'ose confier au papier. J'ignore encore si l'ami qui devoit venir cet automne pourra venir ce printemps. Je crains qu'il ne soit enveloppé dans les malheurs de sa patrie ; s'il ne vient pas, je ne vois qu'une ressource pour vous parler en sûreté, c'est un chiffre auquel je travaille, et qu'il faudra bien risquer de vous envoyer par la poste, faute de plus sûre voie. Examinez avec grand soin l'état du cachet de la lettre qui le contiendra, pour savoir si elle n'a point été ouverte ; je vous préviens qu'elle sera cachetée avec le talisman arabesque que vous connoissez, et dont on ne sauroit lever et rappliquer l'empreinte sans qu'il y paroisse. Je viens de recevoir de M. de Cerjeat une invitation trop obligeante pour que j'en méconnoisse la source. Quand vous aurez mon chiffre, nous en dirons davantage. Adieu, mon cher hôte; je sens toute votre amitié, et vous devez connoître assez mon cœur pour juger de la mienne. Mille tendres respects à la bonne maman. Milord Maréchal me disoit que les hivers étoient doux en Angleterre : nous avons ici un pied de glace, et trois pieds de neige; je ne sentis de ma vie un froid si piquant.

On vient de m'apprendre que les papiers publics disent la santé de milord Maréchal en mauvais état. Eh quoi! mon Dieu! toujours des malheurs, et toujours des plus terribles! Ce qui me rassure un peu est qu'en conférant la date de sa dernière lettre avec celle de ces nouvelles, je les crois fausses; mais je ne puis me défendre d'une extrême inquiétude; il ne m'écrira peut-être de très-long-temps; si vous avez de ses nouvelles récentes, je vous conjure de m'en donner. Je vous embrasse.

Recevez les remerciements et respects de mademoiselle Le Vasseur.

Je compte tirer dans quelques jours sur vos banquiers une lettre de change de 800 francs.

LETTRE DCCXXXVI.

A M. LE MARQUIS DE MIRABEAU.

Wootton, le 31 janvier 1767.

Il est digne de l'ami des hommes de consoler les affligés. La lettre, monsieur, que vous m'avez fait l'honneur de m'écrire, la circonstance où elle a été écrite, le noble sentiment qui l'a dictée, la main respectable dont elle vient, l'infortuné à qui elle s'adresse, tout concourt à lui donner dans mon cœur le prix qu'elle reçoit du vôtre : en vous lisant, en vous aimant par conséquent, j'ai souvent désiré d'être connu et aimé de vous. Je ne m'attendois pas que ce seroit vous qui feriez les avances, et cela précisément au moment où j'étois universellement abandonné ; mais la générosité ne sait rien faire à demi, et votre lettre en a bien la plénitude. Qu'il seroit beau que l'ami des hommes donnât retraite à l'ami de l'égalité ! Votre offre m'a si vivement pénétré, j'en trouve l'objet si honorable à l'un et à l'autre, que par un autre effet, bien contraire, vous me rendrez malheureux peut-être, par le regret de n'en pas profiter ; car, quelque doux qu'il me fût d'être votre hôte, je vois peu d'espoir à le devenir ; mon âge plus avancé que le vôtre, le grand éloignement, mes maux qui me rendent les voyages très-pénibles, l'amour du repos, de la solitude, le désir d'être oublié pour mourir en paix, me font redouter de me rapprocher des grandes villes où mon voisinage pourroit réveiller une sorte d'attention qui fait mon tourment. D'ailleurs, pour ne parler que de ce qui me tiendroit plus près de vous, sans douter de ma sûreté du côté du parlement de Paris, je lui dois ce respect de ne pas aller le braver dans son ressort, comme pour lui faire avouer tacitement son injustice; je le dois à votre ministère, à qui trop de marques affligeantes me font sentir que j'ai eu le malheur de déplaire; et cela sans que j'en puisse imaginer d'autre cause qu'un malentendu d'autant plus cruel que, sans lui, ce qui m'attira mes disgrâces m'eût dû mériter des faveurs. Dix mots d'explication prouveroient cela; mais c'est un des malheurs attachés à la puissance humaine, et à ceux qui lui sont soumis, que quand les grands sont une fois dans l'erreur, il est impossible qu'ils en reviennent. Ainsi, monsieur, pour ne point m'exposer à de nouveaux orages, je me tiens au seul parti qui peut assurer le repos de mes derniers jours. J'aime la France, je la regretterai toute ma vie; si mon sort dépendoit de moi, j'irois y finir mes jours, et vous seriez mon hôte, puisque vous n'aimez pas que j'aie un patron; mais, selon toute apparence, mes vœux et mon cœur feront seuls le voyage, et mes os resteront ici.

Je n'ai pas eu, monsieur, sur vos écrits, l'indifférence de M. Hume, et je pourrois si bien vous en parler, qu'ils sont, avec deux traités de botanique, les seuls livres que j'aie apportés avec moi dans ma malle; mais, outre que je crois votre sublime amour-propre trop au-dessus de la petite vanité d'auteur, pour ne pas dédaigner ces formulaires d'éloges, je suis déjà trop loin de ces sortes de matières pour pouvoir en parler avec justesse et même avec plaisir : tout ce qui tient par quelque côté à la littérature et à un métier pour lequel certainement je n'étois pas né m'est devenu si parfaitement insupportable, et son souvenir me rappelle tant de tristes idées, que, pour n'y plus penser, j'ai pris le parti de me défaire de tous mes livres, qu'on m'a très mal à propos envoyés de Suisse : les vôtres et les miens sont partis avec tout le reste. J'ai pris toute lecture dans un tel dégoût, qu'il a fallu renoncer à mon Plutarque : la fatigue même de penser me devient chaque jour plus pénible. J'aime à rêver, mais librement, en laissant errer ma tête et sans m'asservir à aucun sujet; et, maintenant que je vous écris, je quitte à tout moment la plume pour vous dire en me promenant mille choses charmantes, qui disparoissent sitôt que je reviens à mon papier. Cette vie oisive et contemplative que vous n'approuvez pas, et que je n'excuse pas, me devient chaque jour plus délicieuse : errer seul, sans fin et sans cesse, parmi les arbres et les rochers qui entourent ma demeure; rêver, ou plutôt extravaguer à mon aise, et, comme vous dites, bayer aux corneilles; quand ma cervelle s'échauffe trop, la calmer en analysant quelque mousse ou quelque fougère; enfin me livrer sans gêne à mes fantaisies, qui, grâce au ciel, sont toutes en mon pouvoir : voilà, monsieur, pour moi la suprême jouissance, à laquelle je n'imagine rien de supérieur dans ce monde pour un homme à mon âge et dans mon état. Si j'allois dans une de vos terres, vous pouvez compter que je n'y prendrois pas le plus petit soin en faveur du propriétaire; je vous verrois voler, piller, dévaliser, sans jamais en dire un seul mot, ni à vous ni à personne : tous mes malheurs me viennent de cette ardente haine de l'injustice, que je n'ai jamais pu dompter. Je me le tiens pour dit : il est temps d'être sage, ou du moins tranquille; je suis las de guerres et de querelles; je suis bien sûr de n'en avoir jamais avec les honnêtes gens, et je n'en veux plus avec les fripons, car celles-là sont trop dangereuses. Voyez donc, monsieur, quel homme utile vous mettriez dans votre maison. A Dieu ne plaise que je veuille avilir votre offre par cette objection ! mais c'en est une dans vos maximes, et il faut être conséquent.

En censurant cette nonchalance, vous me répéterez que c'est n'être bon à rien que n'être bon que pour soi¹ : mais peut-on être vraiment bon pour soi, sans être, par quelque côté, bon pour les autres ? D'ailleurs considérez qu'il n'appartient pas à tout ami des hommes d'être, comme vous, leur bienfaiteur en réalité. Considérez que je n'ai ni état ni fortune, que je vieillis, que je suis infirme, abandonné, persécuté, détesté, et qu'en voulant faire du bien je ferois du mal, surtout à moi-même. J'ai reçu mon congé bien signifié par la nature et par les hommes : je l'ai pris, et j'en veux profiter. Je ne délibère plus si c'est bien ou mal fait, parce que c'est une résolution prise, et rien ne m'en fera départir. Puisse le public m'oublier comme je l'oublie! S'il ne veut pas m'oublier, peu m'importe qu'il m'admire ou qu'il me déchire ; tout cela m'est indifférent ; je tâche de n'en rien savoir, et quand je l'apprends je ne m'en soucie guère. Si l'exemple d'une vie innocente et simple est utile aux hommes, je puis leur faire encore ce bien-là ; mais c'est le seul, et je suis bien déterminé à ne vivre plus que pour moi et pour mes amis, en très-petit nombre, mais éprouvés, et qui me suffisent : encore aurois-je pu m'en passer, quoique ayant un cœur aimant et tendre, pour qui des attachements sont de vrais

---

¹ * C'est la même pensée que dans l'*Émile*, livre v ; mais elle reçoit ici à la fois une modification et une exception.

besoins; mais ces besoins m'ont souvent coûté si cher, que j'ai appris à me suffire à moi-même; et je me suis conservé l'ame assez saine pour le pouvoir. Jamais sentiment haineux, envieux, vindicatif, n'approcha de mon cœur. Le souvenir de mes amis donne à ma rêverie un charme que le souvenir de mes ennemis ne trouble point. Je suis tout entier où je suis, et point où sont ceux qui me me persécutent. Leur haine, quand elle n'agit pas, ne trouble qu'eux, et je la leur laisse pour toute vengeance. Je ne suis pas parfaitement heureux, parce qu'il n'y a rien de parfait ici-bas, surtout le bonheur; mais j'en suis aussi près que je puisse l'être dans cet exil. Peu de chose de plus combleroit mes vœux; moins de maux corporels, un climat plus doux, un ciel plus pur, un air plus serein, surtout des cœurs plus ouverts, où, quand le mien s'épanche, il sentît que c'est dans un autre. J'ai ce bonheur en ce moment, et vous voyez que j'en profite : mais je ne l'ai pas tout-à-fait impunément; votre lettre me laissera des souvenirs qui ne s'effaceront pas, et qui me rendront parfois moins tranquille. Je n'aime pas les pays arides, et la Provence m'attire peu; mais cette terre en Angoumois, qui n'est pas encore en rapport, et où l'on peut retrouver quelquefois la nature, me donnera souvent des regrets qui ne seront pas tous pour elle. Bonjour, monsieur le marquis. Je hais les formules, et je vous prie de m'en dispenser.

Je vous salue très-humblement et de tout mon cœur.

LETTRE DCCXXXVII.

A M. D'IVERNOIS.

Wootton, le 31 janvier 1767.

Jamais, monsieur, je n'ai écrit, ni dit, ni pensé rien de pareil aux extravagances qu'on vous dit avoir été retrouvées écrites de ma main dans les papiers de M. Le Nieps, non plus que rien de ce que M. de Voltaire publie, avec son impudence ordinaire, être écrit et signé de moi dans les mains du ministre Montmollin. Votre inépuisable crédulité ne me fâche plus, mais elle m'étonne toujours, et d'autant plus en cette occasion, que vous avez pu voir dans vos liaisons que je ne suis pas visionnaire, et dans le *Contrat social,* que je n'ai jamais approuvé le gouvernement démocratique. Avez-vous donc assez grande opinion de la probité de mes ennemis pour les croire incapables d'inventer des mensonges, et peuvent-ils obtenir votre estime aux dépens de celle que vous me devez?

Tandis que votre facilité à tout croire en montre si peu pour moi, la mienne pour vous et vos magnanimes compatriotes augmente de jour en jour. Le courage et la fermeté n'est pas en eux ce qui frappe, je m'y attendois; mais je ne m'attendois pas, je l'avoue, à voir tant de sagesse en même temps au milieu des plus grands dangers. Voici la première fois qu'un peuple a montré ce grand et beau spectacle : il mérite d'être inscrit dans les fastes de l'histoire. Vos magistrats, messieurs, se conduisent dans toute cette affaire comme un peuple forcené; et vous vous conduisez, dans les périls terribles qui vous menacent, avec toute la dignité des plus respectables magistrats. Je crois voir le sénat de Rome, assis gravement dans la place publique, attendant la mort de la main des Gaulois. Voici la première et dernière fois que, depuis notre entrevue de Thonon, je me serai permis de vous parler de vos affaires; mais je n'ai pu refuser ce mot d'admiration à celle que vous m'inspirez. Vous savez quel fut constamment mon avis dans cette entrevue; et, comme je vous rends de bon cœur la justice qui vous est due, j'espère que vous ne me refuserez pas non plus, dans l'occasion, celle que vous me devez. Je n'ai rien de plus à vous dire. De tels hommes n'ont assurément pas besoin de conseils, et ce n'est pas à moi de leur en donner. Mon service est fait pour le reste de ma vie; il ne me reste qu'à mourir en repos, si je puis.

Vous ne doutez pas, mon ami, du tendre empressement que j'aurois de vous voir. Cependant il convient, pour mon repos et pour votre avantage, que nous ne nous livrions à ce plaisir que quand tout sera fini de manière ou d'autre dans votre ville. Le public, qui me connoît si peu, et qui me juge si mal, ne doute pas que je n'aille toujours semant parmi vous la discorde; et l'on prétend m'avoir vu moi-même, le mois dernier, caché en Suisse pour cet effet. Tout ce que vous feriez de bien seroit mal, sitôt qu'on présumeroit que c'est moi qui l'ai conseillé. Ne venez donc que couronné d'un rameau d'olives, afin que nous goûtions le plaisir de nous voir dans toute sa pureté. Puisse arriver bientôt cet heureux moment! personne au monde n'y sera plus sensible que le cœur de votre ami.

LETTRE DCCXXXVIII.

A M. DUTENS.

Wootton, le 5 février 1767.

J'étois, monsieur, vraiment peiné de ne pouvoir, faute de savoir votre adresse, vous faire les remerciements que je vous devois. Je vous en dois de nouveaux pour m'avoir tiré de cette peine, et surtout pour le livre de votre composition que vous m'avez fait l'honneur de m'envoyer[1]. Je suis fâché de ne pouvoir vous en parler avec connoissance ; mais, ayant renoncé pour ma vie à tous les livres, je n'ose faire exception pour le vôtre : car, outre que je n'ai jamais été assez savant pour juger de pareille matière, je craindrois que le plaisir de vous lire ne me rendît le goût de la littérature, qu'il m'importe de ne jamais laisser ranimer. Seulement je n'ai pu m'empêcher de parcourir l'article de la botanique, à laquelle je me suis consacré pour tout amusement; et, si votre sentiment est aussi bien établi sur le reste, vous aurez forcé les modernes à rendre l'hommage qu'ils doivent aux anciens. Vous avez très-sagement fait de ne pas appuyer sur les vers de Claudien ; l'autorité eût été d'autant plus foible, que des trois arbres qu'il nomme après le palmier, il n'y en a qu'un qui porte les deux sexes sur différents individus[2]. Au

---

[1] * C'est l'ouvrage intitulé *Recherches sur l'origine des découvertes attribuées aux modernes*, publié en 1766, et dont la quatrième édition est de 1812, 2 vol. in-8°. Dutens, auteur et éditeur de beaucoup d'ouvrages, étoit un François établi à Londres, où il est mort en 1812, étant membre de la Société royale, et ayant le titre d'historiographe du roi de la Grande-Bretagne.

[2] * Voici ces vers qui, en effet, rapprochés de ceux qui les précèdent et de ceux qui les suivent, n'offrent autre chose qu'un trait d'imagination, ne prouvant rien par lui-même :

« Vivunt in Venerem frondes, omnisque vicissim
« Felix arbor amat, nutant ad mutua palmæ
« Fœdera, populeo suspirat populus ictu,
« Et platani platanis, alnoque assimilat alnus. ».

CLAUDIAN., de Nuptiis Honorii et Mariæ.

reste, je ne conviendrois pas tout-à-fait avec vous que Tournefort soit le plus grand botaniste du siècle : il a la gloire d'avoir fait le premier de la botanique une étude vraiment méthodique; mais cette étude encore après lui n'étoit qu'une étude d'apothicaire. Il étoit réservé à l'illustre Linnæus d'en faire une science philosophique. Je sais avec quel mépris on affecte en France de traiter ce grand naturaliste, mais le reste de l'Europe l'en dédommage, et la postérité l'en vengera. Ce que je dis est assurément sans partialité, et par le seul amour de la vérité et de la justice; car je ne connois ni M. Linnæus, ni aucun de ses disciples, ni aucun de ses amis.

Je n'écris point à M. Laliaud, parce que je me suis interdit toute correspondance, hors les cas de nécessité; mais je suis vivement touché et de son zèle et de celui de l'estimable anonyme dont il m'a envoyé l'écrit [1], et qui, prenant si généreusement ma défense, sans me connoître, me rend ce zèle pur avec lequel j'ai souvent combattu pour la justice et la vérité, ou pour ce qui m'a paru l'être, sans partialité, sans crainte, et contre mon propre intérêt. Cependant je désire sincèrement qu'on laisse hurler tout leur soûl ce troupeau de

---

[1] *Précis pour M. Jean-Jacques Rousseau*, *en réponse à l'Exposé succinct de M. Hume*, réimprimé sous le titre d'*Observations sur l'Exposé succinct*, et inséré dans l'édition de Genève (tome IV du premier *Supplément*), et dans l'édition de Poinçot, tome XXVII.

loups enragés, sans leur répondre. Tout cela ne fait qu'entretenir les souvenirs du public, et mon repos dépend désormais d'en être entièrement oublié. Votre estime, monsieur, et celle des hommes de mérite qui vous ressemblent, est assez pour moi. Pour plaire aux méchants, il faudroit leur ressembler; je n'achèterai pas à ce prix leur bienveillance.

Agréez, monsieur, je vous supplie, mes salutations et mon respect.

Vous pouvez, monsieur, remettre à M. Davenport ou m'expédier par la poste à son adresse ce que vous pourrez prendre la peine de m'envoyer; l'une et l'autre voie est à votre choix, et me paroît sûre. Quand M. Davenport n'est pas à Londres, il n'y a plus alors que la poste pour les lettres, et le *waggon d'Ashbourn* pour les gros paquets. On m'écrit qu'il se fait à Londres une collecte pour l'infortuné peuple de Genève; si vous savez qui est chargé des deniers de cette collecte, vous m'obligerez d'en informer M. Davenport.

LETTRE DCCXXXIX.

A M. LE DUC DE GRAFFTON.

Wootton, le 27 février 1767.

Monsieur le duc,

Je vous dois des remerciements que je vous prie d'agréer. Quoique les droits qu'on avoit exigés pour mes livres à la douane me parussent forts pour la chose et pour ma bourse, j'étois bien éloigné d'en demander et d'en désirer le remboursement. Vos bontés, très-gratuites sur ce point, en sont d'autant plus obligeantes; et puisque vous voulez que j'y reconnoisse même celles du roi, je me tiens aussi flatté qu'honoré d'une grâce d'un prix inestimable, par la source dont elle vient, et je la reçois avec la reconnoissance et la vénération que je dois aux faveurs de sa majesté, passant par des mains aussi dignes de les répandre.

Daignez, monsieur le duc, recevoir avec bonté les assurances de mon profond respect.

LETTRE DCCXL.

A MADAME LATOUR.

Wootton, le 7 février 1767.

Je viens de recevoir, dans la même brochure, deux pièces dont on ne m'a point voulu nommer les auteurs. La lecture de la première m'a fait chérir le sien, sans me le faire connoître. Pour la seconde, en la lisant le cœur m'a battu, et j'ai reconnu ma chère Marianne. J'espère qu'elle me connoît aussi.

LETTRE DCCXLI.

A M. GUY.

Wootton, le 7 février 1767.

J'ai lu, monsieur, avec attendrissement l'ouvrage de mes défenseurs [1], dont vous ne m'aviez point parlé. Il me semble que ce n'étoit pas pour

---

[1] * C'est le *Précis* ou *Observations sur l'Exposé succinct* dont il a été parlé ci-devant, page 92; ces *Observations* étoient suivies d'une lettre de madame *** (La Tour de Franqueville) à l'auteur de la *Justification de M. Rousseau.*

moi que leurs honorables noms devoient être un secret, comme si l'on vouloit les dérober à ma reconnoissance. Je ne vous pardonnerois jamais surtout de m'avoir tu celui de la dame, si je ne l'eusse à l'instant deviné. C'est de ma part un bien petit mérite : je n'ai pas assez d'amis capables de ce zèle et de ce talent pour avoir pu m'y tromper. Voici une lettre pour elle, à laquelle je n'ose mettre son nom, à cause des risques que peuvent courir mes lettres, mais où elle verra que je la reconnois bien. Je vous charge, M. Guy, ou plutôt j'ose vous permettre, en la lui remettant, de vous mettre en mon nom à genoux devant elle, et de lui baiser la main droite, cette charmante main plus auguste que celles des impératrices et des reines, qui sait défendre et honorer si pleinement et si noblement l'innocence avilie. Je me flatte que j'aurois reconnu de même son digne collègue, si nous nous étions connus auparavant, mais je n'ai pas eu ce bonheur; et je ne sais si je dois m'en féliciter ou m'en plaindre, tant je trouve noble et beau que la voix de l'équité s'élève en ma faveur, du sein même des inconnus. Les éditeurs du factum de M. Hume disent qu'il abandonne sa cause au jugement des esprits droits et des cœurs honnêtes : c'est là ce qu'eux et lui se garderont bien de faire, mais ce que je fais, moi, avec confiance, et qu'avec de pareils défenseurs j'aurois fait avec succès. Cependant on a omis dans ces deux pièces des choses très-essentielles; et on y a fait des méprises qu'on eût évitées si, m'avertissant à temps de ce qu'on vouloit faire, on m'eût demandé des éclaircissements. Il est étonnant que personne n'ait encore mis la question sous son vrai point de vue; il ne falloit que cela seul, et tout étoit dit.

Au reste, il est certain que la lettre que je vous écrivis a été traduite par extraits faits, comme vous pouvez penser, dans les papiers de Londres, et il n'est pas difficile de comprendre d'où venoient ces extraits, ni pour quelle fin.

Mais voici un fait assez bizarre qu'il est fâcheux que mes dignes défenseurs n'aient pas su. Croiriez-vous que les deux feuilles que j'ai citées du Saint-James Chronicle ont disparu en Angleterre? M. Davenport les a fait chercher inutilement chez l'imprimeur et dans les cafés de Londres, sur une indication suffisante, par son libraire, qu'il m'a assuré être un honnête homme, et il n'a rien trouvé; les feuilles sont éclipsées. Je ne ferai point de commentaires sur ce fait, mais convenez qu'il donne à penser. Oh! mon cher monsieur Guy, faut-il donc mourir dans ces contrées éloignées, sans revoir jamais la face d'un ami sûr, dans le sein duquel je puisse épancher mon cœur!

LETTRE DCCXLII.

A MILORD COMTE DE HARCOURT.

Wootton, le 7 février 1767.

Il est vrai, milord, que je vous croyois ami de M. Hume; mais la preuve que je vous croyois encore plus ami de la justice et de la vérité, est que, sans vous écrire, sans vous prévenir en aucune façon, je vous ai cité et nommé, avec confiance, sur un fait qui étoit à sa charge, sans crainte d'être démenti par vous. Je ne suis pas assez injuste pour juger mal par M. Hume de tous ses amis : il en a qui le connoissent et qui sont très-dignes de lui ; mais il en a aussi qui ne le connoissent pas, et ceux-là méritent qu'on les plaigne, sans les en estimer moins. Je suis très-touché, milord, de vos lettres, et très-sensible au courage que vous avez de vous montrer de mes amis parmi vos compatriotes et vos pareils ; mais je suis fâché pour eux qu'il faille à cela du courage : je connois des gens mieux instruits chez lesquels on y mettroit de la vanité.

Je vous prouverai, milord, mon entière et pleine confiance en me prévalant de vos offres ; et dès à présent j'ai une grâce à vous demander, c'est de me donner des nouvelles de M. Watelet. Il est ancien ami de M. d'Alembert, mais il est aussi mon ancienne connoissance; et les seuls jugements que je crains sont ceux des gens qui ne me connoissent pas. Je puis bien dire de M. Watelet, au sujet de M. d'Alembert, ce que j'ai dit de vous au sujet de M. Hume; mais je connois l'incroyable ruse de mes ennemis capable d'enlacer dans ses pièges adroits la raison et la vertu mêmes. Si M. Watelet m'aime toujours, de grâce, pressez-vous de me le dire; car j'ai grand besoin de le savoir. Agréez, milord, je vous supplie, mes très-humbles salutations et mon respect.

LETTRE DCCXLIII.

A M. DAVENPORT.

Le 7 février 1767.

J'ai reçu hier, monsieur, votre lettre du 3, par laquelle j'apprends avec grand plaisir votre entier rétablissement. Je ne puis pas vous annoncer le mien tout-à-fait de même; je suis mieux cependant que ces jours derniers.

Je suis fort sensible aux soins bienfaisants de M. Fitzherbert, surtout si, comme j'aime à le croire, il en prend autant pour mon honneur que pour mes intérêts. Il semble avoir hérité des empressements de son ami M. Hume. Comme j'espère qu'il n'a pas hérité de ses sentiments, je vous prie de lui témoigner combien je suis touché de ses bontés.

Voici une lettre pour M. le duc de Graffton, que je vous prie de fermer avant de la lui faire passer. Je dois des remerciements à tout le monde; et vous, monsieur, à qui j'en dois le plus, êtes celui à qui j'en fais le moins : mais, comme vous ne vous étendez pas en paroles, vous aimez sans doute à être imité. Mes salutations, je vous supplie, et celles de mademoiselle Le Vasseur à vos chers enfants et aux dames de votre maison. Agréez son respect et mes très-humbles salutations.

LETTRE DCCXLIV.

AU MÊME.

Février 1767.

Bien loin, monsieur, qu'il puisse jamais m'être entré dans l'esprit d'être assez vain, assez sot, et assez mal appris pour refuser les grâces du roi, je les ai toujours regardées et les regarderai toujours comme le plus grand honneur qui me puisse arriver. Quand je consultai milord Maréchal si je les accepterois, ce n'étoit certainement pas que je fusse là-dessus en doute, mais c'est qu'un devoir particulier et indispensable ne me permettoit pas de le faire que je n'eusse son agrément. J'étois bien sûr qu'il ne le refuseroit pas. Mais, monsieur, quand le roi d'Angleterre et tous les souverains de l'univers mettroient à mes pieds tous leurs trésors et toutes leurs couronnes, par les mains de David Hume, ou de quelque autre homme de son espèce, s'il en existe, je les rejetterois toujours avec autant d'indignation que, dans tout autre cas, je les recevrois avec respect et reconnoissance. Voilà mes sentiments, dont rien ne me fera départir. J'ignore à quel sort, à quels malheurs la Providence me réserve encore; mais ce que je sais, c'est que les sentiments de droiture et d'honneur qui sont gravés dans mon cœur n'en sortiront jamais qu'avec mon dernier soupir. J'espère, pour cette fois, que je me serai exprimé clairement.

Il ne faut pas, mon cher monsieur, je vous en prie, mettre tant de formalités à l'affaire de mes livres : ayez la bonté de montrer le catalogue à un libraire; qu'il note les prix de ceux des livres qui en valent la peine : sur cette estimation, voyez s'il y en a quelques-uns dont vous ou vos amis puissiez vous accommoder; brûlez le reste, et ne cédez rien à aucun libraire, afin qu'il n'aille pas sonner la trompette par la ville, qu'il a des livres à moi. Il y en a quelques-uns, entre autres le livre *de l'Esprit*, in-4º, de la première édition, qui est rare, et où j'ai fait quelques notes aux marges; je voudrois bien que ce livre-là ne tombât qu'entre des mains amies. J'espère, mon bon et cher hôte, que vous ne me ferez pas le sensible affront de refuser le petit cadeau de mes ouvrages.

Les estampes avoient été mises par mon ami dans le ballot des livres de botanique qui m'a été envoyé; elles ne s'y sont pas trouvées, et les portefeuilles me sont arrivés vides : j'ignore absolument où Becket a jugé à propos de fourrer ce qui étoit dedans.

Je voulois remettre à des moments plus tranquilles de vous parler en détail de vos envois; ce qui m'en plaît le plus est que si vous entendez que je reste dans votre maison jusqu'à ce que la muscade et la cannelle soient consommées, je n'en démarrerai pas d'un bon siècle. Le tabac est très-bon, et même trop bon, puisqu'il s'en consomme plus vite : je vous fais mon remerciement de l'emplette, et non pas de la chose, puisque c'est une commission, et vous savez les règles. L'eau de la reine de Hongrie m'a fait le plus grand plaisir, et j'ai reconnu là un souvenir et une attention de M. de Luzonne, à quoi j'ai été fort sensible. Mais qu'est-ce que c'est que des petits carrés de savon parfumé? à quoi diable sert ce savon? je veux mourir si j'en sais rien, à moins que ce ne soit à faire la barbe aux puces. Le café n'a pas encore été essayé, parce que vous en aviez laissé, et qu'ayant été malade il en a fallu suspendre l'usage. Je me perds au milieu de tout cet inventaire. J'espère que, pour le coup, vous ne ferez pas de même, et que vous recueillerez les mémoires des marchands, afin que quand vous serez ici, et qu'il s'agira de savoir ce que tout cela coûte, vous ne me disiez pas comme à l'ordinaire, Je n'en sais rien. Tant de richesses me mettroient de bonne humeur si les désastres de nos pauvres Génevois et mes inquiétudes sur milord Maréchal n'empoisonnoient toute ma joie. J'ai craint pour vous l'impression de ces temps humides, et je la sens aussi pour ma part. Voici le plus mauvais mois de l'année ; il faut espérer que celui qui le suivra nous traitera mieux. Ainsi soit-il. Mademoiselle Le Vasseur et moi faisons nos salutations à tout ce qui vous appartient, et vous prions d'agréer les nôtres.

LETTRE DCCXLV.

A M. D'IVERNOIS.

Wootton, le 7 février 1767.

J'ai fait, cher ami, une étourderie épouvantable qui sûrement me coûtera plus cher qu'à vous.

Dans une distraction causée par la diversité des affaires pressées, je vous ai adressé en droiture une lettre dans laquelle je parlois ouvertement de votre futur voyage, et d'autres choses où le secret n'étoit pas moins requis. Comme je ne doute pas un instant que cette lettre ne soit interceptée, je vous en transcris ce que j'ai pu tirer d'un premier chiffon barbouillé, qu'il a fallu recommencer [1].

Voilà ce que je vous écrivois il y a huit jours, et que je vous confirme : mais ayant appris depuis lors à quelle extrémité votre pauvre peuple est réduit, je sens déchirer mes entrailles patriotiques, et je crois devoir vous dire qu'il est, selon moi, temps de céder. Vous le pouvez sans honte, puisque la résistance est inutile, et vous le devez pour conserver ce qui vous reste, après vos lois et votre liberté. Quand je dis ce qui vous reste, je n'entends pas bassement vos biens, mais votre pays, vos familles, et ces multitudes de pauvres compatriotes, à qui le pain est encore plus nécessaire que la liberté. J'apprends que vous vous cotisez généreusement pour ces pauvres gens; je voudrois bien pouvoir suivre ce bon exemple. J'enverrai quelque bagatelle aux collecteurs de Londres, selon mes moyens; mais je vous prie d'avoir recours pour moi à madame Boy de La Tour, afin qu'étant une des causes innocentes des misères de ce

---

[1] C'est la lettre 737, du 31 janvier, ci-devant, page 88.

pauvre peuple, je contribue aussi en quelque chose à son soulagement.

Adieu, mon ami; je vous embrasse tendrement. J'ai le plus grand besoin de vous voir; mais, encore un coup, ne venez que quand vos affaires seront finies. Ce délai importe, et vous pourriez trouver quelque obstacle à passer. Malgré mon étourderie, venez à petit bruit autant qu'il sera possible. Mais j'ai changé d'avis sur votre séjour à Londres, et je serois bien aise que vous vous y arrêtassiez quelques jours pour connoître un peu par vous-même l'air du bureau; car enfin, si de là vous voulez absolument venir, personne n'aura le pouvoir de vous en empêcher. J'embrasse nos amis; ne m'oubliez pas, je vous en supplie, auprès de madame d'Ivernois.

Bien des remerciements et respects de mademoiselle Le Vasseur. Si je ne vous ai pas toujours répété la même chose à chaque lettre, c'est qu'il me sembloit que cela n'avoit plus besoin d'être dit, car il n'y pas de fois qu'elle ne m'en ait chargé.

LETTRE DCCXLVI.

A MILORD MARÉCHAL.

Le 8 février 1767.

Quoi! milord, pas un seul mot de vous! Quel silence, et qu'il est cruel! Ce n'est pas le pis encore, madame la duchesse de Portland m'a donné les plus grandes alarmes en me marquant que les papiers publics vous avoient dit fort mal, et me priant de lui dire de vos nouvelles. Vous connoissez mon cœur, vous pouvez juger de mon état; craindre à la fois pour votre amitié et pour votre vie, ah! c'en est trop. J'ai écrit aussitôt à M. Rougemont pour avoir de vos nouvelles: il m'a marqué qu'en effet vous aviez été fort malade, mais que vous étiez mieux. Il n'y a pas là de quoi me rassurer assez, tant que je ne recevrai rien de vous. Mon protecteur, mon bienfaiteur, mon ami, mon père, aucun de ces titres ne pourra-t-il vous émouvoir? Je me prosterne à vos pieds pour vous demander un seul mot. Que voulez-vous que je marque à madame de Portland? lui dirai-je : *Madame, milord Maréchal m'aimoit, mais il me trouve trop malheureux pour m'aimer encore; il ne m'écrit plus!* La plume me tombe des mains.

LETTRE DCCXLVII.

A M. GRANVILLE.

Wootton, février 1767.

Je crois, monsieur, la tisane du médecin espagnol meilleure et plus saine que le bouillon rouge du médecin françois ; la provision de miel n'est pas moins bonne, et si les apothicaires fournissoient d'aussi bonnes drogues que vous, ils auroient bientôt ma pratique : mais, badinage à part, que j'aie avec vous un moment d'explication sérieuse.

Jadis j'aimois avec passion la liberté, l'égalité ; et, voulant vivre exempt des obligations dont je ne pouvois m'acquitter en pareille monnoie, je me refusois aux cadeaux même de mes amis, ce qui m'a souvent attiré bien des querelles. Maintenant j'ai changé de goût, et c'est moins la liberté que la paix que j'aime ; je soupire incessamment après elle ; je la préfère désormais à tout ; je la veux à tout prix avec mes amis ; je la veux même avec mes ennemis, s'il est possible. J'ai donc résolu d'endurer désormais des uns tout le bien, et des autres tout le mal qu'ils voudront me faire, sans disputer, sans m'en défendre, et sans leur résister en quelque façon que ce soit. Je me livre à tous pour faire de moi, soit pour, soit contre, entièrement à leur volonté : ils peuvent tout, hors de m'engager dans une dispute, ce qui très-certainement n'arrivera plus de mes jours. Vous voyez, monsieur, d'après cela, combien vous avez beau jeu avec moi dans les cadeaux continuels qu'il vous plaît de me faire : mais il faut tout vous dire ; sans les refuser, je n'en serai pas plus reconnoissant que si vous ne m'en faisiez aucun. Je vous suis attaché, monsieur, et je bénis le ciel, dans mes misères, de la consolation qu'il m'a ménagée en me donnant un voisin tel que vous : mon cœur est plein de l'intérêt que vous voulez bien prendre à moi, de vos attentions, de vos soins, de vos bontés, mais non pas de vos dons : c'est peine perdue, je vous assure ; ils n'ajoutent rien à mes sentiments pour vous ; je ne vous en aimerai pas moins, et je serai beaucoup plus à mon aise si vous voulez bien les supprimer désormais.

Vous voilà bien averti, monsieur ; vous savez comment je pense, et je vous ai parlé très-sérieusement. Du reste, votre volonté soit faite et non pas la mienne ; vous serez toujours le maître d'en user comme il vous plaira.

Le temps est bien froid pour se mettre en route. Cependant, si vous êtes absolument résolu de partir, recevez tous mes souhaits pour votre bon voyage et pour votre prompt et heureux retour.

Quand vous verrez madame la duchesse de Portland, faites-lui ma cour, je vous supplie; rassurez-la sur l'état de milord Maréchal. Cependant, comme je ne serai parfaitement rassuré moi-même que quand j'aurai de ses nouvelles, sitôt que j'en aurai reçu j'aurai l'honneur d'en faire part à madame la duchesse. Adieu, monsieur, derechef; bon voyage, et souvenez-vous quelquefois du pauvre ermite votre voisin.

Vous verrez sans doute votre aimable nièce : je vous prie de lui parler quelquefois du captif qu'elle a mis dans ses chaînes et qui s'honore de les porter.

LETTRE DCCXLVIII.

A MILORD COMTE DE HARCOURT.

Wootton, le 14 février 1767.

Vous m'avez donné, milord, le premier vrai plaisir que j'ai goûté depuis long-temps, en m'apprenant que j'étois toujours aimé de M. Watelet. Je le mérite, en vérité, par mes sentiments pour lui; et moi qui m'inquiète très-médiocrement de l'estime du public, je sens que je n'aurois jamais pu me passer de la sienne. Il ne faut absolument point que ses estampes soient en vente avec les autres; et puisque, de peur de reprendre un goût auquel je veux renoncer, je n'ose les avoir avec moi, je vous prie de les prendre au moins en dépôt, jusqu'à ce que vous trouviez à les lui renvoyer, ou à en faire un usage convenable. Si vous trouviez par hasard à les changer entre les mains de quelque amateur contre un livre de botanique, à la bonne heure, j'aurois le plaisir de mettre à ce livre le nom de M. Watelet; mais pour les vendre, jamais. Pour le reste, puique vous voulez bien chercher à m'en défaire, je laisse à votre entière disposition le soin de me rendre ce bon office, pourvu que cela se fasse de la part des acheteurs sans faveur et sans préférence, et qu'il ne soit pas question de moi. Puisque vous ne dédaignez pas de vous donner pour moi ce petit tracas, j'attends de la candeur de vos sentiments que vous consulterez plus mon goût que mon avantage ; ce sera m'obliger doublement. Ce n'est point un produit nécessaire à ma subsistance ; je le destine en entier à des livres de botanique, seul et dernier amusement auquel je me suis consacré.

L'honneur que vous faites à mademoiselle Le Vasseur de vous souvenir d'elle l'autorise à vous assurer de sa reconnoissance et de son respect. Agréez, milord, je vous supplie, les mêmes sentiments de ma part.

P. S. Il doit y avoir parmi mes estampes un

petit portefeuille contenant de bonnes épreuves de celles de tous mes écrits. Oserai-je me flatter que vous ne dédaignerez pas ce foible cadeau, et de placer ce portefeuille parmi les vôtres ? Je prends la liberté de vous prier, milord, de vouloir bien donner cours à la lettre ci-jointe.

LETTRE DCCXLIX.

A M. DU PEYROU.

Wootton, le 14 février 1767.

Je confesse, mon cher hôte, le tort que j'ai eu de ne pas répondre sur-le-champ à votre n° 39; car, malgré la honte d'avouer votre crédulité, je vois que l'autorité du voiturier Le Comte avoit fait une grande impression sur votre esprit. Je me fâchois d'abord de cette petite foiblesse, qui me paroissoit peu d'accord avec le grand sens que je vous connois; mais chacun a les siennes, et il n'y a qu'un homme bien estimable à qui l'on n'en puisse pas reprocher de plus grandes que celles-là. J'ai été malade, et je ne suis pas bien; j'ai eu des tracas qui ne sont pas finis, et qui m'ont empêché d'exécuter la résolution que j'avois prise de vous écrire au plus vite que je n'étois pas à Morgues; mais j'ai pensé que mon n° 7 vous le diroit assez, et d'ailleurs qu'une nouvelle de cette espèce disparoîtroit bientôt pour faire place à quelque autre aussi raisonnable.

Vous savez que j'ai peu de foi aux grands guérisseurs. J'ai toujours eu une médiocre opinion du succès de votre voyage de Béfort, et vos dernières lettres ne l'ont que trop confirmée. Consolez-vous, mon cher hôte ; vos oreilles resteront à peu près ce qu'elles sont ; mais, quoi que j'aie pu vous en dire dans ma colère, les oreilles de votre esprit sont assez ouvertes pour vous consoler d'avoir le tympan matériel un peu obstrué : ce n'est pas le défaut de votre judiciaire qui vous rend crédule, c'est l'excès de votre bonté ; vous estimez trop mes ennemis pour les croire capables d'inventer des mensonges et de payer des pieds-plats pour les divulguer : il est vrai que si vous n'êtes pas détrompé, ce n'est pas leur faute.

Je tremble que milord Maréchal ne soit dans le même cas, mais d'une manière bien plus cruelle, puisqu'il ne s'agit pas de moins que de perdre l'amitié de celui de tous les hommes à qui je dois le plus et à qui je suis le plus attaché. Je ne sais ce qu'ont pu manœuvrer auprès de lui le bon David et le fils du jongleur qui est à Berlin ; mais milord Maréchal ne m'écrit plus et m'a même annoncé qu'il cesseroit de m'écrire, sans m'en dire aucune autre raison, sinon qu'il étoit vieux, qu'il écrivoit avec peine, qu'il avoit cessé d'écrire à ses parents, etc...

Vous jugez si mon cœur est la dupe de pareils prétextes. Madame la duchesse de Portland, avec qui j'ai fait connoissance l'été dernier chez un voisin, m'a porté en même temps le plus sensible coup, en me marquant que les nouvelles publiques l'avoient dit à l'extrémité, et me demandant de ses nouvelles. Dans ma frayeur, je me suis hâté d'écrire à M. Rougemont pour savoir ce qu'il en étoit. Il m'a rassuré sur sa vie, en me marquant qu'en effet il avoit été fort mal, mais qu'il étoit beaucoup mieux. Qui me rassurera maintenant sur son cœur? Depuis le 22 novembre, date de sa dernière lettre, je lui ai écrit plusieurs fois, et sur quel ton! Point de réponse. Pour comble, je ne sais quelle contenance tenir vis-à-vis de madame de Portland, à qui je ne puis différer plus longtemps de répondre, et à qui je ne veux pas dire ma peine. Rendez-moi, je vous en conjure, le service essentiel d'écrire à milord Maréchal, engagez-le à ne pas me juger sans m'entendre, et à me dire au moins de quoi je suis accusé. Voilà le plus cruel des malheurs de ma vie et qui terminera tous les autres.

J'oubliois de vous dire que M. le duc de Graffton, premier commissaire de la trésorerie, ayant appris la vexation exercée à la douane, au sujet de mes livres, a fait ordonner au douanier de rembourser cet argent à Becket, qui l'avoit payé pour moi, et que, dans le billet par lequel il m'en a fait donner avis, il a ajouté un compliment très-honnête de la part du roi. Tout cela est fort honorable, mais ne console pas mon cœur de la peine secrète que vous savez. Je vous embrasse, mon cher hôte, de tout mon cœur.

LETTRE DCCL.

A M. DUTENS.

Wootton, le 16 février 1767.

Je suis bien reconnoissant, monsieur, des soins obligeants que vous voulez bien prendre pour la vente de mes bouquins; mais, sur votre lettre et celles de M. Davenport, je vois à cela des embarras qui me dégoûteroient tout-à-fait de les vendre, si je savois où les mettre; car ils ne peuvent rester chez M. Davenport, qui ne garde pas son appartement toute l'année. Je n'aime point une vente publique, même en permettant qu'elle se fasse sous votre nom; car outre que le mien est à la tête de la plupart de mes livres, on se doutera bien qu'un fatras si mal choisi et si mal conditionné ne vient pas de vous. Il n'y a dans ces quatre ou cinq caisses qu'une centaine au plus de volumes qui soient bons et bien conditionnés: tout le reste n'est que du fumier, qui n'est pas même bon à brûler, parce que le papier en est pourri : hors quelques livres que je prenois en paiement des libraires, je me pourvoyois magnifiquement sur les quais, et cela me fait rire de la duperie des acheteurs qui s'attendroient à trouver des livres choisis et de bonnes éditions. J'avois pensé que ce qui étoit de débit se réduisant à si peu de chose, M. Davenport et deux ou trois de ses amis auroient pu s'en accommoder entre eux sur l'estimation d'un libraire ; le reste eût servi à plier du poivre, et tout cela se seroit fait sans bruit. Mais assurément tout ce fatras, qui m'a été envoyé bien malgré moi de Suisse, et qui n'en valoit ni le port ni la peine, vaut encore moins celle que vous voulez bien prendre pour son débit. Encore un coup, mon embarras est de savoir où les fourrer. S'il y avoit dans votre maison quelque garde-meuble ou grenier vide où l'on pût les mettre sans vous incommoder, je vous serois obligé de vouloir bien le permettre, et vous pourriez y voir à loisir s'il s'y trouveroit par hasard quelque chose qui pût vous convenir ou à vos amis. Autrement je ne sais en vérité que faire de toute cette friperie qui me peine cruellement, quand je songe à tous les embarras qu'elle donne à M. Davenport. Plus il s'y prête volontiers, plus il est indiscret à moi d'abuser de sa complaisance. S'il faut encore abuser de la vôtre, j'ai, comme avec lui, la nécessité pour excuse, et la persuasion consolante du plaisir que vous prenez l'un et l'autre à m'obliger. Je vous en fais, monsieur, mes remerciements de tout mon cœur, et je vous prie d'agréer mes très-humbles salutations.

Si la vente publique pouvoit se faire sans qu'on vît mon nom sur les livres et qu'on se doutât d'où ils viennent, à la bonne heure. Il m'importe fort peu que les acheteurs voient ensuite qu'ils étoient à moi; mais je ne veux pas risquer qu'ils le sachent d'avance, et je m'en rapporte là-dessus à votre candeur.

LETTRE DCCLI.

A MADEMOISELLE THÉODORE,

DE L'ACADÉMIE ROYALE DE MUSIQUE [1].

Sans date.

On ne peut être plus surpris que je le suis, mademoiselle, de recevoir une lettre datée de l'Académie royale de musique, par laquelle on réclame des conseils de ma part pour y bien vivre. Vos expressions peignent l'honnêteté avec tant de franchise et de candeur, que je ne vous

[1] * On trouve dans le tome des *Mélanges* une pièce de vers adressée à une demoiselle *Théodore*, qu'on peut supposer la même que celle dont il s'agit ici.

renverrai pas, pour en recevoir, à ceux qui ont coutume d'en donner à celles qui s'y présentent. Je ne puis cependant pas vous fournir les préceptes que vous me demandez : ne doutez nullement de ma bonne volonté à vous satisfaire; mais je suis moi-même fort embarrassé pour mon propre compte, quoique je ne sois pas dans une carrière aussi glissante : je suis donc hors d'état de vous diriger dans celle où vous êtes entrée.

Je n'ai à vous conseiller que de vous arrêter à deux principes généraux qui me paroissent être la base de toutes nos actions, dans tel état que le destin nous ait placés. Le premier c'est de ne jamais vous écarter du respect que vous paroissez avoir pour les bonnes mœurs; et, pour y réussir, évitez l'impulsion du cœur et des sens, et qu'une extrême prudence en soit le correctif.

Le second, dont vous devez sentir toute la nécessité, c'est de fuir, autant que vous le pourrez, la société de vos compagnes et de leurs adulatures; rien ne perd aussi facilement que le poison de la louange et l'air contagieux de cet endroit. Jetez les yeux autour de vous, et vous remarquerez que ceux ou celles qui le respirent sans être en garde contre son effet ont le teint flétri et l'extérieur de machines détraquées. Voilà, mademoiselle, les seules réflexions que je vous engage à faire. Quant au reste, vous me paroissez être douée de toute la pénétration nécessaire pour parer aux inconvénients qui renaissent à chaque moment dans ce séjour. Acceptez, je vous prie, la considération qu'a pour vous votre, etc.

~~~~~~

LETTRE DCCLII.

A M. GRANVILLE.

Février 1767.

J'étois, monsieur, extrêmement inquiet de votre départ mercredi au soir; mais je me rassurai le jeudi matin, le jugeant absolument impraticable; j'étois bien éloigné de penser même que vous le voulussiez essayer. De grâce, ne faites plus de pareils essais, jusqu'à ce que le temps soit bien remis, et le chemin bien battu. Que la neige qui vous retient à Calwich ne laisse-t-elle une galerie jusqu'à Wootton! j'en ferois souvent la mienne; mais dans l'état où est maintenant cette route, je vous conjure de ne pas la tenter, ou je vous proteste que le lendemain du jour où vous viendrez ici, vous me verrez chez vous quelque temps qu'il fasse. Quelque plaisir que j'aie à vous voir, je ne veux pas le prendre au risque de votre santé.

Je suis très-sensible à votre bon souvenir. Je ne vous dis rien de vos envois; seulement, comme les liqueurs ne sont point à mon usage, et que je n'en bois jamais, vous permettrez que je vous renvoie les deux bouteilles, afin qu'elles ne soient pas perdues. J'enverrois chercher du mouton, s'il n'y avoit tant de viande à mon garde-manger que je ne sais plus où la mettre. Bonjour, monsieur. Vous parlez toujours d'un pardon dont vous avez plus besoin que d'envie, puisque vous ne vous corrigez point. Comptez moins sur mon indulgence, mais comptez toujours sur mon plus sincère attachement.

LETTRE DCCLIII.

AU MÊME.

28 février 1767.

Que fait mon bon et aimable voisin ? comment se porte-t-il ? J'ai appris avec grand plaisir son heureuse arrivée à Bath, malgré les temps affreux qui ont dû traverser son voyage : mais maintenant comment s'y trouve-t-il ? la santé, les eaux, les amusements, comment va tout cela ? Vous savez, monsieur, que rien de ce qui vous touche ne peut m'être indifférent : l'attachement que je vous ai voué s'est formé de liens qui sont votre ouvrage ; vous vous êtes acquis trop de droits sur moi pour ne m'en avoir pas un peu donné sur vous ; et il n'est pas juste que j'ignore ce qui m'intéresse si véritablement. Je devrois aussi vous parler de moi, parce qu'il faut vous rendre compte de votre bien ; mais je ne vous dirois toujours que les mêmes choses : paisible, oisif, souffrant, prenant patience, pestant quelquefois contre le mauvais temps qui m'empêche d'aller autour des rochers furetant des mousses, et contre l'hiver qui retient Calwich désert si long-temps. Amusez-vous, monsieur, je le désire, mais pas assez pour reculer le temps de votre retour, car ce seroit vous amuser à mes dépens. Mademoiselle Le Vasseur vous demande la permission de vous rendre ici ses devoirs, et nous vous supplions l'un et l'autre d'agréer nos très-humbles salutations.

LETTRE DCCLIV.

A M. DUTENS.

Wootton, le 2 mars 1767.

Tous mes livres, monsieur, et tout mon avoir ne valent assurément pas les soins que vous voulez bien prendre, et les détails dans lesquels vous voulez bien entrer avec moi. J'apprends que M. Davenport a trouvé les caisses dans une confusion horrible ; et, sachant ce que c'est que la peine d'arranger des livres dépareillés, je voudrois pour tout au monde ne l'avoir pas exposé à cette peine, quoique je sache qu'il la prend de très-bon cœur. S'il se trouve dans tout cela quelque chose qui vous convienne, et dont vous vouliez vous accommoder, de quelque manière que ce soit, vous me ferez plaisir sans doute, pourvu que ce ne soit pas uniquement l'intention de me faire plaisir qui vous détermine. Si vous voulez en transformer le prix en une petite rente viagère, de tout mon cœur; quoiqu'il ne me semble pas que, l'Encyclopédie et quelques autres livres de choix ôtés, le reste en vaille la peine, et d'autant moins que le produit de ces livres n'étant point nécessaire à ma subsistance, vous serez absolument le maître de prendre votre temps pour les payer tout à loisir en une ou plusieurs fois, à moi ou à mes héritiers, tout comme il vous conviendra le mieux. En un mot, je vous laisse absolument décider de toute chose, et m'en rapporte à vous sur tous les points, hors un seul, qui est celui des sûretés dont vous me parlez : j'en ai une qui me suffit, et je ne veux entendre parler d'aucune autre; c'est la probité de M. Dutens.

Je me suis fait envoyer ici le ballot qui contenoit mes livres de botanique, dont je ne veux pas me défaire, et quelques autres dont j'ai renvoyé à M. Davenport ce qui s'est trouvé sous ma main; c'est ce que contenoit le ballot qui est rayé sur le catalogue. Les livres dépareillés l'ont été dans les fréquents déménagements que j'ai été forcé de faire; ainsi je n'ai pas de quoi les compléter. Ces livres sont de nulle valeur, et je n'en vois aucun autre usage à faire que de les jeter dans la rivière, ne pouvant les anéantir d'un acte de ma volonté.

Vos lettres, monsieur, et tout ce que je vois de vous m'inspirent non seulement la plus grande estime, mais une confiance qui m'attire et me donne un vrai regret de ne pas vous connoître personnellement. Je sens que cette connoissance m'eût été très-agréable dans tous les temps, et très-consolante dans mes malheurs. Je vous salue, monsieur, très-humblement, et de tout mon cœur.

LETTRE DCCLV.

A MILORD COMTE DE HARCOURT.

Wootton, le 5 mars 1767.

Je ne suis pas surpris, milord, de l'état où vous avez trouvé mes estampes; je m'attendois à pis : mais il me paroît cependant singulier qu'il ne s'en soit pas trouvé une seule de M. Watelet; quoique, parmi beaucoup de gravures qu'il m'avoit données, il y en eût peu des siennes, il y en avoit pourtant : la préférence qu'on leur a donnée fait honneur à son burin. J'en avois un beaucoup plus grand nombre de M. l'abbé de Saint-Non. Si elles s'y trouvent, je ne voudrois pas non plus qu'elles fussent vendues; car, quoique je n'aie pas l'honneur de le connoître personnellement, elles étoient un cadeau de sa part. Si vous ne les aviez pas, milord, et qu'elles pussent vous plaire, vous m'obligeriez beaucoup de vouloir les agréer. Le papier que vous avez eu la bonté de m'envoyer est de la main de milord Maréchal, et me rappelle qu'il y a dans mon recueil un portrait de lui, sans nom, mais tête nue et très-ressemblant, que pour rien au monde je ne voudrois perdre, et dont j'avois oublié de vous parler : c'est la seule estampe que je veuille me réserver; et quand elle me laisseroit la fantaisie d'avoir les portraits des hommes qui lui ressemblent, ce goût ne seroit pas ruineux. Je sens avec combien d'indiscrétion j'abuse de votre temps et de vos bontés; mais quelque peine que vous donne la recherche de ce portrait, j'en aurois une infiniment plus grande à m'en voir privé. Si vous parvenez à le retrouver, je vous supplie, milord, de vouloir bien l'envoyer à M. Davenport, afin qu'il le joigne au premier envoi qu'il aura la bonté de me faire.

Comme, après tout, mon recueil étoit assez peu de chose, que probablement il ne s'est pas accru dans les mains des douaniers et des libraires, et que les retranchements que j'y fais font du reste un objet de très-peu de valeur, j'ai à me reprocher de vous avoir embarrassé de ces bagatelles; mais pour vous dire la vérité, milord, je ne cherchois qu'un prétexte pour me prévaloir de vos offres et vous montrer ma confiance en vos bontés.

J'oubliois de vous parler de la découpure de M. Huber; c'est effectivement M. de Voltaire en habit de théâtre [1]. Comme je ne suis pas tout-à-fait aussi curieux d'avoir sa figure que celle de milord Maréchal, vous pouvez, milord, à votre choix, garder, ou jeter, ou donner, ou brûler ce chiffon; pourvu qu'il ne me revienne pas, c'est tout ce que je désire. Agréez, milord, je vous supplie, les assurances de mon respect.

[1] Huber étoit un Génevois qui s'étoit attaché à Voltaire, et qui, pendant vingt ans, vécut avec lui dans une intime familiarité. Habile dans les arts du dessin, il s'étoit acquis une réputation par un talent vraiment extraordinaire, celui de découper le papier de manière à représenter les objets les plus délicats et les plus compliqués. Il excelloit surtout à figurer ainsi le profil de Voltaire, et y avoit acquis une telle facilité qu'il découpoit ce profil sans y voir, ou les mains derrière le dos. Il le faisoit exécuter par son chat, en lui présentant à mordre une tranche de fromage, et il avoit une manière plus originale encore de le représenter lui-même sur la neige. — La plupart des découpures de Huber, exécutées sur vélin, sont en Angleterre dans les cabinets des curieux. On les a lithographiées à Paris.

LETTRE DCCLVI.

A MILORD MARÉCHAL.

Le 19 mars 1767.

C'en est donc fait, milord; j'ai perdu pour jamais vos bonnes grâces et votre amitié, sans qu'il me soit même possible de savoir et d'imaginer d'où me vient cette perte, n'ayant pas un sentiment dans mon cœur, pas une action dans ma conduite qui n'ait dû, j'ose le dire, confirmer cette précieuse bienveillance que, selon vos promesses tant de fois réitérées, jamais rien ne pouvoit m'ôter. Je conçois aisément tout ce qu'on a pu faire auprès de vous pour me nuire : je l'ai prévu, je vous en ai prévenu; vous m'avez assuré qu'on ne réussiroit jamais, j'ai dû le croire. A-t-on réussi malgré tout cela? voilà ce qui me passe ; et comment a-t-on réussi au point que vous n'ayez pas même daigné me dire de quoi je suis coupable, ou du moins de quoi je suis accusé? Si je suis coupable, pourquoi me taire mon crime? si je ne le suis pas, pourquoi me traiter en criminel? En m'annonçant que vous cesserez de m'écrire, vous me faites entendre que vous n'écrirez plus à personne; cependant j'apprends que vous écrivez à tout le monde, et que je suis le seul excepté, quoique vous sachiez dans quel tourment m'a jeté votre silence. Milord, dans quelque erreur que vous puissiez être, si vous connoissiez je ne dis pas mes sentiments, vous devez les connoître, mais ma situation, dont vous n'avez pas l'idée, votre humanité du moins vous parleroit pour moi.

Vous êtes dans l'erreur, milord, et c'est ce qui me console : je vous connois trop bien pour vous croire capable d'une aussi incompréhensible légèreté, surtout dans un temps où, venu par vos conseils dans le pays que j'habite, j'y vis accablé de tous les malheurs les plus sensibles à un homme d'honneur. Vous êtes dans l'erreur, je le répète : l'homme que vous n'aimez plus mérite sans doute votre disgrâce ; mais cet homme, que vous prenez pour moi, n'est pas moi : je n'ai point perdu votre bienveillance, parce que je n'ai point mérité de la perdre, et que vous n'êtes ni injuste ni inconstant. On vous aura figuré sous mon nom un fantôme ; je vous l'abandonne, et j'attends que votre illusion cesse ; bien sûr qu'aussitôt que vous me verrez tel que je suis, vous m'aimerez comme auparavant.

Mais en attendant, ne pourrai-je du moins savoir si vous recevez mes lettres ? ne me reste-t-il nul moyen d'apprendre des nouvelles de votre santé qu'en m'informant au tiers et au quart, et n'en recevant que de vieilles, qui ne me tranquillisent pas ? Ne voudriez-vous pas du moins permettre qu'un de vos laquais m'écrivît de temps en temps comment vous vous portez ? Je me résigne à tout, mais je ne conçois rien de plus cruel que l'incertitude continuelle où je vis sur ce qui m'intéresse le plus.

LETTRE DCCLVII.

A M. DU PEYROU.

Wootton, le 22 mars 1767.

Apostille d'une lettre de M. L. Dutens, du 19 confirmée par une lettre de M. Davenport de même date, en conséquence d'un message reçu la veille de M. le général Conway.

« Je viens d'apprendre de M. Davenport la nou-
« velle agréable que le roi vous avoit accordé une
« pension de cent livres sterling. La manière dont
« le roi vous donne cette marque de son estime
« m'a fait autant de plaisir que la chose même ; et
« je vous félicite de tout mon cœur de ce que ce
« bienfait vous est conféré du plein gré de sa ma-
« jesté et du secrétaire d'état, sans que la moindre
« sollicitation y ait eu part. »

Le plus vrai plaisir que me fasse cette nouvelle est celui que je sais qu'elle fera à mes amis ; c'est pourquoi, mon cher hôte, je me presse de vous la communiquer : faites-la, par la même raison, passer à mon ancien et respectable ami M. Roguin, et aussi, je vous en prie, à mon ami M. d'Ivernois : je vous embrasse de tout mon cœur.

Comme dans peu j'irai, si je puis, à Londres, ne m'écrivez plus que sous mon propre nom; et si vous écrivez à M. d'Ivernois, donnez-lui le même avis.

LETTRE DCCLVIII.

A M. DUTENS.

Wootton, le 26 mars 1767.

J'espère, monsieur, que cette lettre, destinée à vous offrir mes souhaits de bon voyage, vous trouvera encore à Londres. Ils sont bien vifs et bien vrais pour votre heureuse route, agréable séjour, et retour en bonne santé. Témoignez, je vous prie, dans le pays où vous allez, à tous ceux qui m'aiment, que mon cœur n'est pas en reste avec eux, puisque avoir de vrais amis et les aimer est le seul plaisir auquel il soit encore sensible. Je n'ai aucune nouvelle de l'élargissement du pauvre Guy : je vous serai très-obligé si vous voulez bien m'en donner, avec celle de votre heureuse arrivée. Voici une correction omise à la fin de l'errata que je lui ai envoyé; ayez la bonté de la lui remettre.

Je reçois, monsieur, comme je le dois, la grâce dont il plaît au roi de m'honorer, et à laquelle j'avois si peu lieu de m'attendre. J'aime à y voir, de la part de M. le général Conway, des marques d'une bienveillance que je désirois bien plus que je n'osois l'espérer. L'effet des faveurs du prince n'est guère, en Angleterre, de capter à ceux qui les reçoivent celles du public. Si celle-ci faisoit pourtant cet effet, j'en serois d'autant plus comblé, que c'est encore un bonheur auquel je dois peu m'attendre; car on pardonne quelquefois les offenses qu'on a reçues, mais jamais celles qu'on a faites; et il n'y a point de haine plus irréconciliable que celle des gens qui ont tort avec nous.

Si vous payez trop cher mes livres, monsieur, je mets le trop sur votre conscience, car pour moi je n'en peux mais. Il y en a encore ici quelques-uns qui reviennent à la masse, entre autres l'excellente *Historia fiorentina*, de Machiavel, ses *Discours* sur Tite Live, et le traité *de Legibus romanis*, de Sigonius. Je prierai M. Davenport de vous les faire passer. La rente¹ que vous me proposez, trop forte pour le capital, ne me paroît pas acceptable, même à mon âge; cependant la condition d'être éteinte à la mort du premier mourant des deux la rend moins disproportionnée; et

¹ Celle de dix livres sterling.

si vous le préférez ainsi, j'y consens; car tout est absolument égal pour moi.

Je songe, monsieur, à me rapprocher de Londres, puisque la nécessité l'ordonne; car j'y ai une répugnance extrême que la nouvelle de la pension augmente encore. Mais quoique comblé des attentions généreuses de M. Davenport, je ne puis rester plus long-temps dans sa maison, où même mon séjour lui est très à charge; et je ne vois pas qu'ignorant la langue, il me soit possible d'établir mon ménage à la campagne, et d'y vivre sur un autre pied que celui où je suis ici. Or j'aimerois autant me mettre à la merci de tous les diables de l'enfer qu'à celle des domestiques anglois. Ainsi mon parti est pris; si, après quelques recherches que je veux faire encore dans ces provinces, je ne trouve pas ce qu'il me faut, j'irai à Londres ou aux environs me mettre en pension comme j'étois, ou bien prendre mon petit ménage à l'aide d'un petit domestique françois ou suisse, fille ou garçon, qui parle anglois, et qui puisse faire mes emplettes. L'augmentation de mes moyens me permet de former ce projet, le seul qui puisse m'assurer le repos et l'indépendance sans lesquels il n'est point de bonheur pour moi.

Vous me parlez, monsieur, de M. Frédéric Dutens, votre ami, et probablement votre parent. Avec mon étourderie ordinaire, sans songer à la diversité des noms de baptême, je vous ai pris tous deux pour la même personne; et, puisque vous êtes amis, je ne me suis pas beaucoup trompé. Si j'ai son adresse, et qu'il ait pour moi la même bonté que vous, j'aurai pour lui la même confiance, et j'en userai dans l'occasion.

Derechef, monsieur, recevez mes vœux pour votre heureux voyage, et mes très-humbles salutations.

LETTRE DCCLIX.

A M. LE GÉNÉRAL CONWAY.

Wootton, le 26 mars 1767.

Monsieur,

Aussi touché que surpris de la faveur dont il plaît au roi de m'honorer, je vous supplie d'être auprès de sa majesté l'organe de ma vive reconnoissance. Je n'avois droit à ses attentions que par mes malheurs; j'en ai maintenant aux égards du public par ses grâces, et je dois espérer que l'exemple de sa bienveillance m'obtiendra celle de tous ses sujets. Je reçois, monsieur, le bienfait du roi comme l'arrhe d'une époque heureuse autant qu'honorable, qui m'assure, sous la protection de sa majesté, des jours désormais paisibles. Puissé-je n'avoir à les remplir que des vœux les plus purs et les plus vifs pour la gloire de son règne et pour la prospérité de son auguste maison !

Les actions nobles et généreuses portent toujours leur récompense avec elles. Il vous est aussi naturel, monsieur, de vous féliciter d'en faire, qu'il est flatteur pour moi d'en être l'objet. Mais ne parlons point de mes talents, je vous supplie; je sais me mettre à ma place, et je sens, à l'impression que font sur mon cœur vos bontés, qu'il est en moi quelque chose plus digne de votre estime que de médiocres talents, qui seroient moins connus s'ils m'avoient attiré moins de maux, et dont je ne fais cas que par la cause qui les fit naître, et par l'usage auquel ils étoient destinés.

Je vous supplie, monsieur, d'agréer les sentiments de ma gratitude et mon profond respect.

LETTRE DCCLX.

A MILORD COMTE DE HARCOURT.

Wootton, le 2 avril 1767.

J'apprends, milord, par M. Davenport, que vous avez eu la bonté de me défaire de toutes mes estampes, hors une. Serois-je assez heureux pour que cette estampe exceptée fût celle du roi ? je le désire assez pour l'espérer; en ce cas, vous auriez

bien lu dans mon cœur, et je vous prierois de
vouloir conserver soigneusement cette estampe
jusqu'à ce que j'aie l'honneur de vous voir et de
vous remercier de vive voix : je la joindrois à
celle de milord Maréchal, pour avoir le plaisir de
contempler quelquefois les traits de mes bienfaiteurs, et de me dire en les voyant qu'il est encore des hommes bienfaisants sur la terre.

Cette idée m'en rappelle une autre, que ma mémoire absolument éteinte avoit laissé échapper :
ce portrait du roi avec une vingtaine d'autres me
viennent de M. Ramsay, qui ne voulut jamais m'en
dire le prix ; ainsi ce prix lui appartient et non pas
à moi : mais comme probablement il ne voudroit
pas plus l'accepter aujourd'hui que ci-devant, et
que je n'en veux pas non plus faire mon profit, je
ne vois à cela d'autre expédient que de distribuer
aux pauvres le produit de ces estampes ; et je crois,
milord, qu'une fonction de charité ne peut rien
avoir que l'humanité de votre cœur dédaigne.
La difficulté seroit de savoir quel est ce produit,
ne pouvant moi-même me rappeler le nombre et la
qualité de ces estampes ; ce que je sais, c'est que
ce sont toutes gravures angloises, dont je n'avois
que quelques autres avant celles-là. Pour ne pas
abuser de vos bontés, milord, au point de vous
engager dans de nouvelles recherches, je ferai une
évaluation grossière de ces gravures, et j'estime
que le prix n'en pourroit guère passer quatre ou

cinq guinées : ainsi, pour aller au plus sûr, ce sont cinq guinées sur le produit du tout que je prends la liberté de vous prier de vouloir bien distribuer aux pauvres. Vous voyez, milord, comment j'en use avec vous. Quoique je sois persuadé que mon importunité ne passe pas votre complaisance, si j'avois prévu jusqu'où je serois forcé de la porter, je me serois gardé de m'oublier à ce point. Agréez, milord, je vous supplie, mes très-humbles excuses et mon respect.

LETTRE DCCLXI.

A M. DU PEYROU.

A Wootton, le 2 avril 1767.

O mon cher et aimable hôte ! qu'avez-vous fait ? Vous êtes tombé dans le pot au noir bien cruellement pour moi. Votre n° 42, que vous avez envoyé pour plus de sûreté par une autre voie, est précisément tombé à Londres entre les mains de mon cousin Jean Rousseau, qui demeure chez M! Colombies, à qui on l'a malheureusement adressé. Or vous saurez que mon très-cher cousin est en secret l'ame damnée du bon David, alerte pour saisir et ouvrir toutes les lettres et paquets qui m'arrivent à Londres ; et la vôtre a été ouverte très-certainement, ce qui est d'autant plus aisé, que vous cachetez toujours très-mal, avec de mauvaise cire, et que vous en mettez trop peu ; la cire noire ne cachète jamais bien. Votre lettre à très-certainement été ouverte.

Mon cher hôte, je suis de tous côtés sous le piége ; il est impossible que je m'en tire si votre ami ne m'en tire pas, mais j'espère qu'il le fera ; il n'y a certainement que lui qui le puisse, et il semble que la Providence l'a envoyé dans mon voisinage pour cette bonne œuvre. Il s'agit premièrement de sauver mes papiers, car on les guette avec une grande vigilance, et l'on espère bien qu'ils n'échapperont pas. Toutefois, s'il m'envoie l'exprès que je lui ai demandé avant que M. Davenport arrive, ils sont tout prêts; je les lui remettrai, et ils passeront entre les mains de votre ami, qui ne sauroit y veiller avec trop de soin, ni trop attendre une occasion sûre pour vous les faire passer ; car rien ne presse, et l'essentiel est qu'ils soient en sûreté.

Reste à savoir si ma lettre à M. de C. est allée sûrement et en droiture. Les gens qui portent et rapportent mes lettres, ceux de la poste, tout m'est également suspect ; je suis dans les mains de tout le monde, sans qu'il me soit possible de faire un seul mouvement pour me dégager. Vous me faites rire par le sang froid avec lequel vous me marquez, *Adressez-vous à celui-ci ou à celui-là;* c'est comme si vous me disiez, Adressez-vous à un habitant de la lune. S'adresser est un mot bientôt dit, mais il faut savoir comment; il n'y a que la face d'un ami qui puisse me tirer d'affaire, toutes les lettres ne font que me trahir et m'embourber. Celles que je reçois et que j'écris sont toutes vues par mes ennemis; ce n'est pas le moyen de me tirer de leurs mains.

Si le ciel veut que ma précédente lettre à M. de C. ait échappé à mes gardes, qu'il l'ait reçue, et qu'il envoie l'exprès, nous sommes forts; car j'ai mon second chiffre tout prêt; je le ferai partir avec cette lettre-ci, et j'espère qu'il ne tombera plus dans les mains de M. Colombies, ni de mon cher cousin. S'il m'arrive de me servir du premier, ce sera pour donner le change; n'ajoutez aucune foi à ce que je vous marquerai de cette manière, à moins que vous ne lisiez en tête ce mot, écrit de ma main, Vrai.

Je vous enverrai une note exacte des paquets que j'envoie à votre ami, et que j'aurai bien droit d'appeler le mien, s'il accomplit en ma faveur la bonne œuvre qu'il veut bien faire; et cette note sera assez détaillée pour que, si j'ai le bonheur de passer en terre ferme, vous puissiez indiquer les paquets dont nous aurons besoin.

Je ne puis vous écrire plus long-temps. Je donnerois la moitié de ma vie pour être en terre ferme, et l'autre pour pouvoir vous embrasser encore une fois, et puis mourir.

Il faut que je vous marque encore que ce n'est

ni pour le *Contrat social*, ni pour les *Lettres de la montagne*, que le pauvre Guy a été mis à la Bastille ; c'est pour les *Mémoires de M. de la Chalotais*. Panckoucke est, je crois, de bonne foi ; mais n'écoutez aucune de ses nouvelles ; elles viennent toutes de mauvaise main.

Je tiens cette lettre et le chiffre tout prêts, mais viendra-t-on les chercher ? Viendra-t-on me chercher moi-même ? O destinée ! ô mon ami ! priez pour moi ; il me semble que je n'ai pas mérité les malheurs qui m'accablent.

Le courrier n'arrivant point, j'ai le temps d'ajouter encore quelques mots. Que vous envoyiez vos lettres par la France ou par la Hollande, cela est bien indifférent à la chose ; c'est entre Londres et Wootton que le filet est tendu, et il est impossible que rien en échappe.

Pour être prêt au moment que l'homme arrivera, s'il arrive, je vais cacheter cette lettre avec le second chiffre. Le 6 avril, je fais partir par la poste une espèce de *duplicata* de cette lettre. Il sera intercepté, cela est sûr ; mais peut-être le laissera-t-on passer après l'avoir lu.

LETTRE DCCLXII.

AU MÊME.

A Wootton, le 4 avril 1767.

Votre n° 42, mon cher hôte, m'est parvenu, après avoir été ouvert, et ne pouvoit manquer de l'être par la voie que vous avez choisie, puisqu'il a été adressé par monsieur votre parent à M. Colombies de Londres, lequel a pour commis un mien cousin, l'ame damnée du bon David, et alerte pour intercepter et ouvrir tout ce qui m'est adressé du continent, presque sans exception.

Votre inutile précaution porte sur cette supposition bien fausse que nos lettres sont ouvertes entre Londres et Neuchâtel; et point du tout, c'est entre Londres et Wootton; et comme, de quelque adresse que vous vous serviez, il faut toujours qu'elles passent ici par d'autres mains avant d'arriver dans les miennes, il s'ensuit que, par quelque route qu'elles viennent, cela est très-indifférent pour la sûreté. Les précautions sont telles, qu'il est impossible qu'il en échappe aucune sans être ouverte, à moins qu'on ne le veuille bien. Ainsi, la poste me trahit et ne sauroit me servir. Il n'y a dans ma position que la vue d'un homme sûr qui puisse m'être utile. Présence ou rien.

Je fais des tentatives pour aller à Londres, je doute qu'elles me réussissent ; d'ailleurs ce voyage est très-hasardeux, à cause du dépôt qui est ici dans mes mains, qui vous appartient, et dont l'ardent désir de vous le faire passer en sûreté fait tout le tourment de ma vie. Le désir de s'emparer de ce dépôt à ma mort, et peut-être de mon vivant, est une des principales raisons pourquoi je suis si soigneusement surveillé. Or, tant que je suis ici, il est en sûreté dans ma chambre; je suis presque assuré qu'il lui arrivera malheur en route, sitôt que j'en serai éloigné. Voilà, mon cher hôte, ce qui fait que quand même je serois libre de me déplacer, je ne m'y exposerois qu'avec crainte, presque assuré de perdre mon dépôt dans le transport. Que de tentatives j'ai faites pour le mettre en sûreté ! Mais que puis-je faire tant que personne ne vient à mon secours ? Quand vous m'écrivez tranquillement, *Adressez-vous à celui-ci ou à celui-là*, c'est comme si vous m'écriviez, Adressez-vous à un habitant de la lune. Mon cher hôte, libre et maître dans sa maison à Neuchâtel, parlant la langue, et entouré de gens de bonne volonté, juge de ma situation par la sienne. Il se trompe un peu.

J'ai travaillé un peu à ma besogne au milieu du tumulte et des orages dont j'étois entouré : c'est mon travail, ce sont mes matériaux pour la suite, qui me tiennent en souci; je souffre à penser qu'il faudra que tout cela périsse. Mais, si je ne suis secouru, je n'ai qu'un parti à prendre, et je le prendrai quand je me sentirai pressé, soit par la mort, soit par le danger; c'est de brûler le tout, plutôt que de le laisser tomber entre les mains de mes ennemis. Vous voilà averti, mon cher hôte; si vous trouvez que j'ai mieux à faire, apprenez-le-moi, mais n'oubliez pas que vos lettres seront vues.

Je vous ai donné avis de la pension. Je vois d'ici, sur cet avis, toutes les fausses idées que vous vous faites sur ma situation : votre erreur est excusable, mais elle est grande. Si vous saviez comment, par qui, et pourquoi cette pension m'est venue, vous m'en féliciteriez moins. Vous me demanderez peut-être un jour pourquoi je ne l'ai pas refusée; je crois que j'aurai de quoi bien répondre à cela.

Il importoit de vous donner, une fois pour toutes, les explications contenues dans cette lettre, que je suis pressé de finir. Je l'adresse à M. Rougemont, de Londres, en qui seul je puis prendre confiance; si on la lui laisse arriver, elle vous arrivera. Mille remerciements empressés et respects à la plus digne des mamans. Recevez ceux de mademoiselle Le Vasseur. Je vous embrasse, mon cher hôte, de tout mon cœur.

Vous devez comprendre pourquoi je ne vous parle pas ici de votre ami; faites de même.

LETTRE DCCLXIII.

A M. D'IVERNOIS.

Wootton, le 6 avril 1767.

J'ai reçu, mon bon ami, votre dernière lettre, et lu le mémoire que vous y avez joint. Ce mémoire est fait de main de maître et fondé sur d'excellents principes : il m'inspire une grande estime pour son auteur, quel qu'il soit; mais n'étant plus capable d'attention sérieuse et de raisonnements suivis, je n'ose prononcer sur la balance des avantages respectifs et sur la solidité de l'ouvrage qui en résultera : ce que je crois voir bien clairement, c'est qu'il vous offre, dans votre position, l'accommodement le meilleur et le plus honorable que vous puissiez désirer. Je voudrois, tant ma passion de vous savoir pacifiés est vive, donner la moitié de mon sang pour apprendre que cet accord a reçu sa sanction. Peut-être ne seroit-il pas à désirer que j'en fusse l'arbitre; je craindrois que l'amour de la paix ne fût plus fort dans mon cœur que celui de la liberté. Mes bons amis, sentez-vous bien quelle gloire ce seroit pour vous de part et d'autre que ce saint et sincère accord fût votre propre ouvrage, sans aucun concours étranger? Au reste, n'attendez rien ni de l'Angleterre ni de personne que de vous seuls; vos ressources sont toutes dans votre prudence et dans votre courage; elles sont grandes, grâce au ciel.

J'ai prié M. du Peyrou de vous donner avis que le roi m'avoit gratifié d'une pension. Si jamais nous nous revoyons, je vous en dirai davantage; mais mon cœur, qui désire ardemment ce bonheur, ne me le promet plus. Je suis trop malheureux en toute chose pour espérer plus aucun vrai plaisir en cette vie. Adieu, mon ami, adieu, mes amis. Si votre liberté est exposée, vous avez du moins l'avantage et la gloire de pouvoir la défendre et la réclamer ouvertement. Je connois des gens plus à plaindre que vous. Je vous embrasse.

LETTRE DCCLXIV.

A M. LE MARQUIS DE MIRABEAU.

Wootton, le 8 avril 1767.

Je différois, monsieur, de vous répondre, dans l'espoir de m'entretenir avec vous plus à mon aise quand je serois délivré de certaines distractions assez graves; mais les découvertes que je fais journellement sur ma véritable situation les augmentent, et ne me laissent plus guère espérer de les voir finir : ainsi, quelque douce que me fût votre correspondance, il y faut renoncer au moins pour un temps, à moins d'une mise aussi inégale dans la quantité que dans la valeur. Pour éclaircir un problème singulier qui m'occupe dans ce prétendu pays de liberté, je vais tenter, et bien à contre-cœur, un voyage à Londres. Si, contre mon attente, je l'exécute sans obstacles et sans accident, je vous écrirai de là plus au long.

Vous admirez Richardson, monsieur le marquis : combien vous l'admireriez davantage, si, comme moi, vous étiez à portée de comparer les tableaux de ce grand peintre à la nature; de voir combien ses situations, qui paroissent romanesques, sont naturelles; combien ses portraits, qui paroissent chargés, sont vrais ! Si je m'en rapportois uniquement à mes observations, je croirois même qu'il n'y a de vrais que ceux-là : car les capitaines Tomlinson me pleuvent, et je n'ai pas aperçu jusqu'ici vestige d'aucun Belfort; mais j'ai vu si peu de monde, et l'île est si grande, que cela prouve seulement que je suis malheureux.

Adieu, monsieur. Je ne verrai jamais le château de Trye; et ce qui m'afflige encore davantage, selon toute apparence, je ne serai jamais à portée d'en voir le seigneur; mais je l'honorerai et chérirai toute ma vie : je me souviendrai toujours que c'est au plus fort de mes misères que son noble cœur m'a fait des avances d'amitié; et la mienne, qui n'a rien de méprisable, lui est acquise jusqu'à mon dernier soupir.

LETTRE DCCLXV.

A MILORD COMTE DE HARCOURT.

Wootton, le 11 avril 1767.

Je ne puis, milord, que vous réitérer mes très-humbles excuses et remerciements de toutes les peines que vous avez bien voulu prendre en ma faveur. Je vous suis très-obligé de m'avoir conservé le portrait du roi : je le reverrai souvent avec grand plaisir, et je me livre envers sa majesté à toute la plénitude de ma reconnoissance, très-assuré qu'en faisant le bien elle n'a point d'autre vue que de bien faire. Puisque vous savez au juste à quoi monte le produit des estampes dont M. Ramsay avoit eu l'honnêteté de me faire cadeau, vous pouvez y borner la distribution que vous voulez bien avoir la bonté de faire aux pauvres, et remettre le surplus à M. Davenport, qui veut bien se charger de me l'apporter. J'aspire, milord, au moment d'aller vous rendre mes actions de grâces et mes devoirs en personne; et il ne tiendra pas à moi que ce ne soit avant votre départ de Londres. Recevez en attendant, je vous supplie, milord, mes très-humbles salutations et mon respect.

P. S. Je ne vous parle point de ma santé, parce quelle n'est pas meilleure, et que ce n'est pas la peine d'en parler pour n'avoir que les mêmes choses à dire. Celle de mademoiselle Le Vasseur, à laquelle vous avez la bonté de vous intéresser, est très-mauvaise, et il n'est pas bien étonnant qu'elle empire de jour en jour.

LETTRE DCCLXVI.

A M. DAVENPORT.

Wootton, le 30 avril 1767.

Un maître de maison, monsieur, est obligé de savoir ce qui se passe dans la sienne, surtout à l'égard des étrangers qu'il y reçoit. Si vous ignorez ce qui se passe dans la vôtre à mon égard depuis Noël, vous avez tort; si vous le savez et que vous le souffriez, vous avez plus grand tort: mais le tort le moins excusable est d'avoir oublié votre promesse, et d'être allé tranquillement vous établir à Davenport, sans vous embarrasser si l'homme qui vous attendoit ici sur votre parole y étoit à son aise ou non. En voilà plus qu'il ne faut pour me faire prendre mon parti. Demain, monsieur, je quitte votre maison. J'y laisse mon petit équipage, et celui de mademoiselle Le Vasseur, et j'y laisse le produit de mes estampes et livres pour sûreté des frais faits pour ma dépense depuis Noël. Je n'ignore ni les embûches qui m'attendent, ni l'impuissance où je suis de m'en garantir ; mais, monsieur, j'ai vécu ; il ne me reste qu'à finir avec courage une carrière passée avec honneur. Il est aisé de m'opprimer, mais difficile de m'avilir. Voilà ce qui me rassure contre les dangers que je vais courir. Recevez derechef mes vifs et sincères remerciements de la noble hospitalité que vous m'avez accordée. Si elle avoit fini comme elle a commencé, j'emporterois de vous un souvenir bien tendre, qui ne s'efface roit jamais de mon cœur. Adieu, monsieur : je regretterai souvent la demeure que je quitte ; mais je regretterai beaucoup davantage d'avoir eu un hôte si aimable, et de n'avoir pu en faire mon ami.

LETTRE DCCLXVII.

A M. LE GÉNÉRAL CONWAY.

Douvres, 1767.

Monsieur,

J'ose vous supplier de vouloir bien prendre sur vos affaires le temps de lire cette lettre, seul et avec attention. C'est à votre jugement éclairé, c'est à votre ame saine que j'ai à parler. Je suis sûr de trouver en vous tout ce qu'il faut pour peser avec sagesse et avec équité ce que j'ai à vous dire. J'en serai moins sûr si vous consultez tout autre que vous.

J'ignore avec quel projet j'ai été amené en Angleterre : il y en a eu un, cela est certain ; j'en juge par son effet, aussi grand, aussi plein qu'il auroit pu l'être, quand ce projet eût été une affaire d'état. Mais comment le sort, la réputation d'un pauvre infortuné, pourroient-ils jamais faire une affaire d'état ? C'est ce qui est trop peu concevable pour que je puisse m'arrêter à pareille supposition. Cependant, que les hommes les plus élevés, les plus distingués, les plus estimables ; qu'une nation tout entière se prête aux passions d'un particulier qui veut en avilir un autre, c'est ce qui se conçoit encore moins. Je vois l'effet ; la cause m'est cachée, et je me suis tourmenté vainement pour la pénétrer : mais, quelle que soit cette cause, les suites en seront les mêmes ; et c'est de ces suites qu'il s'agit ici. Je laisse le passé dans son obscurité ; c'est maintenant l'avenir que j'examine.

J'ai été traité dans mon honneur aussi cruellement qu'il soit possible de l'être. Ma diffamation est telle en Angleterre, que rien ne peut l'y relever de mon vivant. Je prévois cependant ce qui doit arriver après ma mort, par la seule force de la vérité, et sans qu'aucun écrit posthume de ma part s'en mêle ; mais cela viendra lentement, et seulement quand les révolutions du gouvernement auront mis tous les faits passés en évidence. Alors ma mémoire sera réhabilitée ; mais de mon vivant je ne gagnerai rien à cela.

Vous concevez, monsieur, que cette ignominie, intolérable au cœur d'un homme d'honneur, rend au mien le séjour de l'Angleterre insupportable. Mais on ne veut pas que j'en sorte ; je le sens, j'en ai mille preuves, et cet arrangement est très-naturel ; on ne doit pas me laisser aller publier au dehors les outrages que j'ai reçus dans l'île, ni la captivité dans laquelle j'ai vécu ; on ne veut pas non plus que mes mémoires passent dans le continent et aillent instruire une autre génération des maux que m'a fait souffrir celle-ci. Quand je dis *on*, j'entends les premiers auteurs de mes disgrâces : à Dieu ne plaise que l'idée que j'ai, monsieur, de votre respectable caractère me permette jamais de penser que vous ayez trempé dans le fond du projet! Vous ne me connoissiez point ; on vous a fait croire de moi beaucoup de choses; l'illusion de l'amitié vous a prévenu pour mes ennemis, ils ont abusé de votre bienveillance, et, par une suite de mon malheur ordinaire, les nobles sentiments de votre cœur, qui vous auroit parlé pour moi si j'eusse été mieux connu de vous, m'ont nui par l'opinion qu'on vous en a donnée. Maintenant le mal est sans remède ; il est presque impossible que vous soyez désabusé; c'est ce que je ne suis pas à portée de tenter : et, dans l'erreur où vous êtes, la prudence veut que vous vous prêtiez aux mesures de mes ennemis.

J'oserai pourtant vous faire une proposition qui, je crois, doit parler également à votre cœur et à votre sagesse : la terrible extrémité où je suis réduit en fait, je l'avoue, ma seule ressource ; mais cette ressource en est peut-être également une pour mes ennemis contre les suites désagréables que peut avoir pour eux mon dernier désespoir.

Je veux sortir, monsieur, de l'Angleterre ou de la vie ; et je sens bien que je n'ai pas le choix. Les manœuvres sinistres que je vois m'annoncent le sort qui m'attend, si je feins seulement de vouloir m'embarquer. J'y suis déterminé pourtant, parce que toutes les horreurs de la mort n'ont rien de comparable à celles qui m'environnent. Objet de la risée et de l'exécration publique, je ne me vois environné que des signes affreux qui m'annoncent ma destinée. C'est trop souffrir, monsieur, et toute interdiction de correspondance m'annonce assez que, sitôt que l'argent qui me reste sera dépensé, je n'ai plus qu'à mourir. Dans ma situation, ce sera un soulagement pour moi, et c'est le seul désormais qui me reste; mais j'ai bien de la peine à penser que mon malheur ne laisse après lui nulle trace désagréable. Quelque habilement que la chose ait été concertée, quelque adroite qu'en soit l'exécution, il restera des indices peu favorables à l'hospitalité nationale. Je suis malheureusement trop connu pour que ma fin tragique ou ma disparition demeurent sans commentaires; et quand tant de complices garderoient le secret, tous mes malheurs précédents mettront trop de gens sur la trace de celui-ci pour que les ennemis de mes ennemis (car tout le monde en a) n'en fassent pas quelque jour un usage qui pourra leur déplaire. On ne sait jusqu'où ces choses-là peuvent aller, et l'on n'est plus maître de les arrêter quand une fois elles marchent. Convenez, monsieur, qu'il y auroit quelque avantage à pouvoir se dispenser d'en venir à cette extrémité.

Or on le peut; *et prudemment* on le doit. Daignez m'écouter. Jusqu'à présent j'ai toujours pensé à laisser après moi des mémoires qui missent au fait la postérité des vrais événements de ma vie : je les ai commencés, déposés en d'autres mains, et désormais abandonnés. Ce dernier coup m'a fait sentir l'impossibilité d'exécuter ce dessein, et m'en a totalement ôté l'envie.

Je suis sans espoir, sans projet, sans désir même de rétablir ma réputation détruite, parce que je sais qu'après moi cela viendra de soi-même, et qu'il me faudroit des efforts immenses pour y parvenir de mon vivant. Le découragement m'a gagné; la douce amitié, l'amour du repos, sont les seules passions qui me restent, et je n'aspire qu'à finir paisiblement mes jours dans le sein d'un ami. Je ne vois plus d'autre bonheur pour moi sur la terre; et, quand j'aurois désormais à choisir, je sacrifierois tout à cet unique désir qui m'est resté.

Voilà, monsieur, l'homme qui vous propose de le laisser aller en paix, et qui vous engage sa foi, sa parole, tous les sentiments d'honneur dont il fait profession, et toutes ces espérances sacrées qui font ici-bas la consolation des malheureux, que non seulement il abandonne pour toujours le projet d'écrire sa vie et ses mémoires, mais qu'il ne lui échappera jamais, ni de bouche, ni par écrit, un seul mot de plainte sur les malheurs qui lui sont arrivés en Angleterre; qu'il ne parlera jamais de M. Hume, ou qu'il n'en parlera qu'avec honneur; et que, lorsqu'il sera pressé de s'expliquer sur les plaintes indiscrètes qui, dans le fort de ses peines, lui sont quelquefois échappées, il les rejettera sans mystère sur son humeur aigrie, et portée à la défiance et aux ombrages par des malheurs continuels. Je pourrai parler de la sorte avec vérité, n'ayant que trop d'injustes soupçons à me reprocher par ce malheureux penchant, ouvrage de mes désastres, et qui maintenant y met le comble. Je m'engage solennellement à ne jamais écrire quoi que ce puisse être, et sous quelque prétexte que ce soit pour être imprimé ou publié, ni sous mon nom, ni en anonyme, ni de mon vivant, ni après ma mort.

Vous trouverez, monsieur, ces promesses bien fortes; elles ne le sont pas trop pour la détresse où je suis. Vous me demanderez des garants pour leur exécution; cela est très-juste : les voici ; je vous prie de les peser.

Premièrement, tous mes papiers relatifs à l'Angleterre y sont encore dans un dépôt. Je les ferai tous remettre entre vos mains, et j'y en ajouterai quelques autres assez importants qui sont restés dans les miennes. Je partirai à vide et sans autres papiers qu'un petit portefeuille absolument nécessaire à mes affaires, et que j'offre à visiter[1].

Secondement, vous aurez cette lettre signée pour garant de ma parole ; et de plus, une autre

---

[1] * *J'offre à visiter.* Conforme au texte de l'édition originale.

déclaration que je remettrai en partant à qui vous me prescrirez, et telle que, si j'étois capable de jamais l'enfreindre de mon vivant, ou après ma mort, cette seule pièce anéantiroit tout ce que je pourrois dire, en montrant dans son auteur un infâme qui, se jouant de ses promesses les plus solennelles, ne mérite d'être écouté sur rien. Ainsi mon travail, détruisant son propre objet, en rendroit la peine aussi ridicule que vaine.

En troisième lieu, je suis prêt à recevoir toujours avec le même respect et la même reconnoissance la pension dont il plaît au roi de m'honorer. Or, je vous demande, monsieur, si, lorsque honoré d'une pension du prince, j'étois assez vil, assez infâme pour mal parler de son gouvernement, de sa nation et de ses sujets, il seroit possible en aucun temps qu'on m'écoutât sans indignation, sans mépris et sans horreur. Monsieur, je me lie par les liens les plus forts et les plus indissolubles. Vous ne pouvez pas supposer que je veuille rétablir mon honneur par des moyens qui me rendroient le plus vil des mortels.

Il y a, monsieur, un quatrième garant, plus sûr, plus sacré que tous les autres, et qui vous répond de moi; c'est mon caractère connu pendant cinquante et six ans. Esclave de ma foi, fidèle à ma parole, si j'étois capable de gloire encore, je m'en ferois une illustre et fière de tenir plus que je n'aurois promis; mais, plus concentré dans moi-même, il me suffit d'avoir en cela la conscience de mon devoir. Eh! monsieur, pouvez-vous penser que, de l'humeur dont je suis, je puisse aimer la vie en portant la bassesse et le remords dans ma solitude? Quand la droiture cessera de m'être chère, c'est alors que je serai vraiment mort au bonheur.

Non, monsieur, je renonce pour jamais à tous souvenirs pénibles. Mes malheurs nont rien d'assez amusant pour les rappeler avec plaisir; je suis assez heureux si je suis libre, et que je puisse rendre mon dernier soupir dans le sein d'un ami. Je ne vous promets en ceci que ce que je me promets à moi-même, si je puis goûter encore quelques jours de paix avant ma mort.

Je n'ai parlé jusqu'ici, monsieur, qu'à votre raison: je n'ai qu'un mot maintenant à dire à votre cœur. Vous voyez un malheureux réduit au désespoir, n'attendant plus que la manière de sa dernière heure. Vous pouvez rappeler cet infortuné à la vie, vous pouvez vous en rendre le sauveur, et du plus misérable des hommes en faire encore le plus heureux. Je ne vous en dirai pas davantage, si ce n'est ce dernier mot qui vaut la peine d'être répété. Je vois mon heure extrême qui se prépare; je suis résolu, s'il le faut, de l'aller chercher, et de périr ou d'être libre; il n'y a plus de milieu.

LETTRE DCCLXVIII.

A M. E. J......, CHIRURGIEN.

Le 13 mai [1] 1767.

Vous me parlez, monsieur, dans une langue littéraire de sujets de littérature, comme à un homme de lettres ; vous m'accablez d'éloges si pompeux, qu'ils sont ironiques ; et vous croyez m'enivrer d'un pareil encens ? Vous vous trompez, monsieur, sur tous ces points ; je ne suis point homme de lettres : je le fus pour mon malheur ; depuis long-temps j'ai cessé de l'être ; rien de ce qui se rapporte à ce métier ne me convient plus. Les grands éloges ne m'ont jamais flatté ; aujourd'hui surtout que j'ai plus besoin de consolation que d'encens, je les trouve bien déplacés : c'est comme si, quand vous allez voir un pauvre malade, au lieu de le panser, vous lui faisiez des compliments.

J'ai livré mes écrits à la censure publique : elle les traite aussi sévèrement que ma personne :

---

[1] Il y a certainement une erreur dans l'indication du mois ; ce doit être avril au lieu de mai. Le 13 mai il étoit en route pour revenir en France. Conséquemment cette lettre devroit être placée après celle adressée à milord comte de Harcourt.

à la bonne heure ; je ne prétends point avoir eu raison : je sais seulement que mes intentions étoient assez droites, assez salutaires, pour devoir m'obtenir quelque indulgence. Mes erreurs peuvent être grandes ; mes sentimens auroient dû les racheter. Je crois qu'il y a beaucoup de choses sur lesquelles on n'a pas voulu m'entendre : telle est, par exemple, l'origine du droit naturel, sur laquelle vous me prêtez des sentimens qui n'ont jamais été les miens. C'est ainsi qu'on aggrave mes fautes réelles de toutes celles qu'on juge à propos de m'attribuer. Je me tais devant les hommes, et je remets ma cause entre les mains de Dieu, qui voit mon cœur.

Je ne répondrai donc point, monsieur, ni aux reproches que vous me faites au nom d'autrui, ni aux louanges que vous me donnez de vous-même ; les uns ne sont pas plus mérités que les autres. Je ne vous rendrai rien de pareil, tant parce que je ne vous connois pas que parce que j'aime à être simple et vrai en toutes choses. Vous vous dites chirurgien : si vous m'eussiez parlé botanique, et des plantes que produit votre contrée, vous m'auriez fait plaisir, et j'en aurois pu causer avec vous : mais pour de mes livres, et de toute autre espèce de livres, vous m'en parleriez inutilement, parce que je ne prends plus d'intérêt à tout cela. Je ne vous réponds point en latin, par la raison ci-devant énoncée ; il ne me reste de cette langue qu'autant qu'il en faut pour entendre les phrases de Linnæus. Recevez, monsieur, mes très-humbles salutations.

~~~~~~

LETTRE DCCLXIX.

A M. LE MARQUIS DE MIRABEAU.

Calais, le 22 mai 1767.

J'arrive ici, monsieur, après bien des aventures bizarres, qui feroient un détail plus long qu'amusant. Je voudrois de tout mon cœur aller finir mes jours au château de Trye; mais pour entreprendre un pareil établissement, il faudroit plus de certitude de sa durée que vous ne pouvez la donner. Je ne vois pour moi qu'un repos stable; c'est dans l'état de Venise; et, malgré l'immensité du trajet, je suis déterminé à le tenter. Ma situation, à tous égards, me forcera à des stations que je rendrai aussi courtes qu'il me sera possible. Je désire ardemment d'en faire une petite à Paris pour vous y voir, si j'y puis garder l'incognito convenable, et que je sois assuré que ce court séjour ne déplaise pas. Permettez que je vous consulte là-dessus, résolu de passer tout droit et le plus promptement qu'il me sera possible, si vous jugez que ce soit le meilleur parti. Je ne vous en dirai pas davantage ici, monsieur; mais j'attends avec empressement de vos nouvelles, et je compte m'arrêter à Amiens pour cela. Ayez la bonté de m'y répondre un mot sous le couvert de M. Barthélemi Midy, négociant. Cette réponse réglera ma marche. Puisse-t-elle, monsieur, me livrer à l'ardent désir que j'ai de voir et d'embrasser le respectable ami des hommes!

LETTRE DCCLXX.

A M. DU PEYROU.

Calais, le 22 mai 1767.

J'arrive ici transporté de joie d'avoir la communication rouverte et sûre avec mon cher hôte, et de n'avoir plus l'espace des mers entre nous. Je pars demain pour Amiens, où j'attendrai de vos nouvelles, sous le couvert de M. Barthélemi Midy, négociant. Je ne vous en dirai pas davantage aujourd'hui; mais je n'ai pas voulu tarder à rompre, aussitôt qu'il m'étoit possible, le silence forcé que je garde avec vous depuis si long-temps.

LETTRE DCCLXXI.

A M. LE MARQUIS DE MIRABEAU.

Amiens, le 2 juin 1767.

J'ai différé, monsieur, de vous écrire jusqu'à ce que je pusse vous marquer le jour de mon départ et le lieu de mon arrivée. Je compte partir demain, et arriver après-demain au soir à Saint-Denis, où je séjournerai le lendemain vendredi pour y attendre de vos nouvelles. Je logerai aux *Trois Maillets*. Comme on trouve des fiacres à Saint-Denis, sans prendre la peine d'y venir vous-même, il suffit que vous ayez la bonté d'envoyer un domestique qui nous conduise dans l'asile hospitalier que vous voulez bien me destiner. Il m'a été impossible de rester inconnu comme je l'avois désiré, et je crains bien que mon nom ne me suive à la piste. A tout événement, quelque nom que me donnent les autres, je prendrai celui de M. Jacques, et c'est sous ce nom que vous pourrez me faire demander aux *Trois Maillets*. Rien n'égale le plaisir avec lequel je vais habiter votre maison, si ce n'est le tendre empressement que j'ai d'en embrasser le vertueux maître.

LETTRE DCCLXXII.

A M. DU PEYROU.

Le 5 juin 1767.

Je n'ai pu, mon cher hôte, attendre, comme je l'avois compté, de vos nouvelles à Amiens. Les honneurs publics qu'on a voulu m'y rendre, et mon séjour en cette ville, devenu trop bruyant par les empressements des citoyens et des militaires, m'ont forcé de m'en éloigner au bout de huit jours. Je suis maintenant chez le digne ami des hommes, où, après une si longue interruption, j'attends enfin quelques mots de vous. Mon intention est de ne rien épargner pour avoir avec vous une entrevue dont mon cœur a le plus grand besoin; et si vous pouvez venir jusqu'à Dijon, je partirai pour m'y rendre à la réception de votre réponse, pleurant d'attendrissement et de joie au seul espoir de vous embrasser. Je ne vous en dirai pas ici davantage. Écrivez-moi sous le couvert de M. le marquis de Mirabeau à Paris. Votre lettre me parviendra. Je vous embrasse de tout mon cœur.

LETTRE DCCLXXIII.

A M. LE MARQUIS DE MIRABEAU.

Fleury [1], ce vendredi à midi, 5 juin 1767.

Il faut, monsieur, jouir de vos bontés et de vos soins, et ne vous remercier plus de rien. L'air, la maison, le jardin, le parc, tout est admirable; et je me suis dépêché de m'emparer de tout par la possession, c'est-à-dire par la jouissance. J'ai parcouru tous les environs; et au retour j'ai trouvé M. Garçon, qui m'a tiré de peine sur votre retour d'hier, et m'a donné l'espoir de vous voir demain. Je ne veux point me laisser donner d'inquiétudes; mais, quelque agréable et douce que me soit l'habitation de votre maison, mon intention est toujours de les prévenir. Mille très-humbles salutations et respects de mademoiselle Le Vasseur.

[1] Maison de campagne du marquis de Mirabeau, dans le territoire de Meudon, à deux lieues de Paris.

LETTRE DCCLXXIV.

AU MÊME.

Ce mardi, 9 juin 1767.

Votre présence, monsieur, votre noble hospitalité, vos bontés de toute espèce, ont mis le comble aux sentiments que m'avoient inspirés vos écrits et vos lettres. Je vous suis attaché par tous les liens qui peuvent rendre un homme respectable et cher à un autre; mais je suis venu d'Angleterre avec une résolution qu'il ne m'est pas même permis de changer, puisque je ne saurois devenir votre hôte à demeure, sans contracter des obligations qu'il n'est pas en mon pouvoir ni même en ma volonté de remplir; et, pour répondre une fois pour toutes à un mot que vous m'avez dit en passant, je vous répète et vous déclare que jamais je ne reprendrai la plume pour le public, sur quelque sujet que ce puisse être; que je ne ferai ni ne laisserai rien imprimer de moi avant ma mort, même de ce qui reste encore en manuscrit; que je ne puis ni ne veux rien lire désormais de ce qui pourroit réveiller mes idées éteintes, pas même vos propres écrits; que dès à présent je suis mort à toute littérature; sur quelque sujet que ce puisse être, et que jamais rien ne me fera changer de résolution sur ce point. Je suis assurément pénétré pour vous de reconnoissance, mais non pas jusqu'à vouloir ni pouvoir me tirer de mon anéantissement mental. N'attendez rien de moi, à moins que, pour mes péchés, je ne devienne empereur ou roi; encore ce que ferai dans ce cas sera-t-il moins pour vous que pour mes peuples, puisque en pareil cas, quand je ne vous devrois rien, je ne le ferois pas moins.

En outre, quoi que vous puissiez faire, au Bignon je serois chez vous, et je ne puis être à mon aise que chez moi; je serois dans le ressort du parlement de Paris, qui, par raison de convenance, peut, au moment qu'on y pensera le moins, faire une excursion nouvelle, *in animâ vili;* je ne veux pas le laisser exposé à la tentation.

J'irois pourtant voir votre terre avec grand plaisir si cela ne faisoit pas un détour inutile, et si je ne craignois un peu, quand j'y serois, d'avoir la tentation d'y rester : là-dessus toutefois votre volonté soit faite; je ne résisterai jamais au bien que vous voudrez me faire, quand je le sentirai conforme à mon bien réel ou de fantaisie; car pour moi c'est tout un. Ce que je crains n'est pas de vous être obligé, mais de vous être inutile.

Je suis très-surpris et très en peine de ne recevoir aucune nouvelle d'Angleterre; et surtout de Suisse, dont j'en attends avec inquiétude. Ce retard me met dans le cas de faire à vous et à moi le plaisir de rester ici jusqu'à ce que j'en aie reçu, et par conséquent celui de vous y embrasser quelquefois encore, sachant que les œuvres de miséricorde plaisent à votre cœur. Je remets donc à ces doux moments ce qu'il me reste à vous dire, et surtout à vous remercier du bien que vous m'avez procuré dimanche au soir, et que par la manière dont je l'ai senti je mérite d'avoir encore. *Vale, et me ama.*

LETTRE DCCXXV.

A M. DU PEYROU.

Le 10 juin 1767.

Je reçois, mon cher hôte, votre n° 46; je n'ai point reçu les trois précédents. Je veux supposer, pour ma consolation, que la goutte n'est point venue, et que, selon vos arrangements, vous arriverez aujourd'hui ou demain à Paris. Cela étant, allez, je vous supplie, au Luxembourg voir M. le marquis de Mirabeau; vous saurez par lui de mes nouvelles. Il n'est prévenu de rien, parce que je ne l'ai pas vu depuis la réception de votre lettre; mais il suffira de vous nommer. Ne sachant si cette lettre vous parviendra, je n'en dirai pas ici davantage. Je vous embrasse de tout mon cœur.

Si par hasard M. le marquis de Mirabeau n'étoit pas chez lui, demandez M. Garçon, son secrétaire.

LETTRE DCCLXXVI.

A M. LE MARQUIS DE MIRABEAU.

Ce vendredi, 19 juin 1767.

Je lirai votre livre, puisque vous le voulez ; ensuite j'aurai à vous remercier de l'avoir lu : mais il ne résultera rien de plus de cette lecture que la confirmation des sentiments que vous m'avez inspirés, et de mon admiration pour votre grand et profond génie, ce que je me permets de vous dire en passant et seulement une fois. Je ne vous réponds pas même de vous suivre toujours, parce qu'il m'a toujours été pénible de penser, fatigant de suivre les pensées des autres, et qu'à présent je ne le puis plus du tout. Je ne vous remercie point, mais je sors de votre maison fier d'y avoir été admis, et plus désireux que jamais de conserver les bontés et l'amitié du maître. Du reste, quelque mal que vous pensiez de la sensibilité prise pour toute nourriture, c'est l'unique qui m'est restée ; je ne vis plus que par le cœur. Je veux vous aimer autant que je vous respecte : c'est beaucoup; mais voilà tout; n'attendez jamais de moi rien de plus. J'emporterai si je puis votre livre de plantes; s'il m'embarrasse trop, je le laisserai, dans l'espoir de revenir quelque jour le lire plus à mon aise. Adieu, mon cher et respectable hôte, je pars plein de vous, et content de moi, puisque j'emporte votre estime et votre amitié.

~~~~~~~~~~~~~~~~~~

LETTRE DCCLXXVII.

A M. DU PEYROU.

Au château de Trye, le 21 juin 1767.

J'arrive heureusement, mon cher hôte, avec M. Coindet, qui vous rendra compte de l'état des choses. J'espère, les premiers embarras levés, pouvoir couler ici des jours assez tranquilles, sous la protection du grand prince qui me donne cet asile. Donnez-m'y souvent de vos nouvelles, cher ami; vous savez combien elles sont nécessaires à mon bonheur. Vous pouvez remettre vos lettres à M. Coindet, ou les faire mettre à la poste sous cette adresse : *A M. Manoury, lieutenant des chasses de M. le prince de Conti, pour remettre à M. Renou, au château de Trye, par Gisors.* Quand vous aurez quelque paquet à me faire tenir, il y a un carrosse de Gisors qui va à Paris tous les mercredis, et revient tous les samedis: mais je ne sais pas où en est le bureau à Paris; cela n'est pas difficile à trouver; il faut se servir par le carrosse de la même adresse. M. Coindet va partir, je suis très-pressé; je finis en vous embrassant de tout mon cœur.

LETTRE DCCLXXVIII.

A M. LE MARQUIS DE MIRABEAU.

Trye-le-Château, le 24 juin 1767.

J'espérois, monsieur, vous rendre compte un peu en détail de ce qui regarde mon arrivée et mon habitation; mais une douleur fort vive qui me tient depuis hier à la jointure du poignet me donne à tenir la plume une difficulté qui me force d'abréger. Le château est vieux, le pays est agréable, et j'y suis dans un hospice qui ne me laisseroit rien à regretter, si je ne sortois pas de Fleury. J'ai apporté votre livre de plantes dont j'aurai grand soin; j'ai apporté votre *Philosophie rurale,* que j'ai essayé de lire et de suivre sans pouvoir en venir à bout: j'y reviendrai toutefois. Je réponds de la bonne volonté, mais non pas du succès. J'ai aussi apporté la clef du parc; j'étois en train d'emporter toute la maison; je vous renverrai cette clef par la première occasion. Je vous prie de me garder le secret sur mon asile ; M. le prince de Conti le désire ainsi, et je m'y suis engagé. Le nom de Jacques ne lui ayant pas plu, j'y ai substitué celui que je signe ici, et sous lequel j'espère, monsieur, recevoir de vos nouvelles à l'adresse suivante. Agréez, monsieur, mes salutations très-humbles. Je vous révère et vous embrasse de tout mon cœur.

RENOU.

LETTRE DCCLXXIX.

A MILORD HARCOURT.

Le 10 juillet 1767.

Je reçois seulement en ce moment, milord, la lettre que vous m'avez fait l'honneur de m'écrire le 7 mai, et le billet que vous m'avez envoyé sous la même date. En vous remerciant de l'une et de l'autre, et en vous réitérant mes très-humbles excuses de la peine que vous avez bien voulu prendre en ma faveur, permettez qu'étant éloigné de vous je prenne la liberté de me recommander à l'honneur de votre souvenir, de vous assurer que vos bontés ne sortiront point de ma mémoire, et de vous renouveler les protestations de ma reconnoissance et de mon respect.

Je vous demande la permission, milord, de ne point dater, quant à présent, du lieu de ma retraite, et de ne plus signer un nom sous lequel j'ai vécu si malheureux. Vous ne tarderez pas d'être instruit de celui que j'ai pris, et sous lequel je vous rendrai désormais mes hommages, si vous me permettez de vous les renouveler quelquefois. Si vous m'honorez d'une réponse, M. Watelet est à portée de me la faire passer.

LETTRE DCCLXXX.

A M. DU PEYROU.

Le 22 juillet 1767.

Je suis, mon cher hôte, dans les plus grandes alarmes de n'avoir aucune nouvelle de vous depuis votre départ. Si vous m'avez écrit, il faut que vos lettres se soient dévoyées, et je n'imagine que la goutte qui ait pu vous empêcher d'écrire. Cette idée me fait frémir, en pensant à ce que c'est que d'être pris de la goutte hors de chez soi, et peut-être même en route dans un cabaret. Ah! cher ami, si je le croyois bien, si je savois où, rien ne m'empêcheroit d'aller vous y joindre; votre silence me tient dans une angoisse d'autant plus cruelle que, dans le doute, je mets toujours les choses au pis. De grâce, si ma lettre vous parvient, en quelque état que vous soyez, faites-moi écrire un mot; faites-le écrire à double, l'un où je suis directement à mon adresse que vous savez, et l'autre à l'adresse de M. Coindet, que vous savez aussi. Il est étonnant que je ne sache ou que je ne me rappelle pas votre nom de baptême : cela me tient en quelque embarras pour vous distinguer, en écrivant à M. du Peyrou d'Amsterdam, à qui j'adresse cette lettre. Je n'ai pas le courage de vous parler de moi jusqu'à ce que j'aie de vos nouvelles. Donnez-m'en, je vous conjure, le plus tôt que vous pourrez. Adieu, mon cher hôte : puisse la Providence vous conduire et vous ramener heureusement!

LETTRE DCCLXXXI.

A M. LE MARQUIS DE MIRABEAU.

Trye, le 26 juillet 1767.

J'aurois dû, monsieur, vous écrire en recevant votre dernier billet; mais j'ai mieux aimé tarder quelques jours encore à réparer ma négligence, et pouvoir vous parler en même temps du livre [1] que vous m'avez envoyé. Dans l'impossibilité de le lire tout entier, j'ai choisi les chapitres où l'auteur casse les vitres, et qui m'ont paru les plus importants. Cette lecture m'a moins satisfait que je ne m'y attendois; et je sens que les traces de mes vieilles idées, racornies dans mon cerveau, ne permettent plus à des idées si nouvelles d'y faire de fortes impressions. Je n'ai jamais pu bien entendre ce que c'étoit que cette évidence qui sert de base au despotisme légal, et rien ne m'a paru moins évident que le chapitre qui traite de toutes ces évidences. Ceci ressemble assez au système de l'abbé de Saint-Pierre, qui prétendoit que la raison humaine alloit toujours en se perfectionnant, attendu que chaque siècle ajoute ses lumières à celles des siècles précédents. Il ne voyoit pas que l'entendement humain n'a toujours qu'une même mesure et très-étroite, qu'il perd d'un côté tout autant qu'il gagne de l'autre, et que des préjugés toujours renaissants nous ôtent autant de lumières acquises que la raison cultivée en peut remplacer. Il me semble que l'évidence ne peut jamais être dans les lois naturelles et politiques qu'en les considérant par abstraction. Dans un gouvernement particulier, que tant d'éléments divers composent,

[1] *L'Ordre naturel et essentiel des Sociétés politiques* (1767, in-4°, ou 2 vol. in-12), par *Mercier de La Rivière*, ancien intendant de la Martinique.

cette évidence disparoît nécessairement. Car la science du gouvernement n'est qu'une science de combinaisons, d'applications et d'exceptions, selon les temps, les lieux, les circonstances. Jamais le public ne peut voir avec évidence les rapports et le jeu de tout cela. Et, de grâce, qu'arrivera-t-il? que deviendront vos droits sacrés de propriété dans de grands dangers, dans des calamités extraordinaires, quand vos valeurs disponibles ne suffiront plus, et que le *salus populi suprema lex esto* sera prononcé par le despote?

Mais supposons toute cette théorie des lois naturelles toujours parfaitement évidente, même dans ses applications, et d'une clarté qui se proportionne à tous les yeux; comment des philosophes qui connoissent le cœur humain peuvent-ils donner à cette évidence tant d'autorité sur les actions des hommes? comme s'ils ignoroient que chacun se conduit très-rarement par ses lumières et très-fréquemment par ses passions. On prouve que le plus véritable intérêt du despote est de gouverner légalement, cela est reconnu de tous les temps; mais qui est-ce qui se conduit sur ses plus vrais intérêts? le sage seul, s'il existe. Vous faites donc, messieurs, de vos despotes autant de sages. Presque tous les hommes connoissent leurs vrais intérêts, et ne les suivent pas mieux pour cela. Le prodigue qui mange ses capitaux sait parfaitement qu'il se ruine, et n'en va pas moins son train : de quoi sert que la raison nous éclaire quand la passion nous conduit?

> « Video meliora proboque,
> « Deteriora sequor. »

Voilà ce que fera votre despote, ambitieux, prodigue, avare, amoureux, vindicatif, jaloux, foible; car c'est ainsi qu'ils font tous, et que nous faisons tous. Messieurs, permettez-moi de vous le dire, vous donnez trop de force à vos calculs, et pas assez aux penchants du cœur humain et au jeu des passions. Votre système est très-bon pour les gens de l'Utopie; il ne vaut rien pour les enfants d'Adam.

Voici, dans mes vieilles idées, le grand problème en politique, que je compare à celui de la quadrature du cercle en géométrie, et à celui des longitudes en astronomie : *Trouver une forme de gouvernement qui mette la loi au-dessus de l'homme.*

Si cette forme est trouvable, cherchons-la et tâchons de l'établir. Vous prétendez, messieurs, trouver cette loi dominante dans l'évidence des autres. Vous prouvez trop; car cette évidence a dû être dans tous les gouvernements, où ne sera jamais dans aucun.

Si malheureusement cette forme n'est pas trouvable, et j'avoue ingénument que je crois qu'elle ne l'est pas, mon avis est qu'il faut passer à l'autre extrémité, et mettre tout d'un coup l'homme autant au-dessus de la loi qu'il peut l'être, par conséquent établir le despotisme arbitraire et le plus arbitraire qu'il est possible : je voudrois que le despote pût être Dieu. En un mot, je ne vois point de milieu supportable entre la plus austère démocratie et le hobbisme le plus parfait; car le conflit des hommes et des lois, qui met dans l'état une guerre intestine continuelle, est le pire de tous les états politiques.

Mais les Caligula, les Néron, les Tibère!... Mon Dieu!... je me roule par terre, et je gémis d'être homme.

Je n'ai pas entendu tout ce que vous avez dit des lois dans votre livre, et ce qu'en dit l'auteur nouveau dans le sien. Je trouve qu'il traite un peu légèrement des diverses formes de gouvernement, bien légèrement surtout des suffrages. Ce qu'il a dit des vices du despotisme électif est très-vrai; ces vices sont terribles. Ceux du despotisme héréditaire, qu'il n'a pas dits, le sont encore plus.

Voici un second problème qui depuis longtemps m'a roulé dans l'esprit.

Trouver dans le despotisme arbitraire une forme de succession qui ne soit ni élective ni héréditaire, ou plutôt qui soit à la fois l'une et l'autre, et par laquelle on s'assure, autant qu'il est possible, de n'avoir ni des Tibère ni des Néron.

Si jamais j'ai le malheur de m'occuper derechef de cette folle idée, je vous reprocherai toute ma vie de m'avoir ôté de mon ratelier. J'espère que cela n'arrivera pas; mais, monsieur, quoi qu'il arrive, ne me parlez plus de votre *despotisme légal.* Je ne saurois le goûter ni même l'entendre; et je ne vois là que deux mots contradictoires, qui réunis ne signifient rien pour moi.

Je connois d'autant moins votre principe de population, qu'il me paroît inexplicable en lui-même, contradictoire avec les faits, impossible à concilier avec l'origine des nations. Selon vous, monsieur, la population multiplicative n'auroit dû commencer que quand elle a cessé réellement. Dans mes vieilles idées, sitôt qu'il y a eu pour un sou de ce que vous appelez richesse ou valeur disponible, sitôt qu'on s'est fait le premier échange, la population multiplicative a dû cesser; c'est aussi ce qui est arrivé.

Votre système économique est admirable. Rien n'est plus profond, plus vrai, mieux vu, plus utile. Il est plein de grandes et sublimes vérités qui transportent. Il s'étend à tout : le champ est vaste; mais j'ai peur qu'il n'aboutisse à des pays bien différents de ceux où vous prétendez aller.

J'ai voulu vous marquer mon obéissance en vous montrant que je vous avois du moins parcouru. Maintenant, illustre ami des hommes et le mien, je me prosterne à vos pieds pour vous conjurer d'avoir pitié de mon état et de mes malheurs, de laisser en paix ma mourante tête, de n'y plus réveiller des idées presque éteintes, et qui ne peuvent renaître que pour m'abîmer dans de nouveaux gouffres de maux. Aimez-moi toujours, mais ne m'envoyez plus de livres, n'exigez plus que j'en lise; ne tentez pas même de m'éclairer si je m'égare : il n'est plus temps. On ne se convertit point sincèrement à mon âge. Je puis me tromper, et vous pouvez me convaincre, mais non pas me persuader. D'ailleurs, je ne dispute jamais; j'aime mieux céder et me taire : trouvez bon que je m'en tienne à cette résolution. Je vous embrasse de la plus tendre amitié et avec le plus vrai respect.

LETTRE DCCLXXXII.

A M. DU PEYROU.

Le 1er août 1767.

Si, comme je l'espère, mon très-cher hôte, vous avez reçu ma lettre précédente, vous y aurez vu combien j'avois besoin de la vôtre du 20 pour me tranquilliser sur votre voyage. Grâce à Dieu, vous voilà arrivé exempt de goutte; et quand même elle vous prendroit où vous êtes, ce qui, je me flatte, n'arrivera pas, j'en serois moins effrayé que de vous savoir arrêté en route dans une auberge, malheur que j'ai craint dans ces circonstances par-dessus tout. Si votre vie ambulante de cette année pouvoit pour cette fois vous exempter de goutte, je ne désespérerois pas qu'avec vos précautions et la botanique, vous n'en fussiez peut-être délivré tout-à-fait. Ainsi soit-il.

Je ne vous dirai pas ce qui s'est passé ici depuis votre départ; peut-être cela changera-il avant votre retour. Son altesse, qui malheureusement a fait un voyage, doit revenir dans peu de jours.

J'écris, comme vous le désirez, à Douvres; mais je tire un mauvais augure, pour le sort des lettres de change, de ce que votre lettre ne vous a pas été renvoyée. Si vous m'eussiez consulté quand vous la fîtes partir, je vous aurois conseillé d'attendre une autre occasion. J'espère que vous aurez été plus heureux à retirer l'opéra.

Je suis encore incertain sur la meilleure voie pour avoir recours à vos banquiers, c'est-à-dire sur le meilleur nom à prendre. Comme cela ne presse point du tout, nous aurons le temps d'en délibérer. S'il ne vous étoit pas incommodé de vous charger vous-même du semestre échu quand vous viendrez me voir, cela feroit que, n'ayant rien à recevoir d'eux jusqu'à l'année prochaine, j'aurois tout le temps de penser aux meilleurs arrangements pour cela. En attendant, il est à croire que l'affaire de la pension sera déterminée de manière ou d'autre; elle ne l'est pas jusqu'ici.

Je comprends que celle de vos affaires que vous avez terminée la première où vous êtes est celle d'autrui, et je vous reconnois bien là. Tâchez, cher ami, d'arranger si solidement les vôtres, que vous n'ayez pas souvent de pareils voyages à faire. Il vaut encore mieux s'aller promener au creux du vent par la pluie, qu'en Hollande par le beau temps.

Je n'ai ici ni carte, ni livres, ni instructions, pour votre route; mais je suis très-sûr que vous pouvez venir ici en droiture sans avoir besoin de passer par Paris. Je crois que Beauvais n'est pas fort éloigné de votre route; il y en a une de Beauvais à Gisors, et la distance de ces deux villes n'est que de six lieues; les mêmes chevaux de poste les font, à ce qu'on m'a dit. Ce château est sur la même route, ou du moins très-près et seulement à demi-lieue de Gisors. Vous pouvez aisément vous arranger pour y venir mettre pied à terre, et vous enverrez votre voiture et vos gens à Gisors.

Je vous prie de dire pour moi mille choses à monsieur et à madame Rey. Voyez aussi, de grâce, ma petite filleule; embrassez-la de ma part. Je serois bien aise d'avoir, à votre retour, quelques détails sur la figure et le caractère de cette chère enfant; elle a cinq ans passés; on doit commencer d'y voir quelque chose.

J'attends de vos nouvelles avec la plus vive impatience; instruisez-moi, le plus tôt que vous pourrez, du temps de votre départ, et, s'il se peut, de celui de votre arrivée. Cette idée me fait d'avance tressaillir de joie. Ma sœur vous baise les mains et partage mon empressement. Adieu, mon cher hôte, je vous embrasse de tout mon cœur.

Ne pourriez-vous point trouver où vous êtes l'*Agrostographia*, ou *Traité des Gramen* de Scheuzer? Il est impossible de l'avoir à Paris. Si vous pouviez aussi trouver la *Méthode de Ludwig*, ou quelque autre bon livre de botanique, vous me feriez grand plaisir. Les miens sont en Angleterre avec mes guenilles, et l'on ne se presse pas de me les renvoyer.

LETTRE DCCLXXXIII.

A M. GRANVILLE.

De France, le 1er août 1767.

Si j'avois eu, monsieur, l'honneur de vous écrire autant de fois que je l'ai résolu, vous auriez été accablé de mes lettres; mais les tracas d'une vie ambulante, et ceux d'une multitude de survenants ont absorbé tout mon temps, jusqu'à ce que je sois parvenu à obtenir un asile un peu plus tranquille. Quelque agréable qu'il soit, j'y sens souvent, monsieur, la privation de votre voisinage et de votre société, et j'en remplis souvent la solitude du souvenir de vos bontés pour moi. Peu s'en est fallu que je ne sois retourné jouir de tout cela chez mon ancien et aimable hôte: mais la manière dont vos papiers publics ont parlé de ma retraite m'a déterminé à la faire entière, et à exécuter un projet dont vous avez été le premier confident. Je vous disois alors qu'en quelque lieu que je fusse je ne vous oublierois jamais; j'ajoute maintenant qu'à ce souvenir si bien dû se joindra toute ma vie le regret de l'entretenir de si loin.

Permettez du moins que ce regret soit tempéré par le plaisir de vous demander et d'apprendre quelquefois de vos nouvelles, et à réitérer de temps en temps les assurances de ma reconnoissance et de mon respect.

LETTRE DCCLXXXIV.

A M. GUY.

Écrite de Normandie, le 6 août 1767.

Remerciez mon excellente amie, madame La Tour, de son petit billet, et dites-lui que les premiers épanouissements de mon cœur seront pour elle; je ne veux rien de plus quant à présent. Elle m'avoit envoyé son adresse; mais sa lettre est restée avec mes papiers, et il m'est impossible de m'en souvenir.

LETTRE DCCLXXXV.

A M. LE MARQUIS DE MIRABEAU.

Trye, le 12 août 1767.

Je suis affligé, monsieur, que vous me mettiez dans le cas d'avoir un refus à vous faire; mais ce que vous me demandez est contraire à ma plus inébranlable résolution, même à mes engagements, et vous pouvez être assuré que de ma vie une ligne de moi ne sera imprimée de mon aveu. Pour ôter même une fois pour toutes les sujets de tentation, je vous déclare que dès ce moment je renonce pour jamais à toute autre lecture que des livres de plantes, et même à celle des articles de vos lettres qui pourroient réveiller en moi des idées que je veux et dois étouffer. Après cette déclaration, monsieur, si vous revenez à la charge, ne vous offensez pas que ce soit inutilement.

Vous voulez que je vous rende compte de la manière dont je suis ici. Non, mon respectable ami; je ne déchirerai pas votre noble cœur par un semblable récit. Les traitements que j'éprouve en ce pays de la part de tous les habitants sans exception, et dès l'instant de mon arrivée, sont trop contraires à l'esprit de la nation et aux intentions du grand prince qui m'a donné cet hospice, pour que je les puisse imputer qu'à un esprit de vertige dont je ne veux pas même rechercher la cause. Puissent-ils rester ignorés de toute la terre ! et puissé-je parvenir moi-même à les regarder comme non avenus !

Je fais des vœux pour l'heureux voyage de ma bonne et belle compatriote que je crois déjà partie. Je suis bien fier que madame la comtesse ait daigné se rappeler un homme qui n'a eu qu'un moment l'honneur de paroître à ses yeux, et dont les abords ne sont pas brillants; elle auroit trop à faire s'il falloit qu'elle gardât un peu des souvenirs qu'elle laisse à quiconque a eu le bonheur de la voir. Recevez mes plus tendres embrassements.

LETTRE DCCLXXXVI.

A MADAME LA MARÉCHALE DE LUXEMBOURG.

Trye, le 16 août 1767.

Je compte si parfaitement, madame la maréchale, sur la continuation de toutes vos bontés pour moi, que je viens y recourir avec la plus parfaite confiance, en vous suppliant d'obtenir de M. le prince de Conti la permission de quitter ce séjour sans encourir sa disgrâce. J'ose désirer encore de savoir si le gouvernement approuve, ou non, que je m'établisse dans quelque coin du royaume, où je puisse vivre et mourir en paix, sous la protection de son altesse, ou si je dois continuer ma route pour chercher un asile ailleurs. Je vous conjure, madame la maréchale, par une mémoire respectable et si chère à votre cœur, de vouloir prendre les informations nécessaires pour me tirer de l'incertitude où je suis sur ce qu'il m'est permis de faire ; car ma résolution est de n'accepter plus de logement gratuit chez personne. Le grand prince qui a bien voulu m'en accorder un sera mon dernier hôte, et je crois devoir à l'honneur qu'il m'a fait de n'en accepter plus de personne un semblable. Mais, pour oser me donner un asile indépendant, il faut, quelque obscur et reculé qu'il soit, et quelque incognito que je garde, que j'aie quelque sûreté d'y être laissé en paix. Ah! madame, que je vous doive le repos des derniers jours de ma vie ; il m'en paroîtra cent fois plus doux.

LETTRE DCCLXXXVII.

A M. LE MARQUIS DE MIRABEAU.

Ce 22 août 1767.

Je vous dois bien des remerciements, monsieur, pour votre dernière lettre, et je vous les fais de tout mon cœur. Elle m'a tiré d'une grande peine; car, vous étant aussi sincèrement attaché que je le suis, je ne pourrois rester un moment tranquille dans la crainte de vous avoir déplu. Grâces à vos bontés, me voilà tranquillisé sur ce point. Vous me trouvez grognon; passe pour cela : je réponds du moins que vous ne me trouverez jamais ingrat; mais n'exigez rien de ma déférence et de mon amitié contre la clause que j'ai le plus expressément stipulée; car je vous confirme, pour la dernière fois, que ce seroit inutilement.

J'ai tort de n'avoir rien mis pour M. l'abbé, mais ce tort n'est qu'extérieur et apparent, je vous jure. Il me semble que les hommes de son ordre doivent deviner l'impression qu'ils font sans qu'on la leur témoigne. La raison même qui m'empêchoit de répondre à sa politesse est obligeante pour lui, puisque c'étoit la crainte d'être entraîné dans des discussions que je me suis interdites, et où j'avois peur de n'être pas le plus fort. Je vous dirai tout franchement que j'ai parcouru chez vous quelques pages de son ouvrage, que vous aviez négligemment laissé sur le bureau de M. Garçon, et que, sentant que je mordois un peu à l'hameçon, je me suis dépêché de fermer le livre avant que j'y fusse tout-à-fait pris. Or, prêchez et patrocinez tout à votre aise, je vous promets que je ne rouvrirai de mes jours ni celui-là, ni les vôtres, ni aucun autre de pareil acabit : hors l'Astrée, je ne veux plus que des livres qui m'ennuient, ou qui ne parlent que de mon foin.

Je crains bien que vous n'ayez deviné trop juste sur la source de ce qui se passe ici, et dont vous ne sauriez même avoir l'idée ; mais tout cela n'étant point dans l'ordre naturel des choses, ne fournit point de conséquence contre le séjour de la campagne, et ne m'en rebute assurément pas. Ce qu'il faut fuir n'est pas la campagne, mais les maisons des grands et des princes qui ne sont point les maîtres chez eux, et ne savent rien de ce qui s'y fait. Mon malheur est, premièrement, d'habiter dans un château, et non pas sous un toit de chaume, chez autrui, et non pas chez moi, et surtout d'avoir un hôte si élevé, qu'entre lui et moi il faut nécessairement des intermédiaires. Je sens bien qu'il faut me détacher de l'espoir d'un sort tranquille et d'une vie rustique ; mais je ne puis m'empêcher de soupirer en y songeant. Aimez-moi et plaignez-moi. Ah ! pourquoi faut-il que j'aie fait des livres! j'étois si peu fait pour ce triste métier! J'ai le cœur serré; je finis et vous embrasse.

LETTRE DCCLXXXVIII.

A M. D'IVERNOIS.

Au château de Trye, ce 24 août 1767.

Je n'ai reçu que depuis peu de jours, mon bon ami, votre lettre du 20 mai, adressée à Wootton; elle étoit dans le plus triste état du monde, à demi brûlée, et paroissant avoir été ouverte plusieurs fois; les pièces que vous y avez jointes, ayant grossi le paquet, ont augmenté la curiosité. Je ne sais pourquoi vous vous obstinez à m'envoyer de pareilles pièces; peine qui ne peut servir de rien, ni à vous, ni à moi, ni à personne, et qui empêchera toujours que vos lettres ne me parviennent fidèlement. Quand vos affaires seront accommodées, apprenez-le-moi pour consoler mon cœur : jusque-là ne me parlez que de vous.

Lorsque je doutois que vous vinssiez me voir à Wootton, ce n'étoit pas de votre volonté que j'étois en peine, mais bien des obstacles que vous trouveriez à l'exécuter : soyez persuadé que, si vous m'étiez venu voir en Angleterre, de quelque manière que vous vous y fussiez pris, vous n'auriez point passé Londres. Si jamais la concorde renaît parmi vous, j'ai lieu d'espérer que, n'ayant plus à courir si loin, vous aurez moins de difficultés à me rejoindre : M. du Peyrou vous en indiquera les moyens quand il sera temps, et soyez sûr que l'espoir de vous embrasser est un de ceux qui me font encore aimer la vie.

Je ne sais comment j'avois oublié de vous rendre compte de l'affaire dont vous m'aviez chargé à Berlin ; j'aurois juré de vous en avoir rendu compte il y a long-temps ; car, dans mon premier moment de relâche, j'écrivis à cet effet à milord Maréchal ; c'étoit précisément quand M. Michel venoit d'être nommé. Milord me répondit qu'il étoit allé exprès à Berlin pour parler aux ministres de votre affaire ; qu'il falloit nécessairement que vous vous adressassiez directement à eux ou au vice-gouverneur ; que, depuis la nomination du dernier, il ne lui convenoit plus de se mêler d'aucune affaire qui regardât Neuchâtel en aucune sorte ; qu'il avoit refusé au colonel Chaillet de se mêler d'une affaire pareille à celle qu'il venoit de proposer à ma sollicitation, et qu'il me prioit de ne plus me charger à l'avenir de recommandations auprès de lui, de quelque espèce qu'elles pussent être. Je ne doute pas qu'en vous adressant directement au ministère, votre affaire ne passât sans difficulté, d'autant plus qu'elle a déja été proposée, et qu'on est toujours bien venu dans cette cour-là quand on se présente avec de l'argent. En partant de l'île de Saint-Pierre, je laissai vos papiers avec tous les miens à M. du Peyrou, des mains de qui vous les retirerez sans difficulté quand il vous plaira.

Je n'ai laissé nuls papiers à l'île de Saint-Pierre qu'il m'importe de ravoir; mais comme j'aime toujours mieux qu'ils soient en mains amies qu'en d'autres, si vous voulez les retirer en mon nom, vous n'avez qu'à m'envoyer la formule du billet qu'il faut que je fasse pour cela, et je vous l'enverrai sans délai.

Comme, lorsque vos affaires publiques seront terminées, vous pourriez avoir quelque voyage à faire dans le pays où je suis sans passer par Neuchâtel, je vous préviens que, si de Paris vous pouvez vous rendre au château de Trye, près de Gisors, et demander M. Renou, il vous donnera de mes nouvelles sûres. Gisors est à quinze petites lieues de Paris, et il y a un carrosse public qui part de Gisors tous les mercredis, et de Paris tous les samedis, et fait la route en été dans un jour. Je vous embrasse, mon bon ami, de tout mon cœur, ainsi que tout ce qui vous est cher, et tous nos amis.

M. du Peyrou étant tombé malade à Paris, cette lettre a été prodigieusement retardée.

Ce 8 novembre.

Autre retard bien plus long; M. du Peyrou étant retombé malade ici, et y ayant été retenu plus de deux mois, vous pouvez juger si ces longs retards me tiennent en inquiétude, et me rendent vos promptes nouvelles nécessaires, sur les tristes choses que j'apprends.

LETTRE DCCLXXXIX.

A M. DU PEYROU.

Le 8 septembre 1767.

J'ai reçu avant-hier au soir votre lettre du 3; malgré l'oubli, elle avoit été décachetée; mais l'enveloppe à milord Maréchal, qu'il a eu l'imprudence de me laisser, ne l'avoit point été. Que cela vous serve de règle quand vous m'écrirez. Je prendrai le parti de porter moi-même cette lettre à la poste; mais, comme cela sera remarqué, et qu'on y pourvoira par la suite, je n'y reviendrai pas, et je vous dirai tout dans celle-ci.

Que j'ai craint cette cruelle goutte, cruelle pour l'un et pour l'autre, pour moi surtout à divers égards! J'espère encore que cette atteinte n'aura pas de suite, et ne vous empêchera pas de me venir voir. Mon excellent et cher hôte, ce sera la dernière fois que nous nous verrons; j'en ai le pressentiment trop bien fondé. Puisse ce dernier des heureux moments de ma vie achever de vous dévoiler le cœur de votre ami! Coindet fera tous ses efforts pour venir avec vous; évitez ce cortège; après ce que je sais, il empoisonneroit mes plaisirs. J'étois sûr que, puisque vous jugiez à propos de le consulter sur votre route, il feroit en sorte de vous dégoûter de venir ici directement. Il vous aura embarrassé de traverses inutiles, et de fausses difficultés des maîtres de poste. Gardez sa lettre, et montrez cet article à gens instruits, vous verrez ce qu'ils vous diront.

Mon cher hôte, vous m'avez perdu sans le vouloir, sans le savoir, et bien innocemment, mais sans ressource. Le concours fortuit de mon voyage ici et du vôtre en Hollande a passé chez mes persécuteurs pour une affaire arrangée entre nous. On vous a cru chargé d'une négociation avec Rey. Le papier que vous avez adressé pour moi à Coindet par son canal les a encore effarouchés; leur conscience agitée alarme leurs têtes, et leur persuade toujours que j'écris. Connoissant si peu le charme d'une vie oisive, solitaire et simple, ils ne peuvent croire que c'est tout de bon que j'herborise, que ces papiers et ces petits livres étoient destinés à coller et dessiner des plantes sur le transparent; et j'ai vu clairement que Coindet, à qui j'ai parlé de cet emploi que j'en voulois faire, n'en a rien cru. Tous ses propos, toutes ses manœuvres m'ont dit tout ce qui se passoit dans son ame et qu'il croyoit bien caché; et ce Coindet, qui se croit si fin, n'est qu'un fat. Fiez-vous encore moins qu'à lui à la dame à qui il vous a présenté, et dont il est envers moi l'ame damnée. Elle m'a trompé six ans; il y en a deux qu'elle ne me trompe plus, et j'avois tout-à-fait rompu avec elle. M. le prince de Conti, qui ne sait rien de tout cela, et poussé par quelqu'un qui, pour mieux cacher son jeu, montre avoir peu de liaison avec elle, m'a remis, pour ainsi dire, entre ses mains, comme en celles d'une amie, et elle fait usage de ce moyen pour m'achever. De mon côté, profitant enfin de vos avis, je feins de ne rien voir; en m'étouffant le cœur, je leur rends caresses pour caresses. Ils dissimulent pour me perdre, et je dissimule pour me sauver; mais, comme je n'y gagne rien, je sens que je ne saurois dissimuler encore long-temps; il faut tôt ou tard que l'orage crève. Tout ceci vous surprend trop pour pouvoir le croire. Vous vous rappelez le voyage auprès de moi, l'argent offert, le passeport; et, ne devinant pas à quoi tout cela étoit destiné, votre honnête cœur demeure incrédule; soit : je ne demande pas à vous persuader quant à présent; mais je demande que vous suspendiez les actes de votre confiance en elle pour ce qui me regarde, en attendant que vous sachiez si j'ai tort ou raison.

Je crois que M. le prince de Conti et madame de Luxembourg, me voyant menacé de bien des dangers, ont voulu sincèrement m'en mettre à couvert, en s'assurant, à la vérité, de moi par des entours qui n'ont pas paru suffisants aux deux dames pour rassurer leur ami. On a donc suscité contre moi toute la maison du prince, les prêtres, les paysans, tout le pays. On n'a pas douté, connoissant la fierté de mon caractère, que je ne me dérobasse à l'opprobre avec promptitude et indignation. C'est ce que j'ai cent fois voulu faire, et que j'aurois fait à la fin peut-être, si ma pauvre sœur, la raison, et une rechute de ma maladie, n'étoient venues à mon secours. Madame de V., qui ne m'a vu venir qu'à regret, n'a pu déguiser assez, ni Coindet non plus, leur extrême désir de m'en voir sortir. Cet empressement, si peu naturel à des amis dans ma position, m'a fait ouvrir les yeux, et m'a rendu patient et sage. Ma sœur, le seul véritable ami qu'avec vous j'aie dans le monde, et qu'à cause de cela mes ennemis ont en haine, me disoit sans cesse, quoiqu'elle portât la plus grande et plus sensible part des outrages : *Attendez, souffrez, et prenez patience, le prince ne vous abandonnera pas. Voulez-vous donner à vos ennemis l'avantage qu'ils demandent, de crier que vous ne pouvez durer nulle part?* Les sages discours de cette pauvre fille étoient renforcés par la raison. Où aller? Où me réfugier? Où trouver un plus sûr abri contre mes ennemis? Où ne m'atteindront-ils pas, s'ils m'atteignent ici même? Où aller aux approches de l'hiver, et sentant déjà les atteintes de mon mal? Une dernière réflexion m'a décidé à tout souffrir et à rester, quoi qu'on fasse. Si l'on ne vouloit que s'assurer de moi, c'est ici qu'il me faudroit laisser; car j'y suis à leur merci, pieds et poings liés : mais on veut absolument m'attirer à Paris; pourquoi? je vous le laisse à deviner. La partie sans doute est liée : on veut ma perte, on veut ma vie, pour se délivrer de ma garde une fois pour toutes. Il est impossible de donner à ce qui se passe une autre explication. Ainsi, rien ne pourra me tirer d'ici que la force ouverte. Outrages, ignominie, mauvais traitements, j'endurerai tout, et je me suis déterminé d'y périr. Mon Dieu! si le public étoit instruit de ce qui se passe, quelle indignation pour les François, qu'on les fît satellites des Anglois pour assouvir la rage d'un Écossois, et qu'on les forçât de me punir eux-mêmes d'avoir cherché chez eux un asile contre la barbarie de leurs ennemis naturels!

Voilà des explications qu'il falloit absolument vous donner pour régler votre conduite à mon égard au milieu de mes ennemis qui vous trompent, et pour vous éclairer sur les vrais services que votre amitié peut me rendre dans l'occasion. J'espère que vous pourrez venir. Vous devez sentir combien mon cœur a besoin de cette consolation; si je la perds, que j'aie au moins celle de voir votre ami M. de Luze. S'il vous porte mes derniers embrassements, je me console et me résigne. Mais lequel des deux qui vienne, qu'il tâche surtout de venir seul. J'ai demandé permission à M. le prince de Conti de vous recevoir dans son château. Je n'ai point de réponse encore; si vous arrivez avant elle, il convient de loger à Gisors; il n'y a que demi-lieue d'ici, et nous pourrons également passer les journées ensemble. Si je puis vous recevoir au château, votre laquais sera logé près de vous, et nous ferons en sorte qu'il ne meure pas de faim. Je vous embrasse dans les plus tendres élans d'un cœur brisé d'affliction; mais tout plein de vous.

Marquez-moi la réception de cette lettre bien exactement et promptement; mais n'entrez dans aucun des articles qu'elle contient. Présence ou rien; souvenez-vous de cela. Ah! cette funeste goutte! Cher ami, quelque douloureuse qu'elle puisse être, elle vous fera moins de mal qu'à moi. Quand vous viendrez, vous ou M. de Luze, ne me prévenez point du jour dans vos lettres; venez sans avertir, c'est le plus sûr.

LETTRE DCCXC.

A M. DE SARTINE,

LIEUTENANT-GÉNÉRAL DE POLICE.

A Trye-le-Château, le 9 septembre 1767.

Monsieur,

Permettez que j'aie l'honneur d'exécuter près de vous l'ordre exprès que m'a donné l'auteur d'un livre intitulé *Dictionnaire de Musique, par J. J. Rousseau*, qui s'imprime chez la veuve Duchesne. Cet ordre est, monsieur, de m'opposer de sa part, comme je fais, à la publication de cet ouvrage qui porte son nom, jusqu'à ce qu'il ait été de nouveau soumis à la censure, attendu que des passages raturés et rétablis dans le manuscrit peuvent faire naître des difficultés que le premier censeur, étant mort, ne pourroit lever, et que l'auteur veut prévenir. Vous êtes très-humblement supplié, monsieur, d'arrêter ladite publication jusqu'à ce temps-là.

J'ai l'honneur d'être avec un profond respect,

RENOU.

LETTRE DCCXCI.

A M. DU PEYROU.

Le 9 septembre 1767.

Aujourd'hui, mon cher hôte, j'écris à M. de Sartine et à Guy, pour arrêter la publication du Dictionnaire jusqu'à ce qu'il ait été soumis derechef à la censure. Vous pouvez comprendre que j'ai des raisons graves pour prendre cette précaution. Si cette cruelle goutte vous laisse en état d'aller, voyez Guy sur-le-champ, je vous en supplie ; sachez s'il a reçu ma lettre, et s'il se met en devoir d'en exécuter le contenu. Faites-moi passer sa réponse, et répondez-moi vous-même aussitôt que vous pourrez. Vous devez comprendre que je ne serai pas à mon aise jusqu'au moment où je recevrai des nouvelles de cette affaire. Si mon malheur veut que la goutte vous retienne, priez M. de Luze de vouloir bien se charger de ma commission, car elle ne souffre aucun retard. Donnez-moi de vos nouvelles ; aimez et plaignez votre ami ; c'est tout ce que j'ai la force de vous dire. Adieu.

LETTRE DCCXCII.

A MADAME LA MARQUISE DE MESMES.

Du 12 septembre 1767.

Je reconnois, madame, vos bontés ordinaires dans les soins que vous prenez pour me procurer un asile où l'on veuille bien ne pas m'interdire le feu et l'eau; mais je connois trop bien ma situation, pour attendre de ces soins bienfaisants un succès qui me procure le repos après lequel j'ai vainement soupiré, et que je ne cherche plus parceque je ne l'espère plus.

Vivement touché de l'intérêt que M. le comte de *** veut bien prendre à mes malheurs, je vous supplie, madame, de vouloir bien lui faire passer les témoignages de ma très-humble reconnoissance; c'est une de mes peines de ne pouvoir aller moi-même la lui témoigner : mais quant au voyage ici que son excellence daigne proposer, je ne suis pas assez vain pour en accepter l'offre, et ces honneurs bruyants ne conviennent plus à l'état d'humiliation dans lequel je suis appelé à finir mes jours : je ne crois pas non plus qu'il convienne de risquer auprès de M. le comte de ***, ni auprès de personne, aucune demande en ma faveur, puisque ce ne seroit qu'aller chercher d'infaillibles refus qui ne feroient qu'empirer ma situation, s'il étoit possible.

Le parti que j'ai pris d'attendre ici ma destinée est le seul qui me convienne, et je ne puis faire aucune espèce de démarche sans aggraver sur ma tête le poids de mes malheurs; je sais que ceux qui ont entrepris de me chasser d'ici n'épargneront aucune sorte d'efforts pour y parvenir; mais je les attends; je m'y prépare, et il ne reste plus qu'à savoir lesquels auront le plus de constance, eux pour persécuter, ou moi pour souffrir. Que si la patience m'échappe à la fin, et que mon courage succombe, mon parti en pareil cas est encore pris : c'est de m'éloigner, si je peux, de l'orage qui m'accable, mais sans empressement, sans précaution, sans crainte, sans me cacher, sans me montrer, et avec la simplicité qui convient à l'innocence. Je considère, madame, qu'ayant près de soixante ans, accablé de malheurs et d'infirmités, les restes de mes tristes jours ne valent pas la fatigue de les mettre à couvert : je ne vois plus rien dans cette vie qui puisse me flatter ni me tenter; loin d'espérer quelque chose, je ne sais pas même que désirer. L'amour seul du repos me restoit encore; l'espoir m'en est ôté : je n'en ai plus d'autre; je n'attends plus, je n'espère plus que la fin de mes misères : que je l'obtienne de la nature ou des hommes, cela m'est assez indifférent; et, de quelque manière qu'on veuille disposer de moi, l'on

me fera toujours moins de mal que de bien. Je
pars de cette idée, madame; je les mets tous au
pis, et je me tranquillise dans ma résignation.

Il suit de là que tous ceux qui veulent bien s'intéresser encore à moi doivent cesser de se donner
en ma faveur des mouvements inutiles: remettre,
à mon exemple, mon sort dans les mains de la
Providence, et ne plus vouloir résister à la nécessité, voilà ma dernière résolution; que ce soit la
vôtre aussi, madame, à mon égard, et même à
l'égard de cette chère enfant que le ciel vous enlève sans qu'aucun secours humain puisse vous
la rendre; que tous les soins que vous lui rendrez
désormais soient pour contenter votre tendresse
et la lui montrer, mais qu'ils ne réveillent plus en
vous une espérance cruelle qui donne la mort à
chaque fois qu'on la perd.

LETTRE DCCXCIII.

A M. DU PEYROU.

Le 12 septembre 1767.

Vous me consolez beaucoup, mon cher hôte,
par votre lettre du 9; car j'en avois reçu une auparavant de M. Coindet, qui m'avoit appris vos
vives souffrances; et même j'en ai reçu de lui une

autre du 10, qui ne me permet de me livrer qu'avec crainte à l'espoir que vous me donniez la veille, puisqu'il me marque que vous êtes toujours le même. Ne me trompez pas, mon très-aimable hôte, sur votre état, quel qu'il soit; car l'incertitude et le doute me tuent, et me font toujours les maux pires qu'ils ne sont. Quand vous serez en convalescence, donnez-vous tout le temps de vous bien rétablir où vous êtes; et quand vos forces seront suffisamment revenues pour aller à la campagne, venez ici passer une quinzaine de jours. Vous y trouverez un bon air, un beau pays, un logement au château, une terre bien garnie de gibier, et la permission de chasser autant que cela vous amusera. J'espère que ce voyage, après lequel je soupire avec passion, sera salutaire à l'un et à l'autre, et effacera jusqu'aux dernières traces des maux de votre corps et de mon cœur. Du reste, ne vous pressez point; rien ne périclite, et retardez plutôt de quelques jours pour pouvoir m'en donner davantage, que de vous exposer avant le parfait rétablissement. Vous pouvez m'avertir quelques jours d'avance, afin qu'on prépare votre chambre; ou si vous venez sans être attendu, que ce soit d'aussi bonne heure qu'il se pourra. Je vous embrasse de tout mon cœur.

Je ne vois point d'inconvénient de me prévenir du jour où vous arriverez.

LETTRE DCCXCIV.

AU MÊME.

Le 18 septembre 1767.

Je vous écrivis hier, mon cher hôte, en même temps qu'à M. de Luze, et j'ai tellement égaré ma lettre, qu'il m'est impossible de la retrouver. Je ne sais pas même quand celle-ci pourra partir, n'étant pas en état aujourd'hui de la porter moi-même à Gisors, et trouvant très-difficilement des exprès pour y envoyer. En vous marquant la joie que m'avoit causée la vue de votre écriture, je vous grondois de vous être fatigué à écrire trois pages. Trois lignes dans votre état suffisent pour me tranquilliser ; et non seulement vous devez garder le lit jusqu'à ce que vous soyez bien délivré, mais ménager votre attention et vos forces pour vous mettre en état de venir ici plus tôt achever de vous rétablir. Par le cours que prend votre goutte, il me semble qu'elle veuille se transformer en sciatique. Ordinairement les douleurs de celle-ci sont moindres ; et je sais par l'exemple de mon défunt ami Gauffecourt, qui s'en étoit guéri, qu'on s'en débarrasse plus aisément.

Vous me donnez d'excellentes nouvelles qui me font grand plaisir. Je suis bien aise que vous ayez en main toutes les pièces sur lesquelles vous pourrez juger à loisir si je suis timbré ou non; mais il est très-vrai que je n'avois pas compté que le tout nous revînt si facilement.

Je ne me sens pas bien depuis quelque temps, et je crains de payer le long relâche dont j'ai joui. M. Hume a dit partout que M. de Luze lui avoit assuré que je n'avois point de maladies. Le frère Côme, ni Morand, ni Malouin, etc., ne sont sûrement pas là-dessus de l'avis de M. de Luzé; et malheureusement, en ce moment surtout, j'en suis encore moins. Si les peines de l'ame remédioient aux maux du corps, je devrois me porter à merveille. Mais du courage et un ami sont un grand remède aux premières, au lieu qu'il n'y a de remède aux dernières que la patience et la mort. J'apprends que Robert, peu content de George, n'est pas non plus fort à son aise. Il faut espérer qu'enfin tout changera ou finira.

Bonjour, mon cher hôte; donnez-moi de vos nouvelles; mais si vous écrivez vous-même, quatre lignes suffisent. Entre nous les mots d'amitié n'ont plus besoin de se dire. Deux mots sur les affaires, et quatre sur la santé. Voilà tout.

J'envoie cette lettre aujourd'hui, ainsi elle doit vous arriver demain.

LETTRE DCCXCV.

AU MÊME.

Le 21 septembre 1767.

Pas un mot de vous, mon très-cher hôte, depuis plus de huit jours! Que ce silence m'inquiète! Seroit-ce une rechute? M. de Luze n'auroit-il pas eu du moins la charité de m'écrire un mot? Quelque lettre seroit-elle égarée? J'ai écrit à M. de Luze dans la semaine; je vous avois écrit le même jour. Je perdis ma lettre; je vous écrivis le lendemain. Mon Dieu! être si proche, vous savoir malade, et ne point apprendre de vos nouvelles! Que sera-ce donc quand nous serons éloignés? Si de quelques jours je n'apprends rien de vous, je prendrai le parti d'envoyer un exprès à Paris, si j'en trouve, car c'est encore une autre difficulté. Que je suis à plaindre!

M. le prince de Conti, qui devoit venir ici la semaine dernière, n'est point venu. Il a pris la peine de m'écrire pour me marquer la cause de son retard, et m'annoncer son voyage pour la semaine prochaine. J'aurois passionnément désiré que vos forces vous eussent permis de venir ici pour le même temps, afin d'avoir le plaisir de vous présenter à lui. Cependant, comme il est très-dangereux de se déplacer, après une pareille attaque, avant le plus parfait rétablissement, gardez-vous d'anticiper sur votre convalescence; mais, mon ami, donnez-moi de vos nouvelles, ou je ne sais ce que je ferai.

LETTRE DCCXCVI.

AU MÊME.

27 septembre 1767.

Vous pouvez, mon cher hôte, juger du plaisir que m'a fait votre dernière lettre, par l'inquiétude que vous avez trouvée dans ma précédente, et que vous blâmez avec raison : mais considérez qu'après tant de longues agitations si propres à troubler ma tête, au lieu du repos dont j'avois besoin pour la raffermir, je me trouve ici submergé dans des mers d'indignités et d'iniquités, au moment même où tout paroissoit concourir à rendre ma retraite honorable et paisible. Cher ami, si avec un cœur malheureusement trop sensible, et si cruellement et si continuellement navré, il reste dans ma tête encore quelques fibres saines, il faut que naturellement le tout ne fût pas trop mal conformé. Le seul remède efficace encore, et dont j'ose espérer tout, est le cœur d'un ami pressé sur le mien :

venez donc; je n'ai que vous seul, vous le savez;
c'est bien assez; je n'en regrette qu'un, je n'en
veux plus d'autre : vous serez désormais tout le
genre humain pour moi. Venez verser sur mes
blessures enflammées le baume de l'amitié et de
la raison : l'attente de cet élixir salutaire en anti-
cipe déjà l'effet.

Ce que vous me marquez de Neuchâtel n'est
pas un spécifique bon pour mon état; je crois que
vous le sentez suffisamment; et malheureusement
mes devoirs sont toujours si cruels, ma position
est toujours si dure, que j'ose à peine livrer mon
cœur à ses vœux secrets, entre le prince qui m'a
donné asile et les peuples qui m'ont persécuté.

M. le prince de Conti n'est point encore venu;
j'ignore quand il viendra; on l'attendoit hier. Je
ne sais ce qu'il fera; mais je lis dans la contenance
des comploteurs qu'ils craignent peu son arrivée,
que leur partie est bien liée, et qu'ils sont sûrs,
malgré leur maître, de parvenir à me chasser d'ici.
Nous verrons ce qu'il en sera; je crois que c'est le
cas de faire *pouf* : ils ne s'y attendent pas.

Le parti que vous prenez de ne sortir du lit que
parfaitement rétabli est très-sage; mais il ne faut
pas sauter trop brusquement de vos rideaux dans
la rue, cela seroit dangereux : faites mettre des
nattes dans votre chambre, au défaut de tapis de
pied; donnez-vous le temps de vous bien rétablir,
avant de songer à venir, et en attendant arrangez

tellement vos affaires, que vous n'ayez à partir d'ici que quand vous vous y ennuierez : faites en sorte de vous laisser maître de tout votre temps; je ne puis trop vous recommander cette précaution : j'aime mieux vous avoir plus tard, et vous garder plus long-temps. Enfin, je vous conjure derechef, avec instance, de pourvoir si bien d'avance à toute chose, que rien ne puisse vous faire partir d'ici que votre volonté.

Nous avons ici des échecs, ainsi n'en apportez pas; mais, si vous voulez apporter quelques volants, vous ferez bien, car les miens sont gâtés ou ne valent rien : je suis bien aise que vous, vous renforciez assez aux échecs pour me donner du plaisir à vous battre; voilà tout ce que vous pouvez espérer; car, à moins que vous ne receviez avantage, mon pauvre ami, vous serez battu, et toujours battu. Je me souviens qu'ayant l'honneur de jouer, il y a six ou sept ans, avec M. le prince de Conti, je lui gagnai trois parties de suite, tandis que tout son cortége me faisoit des grimaces de possédé : en quittant le jeu, je lui dis gravement : Monseigneur, je respecte trop votre altesse pour ne pas toujours gagner. Mon ami, vous serez battu, et bien battu; je ne serois pas même fâché que cela vous dégoûtât des échecs : car je n'aime pas que vous preniez du goût pour des amusements si fatigants et si sédentaires.

A propos de cela, parlons de votre régime; il

est bon pour un convalescent, mais très-mauvais à prendre à votre âge, pour quelqu'un qui doit agir et marcher beaucoup : ce régime vous affoiblira et vous ôtera le goût de l'exercice. Ne vous jetez point comme cela, je vous en conjure, dans les extrêmes systématiques; ce n'est pas ainsi que la nature se mène : croyez-moi, prenez-moi pour le médecin de votre corps, comme je vous prends pour le médecin de mon ame; nous nous en trouverons bien tous deux. Je vous préviens même qu'il me seroit impossible de vous tenir ici aux légumes, attendu qu'il y a ici un grand potager d'où je ne saurois avoir un poil d'herbe, parce que son altesse a ordonné à son jardinier de me fournir de tout : voilà, mon ami, comment les princes, si puissants et si craints où ils ne sont pas, sont obéis et craints dans leur maison. Vous aurez ici d'excellent bœuf, d'excellent potage, d'excellent gibier. Vous mangerez peu; je me charge de votre régime, et je vous promets qu'en partant d'ici vous serez gras comme un moine, et sain comme une bête; car ce n'est pas votre estomac, mais votre cervelle que je veux mettre au régime frugivore. Je vous ferai brouter avec moi de mon foin. Ainsi soit-il. Bonjour.

Mille choses de ma part à M. de Luze. Hélas ! avec qui nous nous sommes vus ! dans quel moment nous nous sommes quittés ! Ne nous reverrons-nous point ?

LETTRE DCCXCVII.

AU MÊME.

Ce lundi 5 octobre 1767.

Je vous écris, mon cher hôte, un mot très à la hâte, pour vous proposer si, avant de venir ici, vous ne pourriez point aller voir Robert, sans le prévenir de votre visite, afin que nous en ayons des nouvelles sûres. Du reste, rien ne me paroît pressé, ni pour lui, ni pour moi : donnez-vous tout le temps de reprendre vos forces et de vous accoutumer à l'air. Je ne puis vous dire à quel point la briéveté du temps que vous pouvez me donner m'afflige; je vous conjure au moins de prendre toutes les mesures possibles pour pouvoir le prolonger autant qu'il dépendra de vous. Mon cher hôte, je suis peut-être appelé au malheur de vieillir, mais tout me dit que le jour où vous me quitterez sera le dernier où j'aurai souhaité de vivre.

Je vous envoie une liste que j'avois faite de livres de botanique que je voulois acquérir à loisir; comme elle est considérable, et que les livres sont chers, je souhaiterois seulement d'acquérir, s'il étoit possible, un ou deux des quatre ou cinq premiers. Si, dans quelqu'une de vos courses, vous pouviez, à l'aide de Panckoucke, recouvrer surtout le premier, vous me feriez un très-grand plaisir. Il n'y a presque point de livres de botanique chez les libraires de Paris, et l'on y est très-barbare sur cet article; cependant je crois que Didot le jeune ou Chevalier en ont quelques-uns. Sans vouloir compter avec vous à la rigueur, ce qui me seroit bien impossible, je vous prie pourtant de tenir toujours note exacte de vos déboursés pour moi, afin de me laisser la liberté de vous donner les commissions. Je vous embrasse.

LETTRE DCCXCVIII.

AU MÊME.

9 octobre 1767.

Je vous écris un mot à la hâte pour vous dire que le patron de la case est venu ici mardi, seul, et n'a point chassé; de sorte que j'ai profité de tous les moments que ce grand prince, et, pour plus dire, que ce digne homme a passés ici : il me les a donnés tous. Vous connoissez mon cœur; jugez comment j'ai senti cette grâce : hélas ! que ne peut-il voir le mal et en couper la source ! mais il ne me reste qu'à me résigner; et c'est ce que je fais aussi pleinement qu'il se peut.

Cher hôte, venez : nous aurons des légumes,

non pas de son jardin, car il n'en est pas le maître; mais un bon homme qu'on trompoit s'est détaché de la ligue, et je compte m'arranger avec lui pour mes fournitures, que je n'ai pu faire jusqu'ici, ni sans payer, ni en payant. Samedi, soupant avec son altesse, je mangeai du fruit pour la seule fois depuis deux mois : je le lui dis tout bonnement ; le lendemain il m'envoya le bassin qu'on lui avoit servi la veille, et qui me fit grand plaisir; car il faut vous dire que je suis ici environné de jardins et d'arbres, comme Tantale au milieu des eaux. Mon état à tous égards ne peut se représenter; mais venez : il changera du moins tandis que vous serez avec moi.

Votre précaution d'aller par degrés est excellente; continuez de même, et ne vous pressez point : mais je vous conjure de si bien faire, que vous vous pressiez encore moins de partir d'ici quand vous y serez. Vous faites très-bien de porter à vos pieds vos nattes et vos tapis de pied : la façon dont vous me proposez cette terrible énigme m'a fait mourir de rire ; je suis l'OEdipe qui fera l'effort de la deviner : c'est que vous avez des pantoufles de laine garnies de paille. Si vos attaques d'échecs sont de la force de vos énigmes, je n'ai qu'à me bien tenir. Bonjour.

Les oreilles ont dû vous tinter pendant que son altesse étoit ici. Bonjour derechef; je ne croyois écrire qu'un mot, et je ne saurois finir.

LETTRE DCCXCIX.

A M. DUTENS.

16 octobre 1767.

Puisque M. Dutens juge plus commode que la petite rente qu'il a proposée pour prix des livres de J. J. Rousseau soit payée à Londres, même pour cette année, où cependant l'un et l'autre sont en ce pays, soit. Il y aura toutefois, sur la formule de la lettre de change qu'il lui a envoyée, un petit retranchement à faire, sur lequel il seroit à propos que M. Fredéric Dutens fût prévenu; c'est celui du lieu de la date : car quoique Rousseau sache très-bien que sa demeure est connue de tout le monde, il lui convient cependant de ne point autoriser de son fait cette connoissance. Si cette suppression pouvoit faire difficulté, M. Dutens seroit prié de chercher le moyen de la lever, ou de revenir au paiement du capital, faute de pouvoir établir commodément celui de la rente.

J. J. Rousseau a laissé entre les mains de M. Davenport un supplément de livres à la disposition de M. Dutens, pour être réunis à la masse.

LETTRE DCCC.

A M. DU PEYROU.

Le 17 octobre 1767.

J'ai, mon cher hôte, votre lettre du 13, et j'y vois avec la plus grande joie que vos forces revenues graduellement, et par-là plus solidement, vous mettent en état de faire à Paris le grand garçon; mais je voudrois bien que vous n'y fissiez pas trop l'homme, et que vous vinssiez ici affermir votre virilité, de peur d'être tenté de l'exercer où vous êtes. Vous me paroissez en train d'abuser un peu de la permission que je vous ai donnée d'y prolonger votre séjour. Ecoutez : j'ai bien mesuré cette permission sur les besoins de votre santé, mais non pas sur ceux de vos plaisirs, et je ne me sens pas assez désintéressé sur ce point pour consentir que vous vous amusiez à mes dépens. Ne venez pas, après vous être solacié à Paris tout à votre aise, me dire ici que vous êtes pressé de partir; que vos affaires vous talonnent, etc. ; je vous avertis qu'un tel langage ne prendroit pas du tout, que sur ce point je n'entendrois pas raillerie, et que j'ai tout au moins le droit d'exiger que vous ne soyez pas plus pressé de partir d'ici, que vous ne l'avez été d'y venir. Pensez à cela très-sérieusement, je vous prie ; et faites surtout les choses d'assez bonne grâce pour mériter que je vous pardonne les huit jours dont vous avez eu le front de me parler. Au premier moment où vous vous déplairez ici, partez-en, rien n'est plus juste, mais arrangez-vous de telle sorte qu'il n'y ait que l'ennui qui vous en puisse chasser : j'ai dit.

Je ne suis pas absolument fâché des petits tracas qu'a pu vous donner la recherche des livres de botanique; promenades, diversions, distractions, sont choses bonnes pour la convalescence : mais il ne faut point vous inquiéter du peu de succès de vos recherches; j'en étois déjà presque sûr d'avance; et c'étoit en prévoyant qu'on trouveroit peu de livres de botanique à Paris, que j'en notois un grand nombre pour mettre au hasard la rencontre de quelqu'un. Il est étonnant à quel point de crasse ignorance et de barbarie on reste en France sur cette belle et ravissante étude, que l'illustre Linnæus a mise à la mode dans tout le reste de l'Europe. Tandis qu'en Allemagne et en Angleterre les princes et les grands font leurs délices de l'étude des plantes, on la regarde encore ici comme une étude d'apothicaire; et vous ne sauriez croire quel profond mépris on a conçu pour moi, dans ce pays, en me voyant herboriser. Ce superbe tapis dont la terre est couverte ne montre à leurs yeux que lavements et qu'emplâtres, et ils croient que je passe ma vie à faire des purgations. Quelle surprise pour eux s'ils avoient vu madame la duchesse de Portland, dont j'ai l'honneur d'être l'herboriste, grimper sur des rochers où j'avois peine à la suivre, pour aller chercher la *chamædrys frutescens* et la *saxifraga alpina!* Or, pour revenir; il n'y a donc rien de surprenant que vous ne trouviez pas à Paris des livres de plantes; et je prendrai le parti de faire venir d'ailleurs ceux dont j'aurai besoin.

Si M. de Luze n'est pas encore parti, comme je l'espère, je vous prie de lui dire mille bonnes choses pour moi, et de l'en charger d'autant pour madame de Luze. J'ose à peine vous parler de la bonne maman, sentant bien qu'en cette occasion ses vœux sont très-opposés aux miens; mais, en vérité, c'est presque la seule où je ne lui fisse pas, et même avec plaisir, le sacrifice de ma propre satisfaction.

Voilà l'heure de la poste qui presse; le domestique attend et m'importune: il faut finir en vous embrassant.

LETTRE DCCCI.

A MADAME LATOUR.

Ce 29 octobre 1767.

Chère et respectable Marianne, ce n'est pas sans souffrir que je me suis abstenu si long-temps de vous écrire. Dans peu vous aurez de mes nouvelles par une voie sûre ; daignez attendre et ne pas mal penser de votre ami.

LETTRE DCCCII.

A M. LE MARQUIS DE MIRABEAU.

Ce 12 décembre 1767.

Je consens de tout mon cœur, mon illustre ami, que vous fassiez imprimer, avec les précautions dont vous parlez, la lettre que vous m'avez fait l'honneur de m'écrire, et je vous remercie de l'honnêteté avec laquelle vous voulez bien me demander mon consentement pour cela.

Vous voilà donc embarqué tout de bon dans les guerres littéraires : que j'en suis affligé, et que je vous plains ! Sans prendre la liberté de vous dire là-dessus rien de mon chef, j'oserai vous transcrire ici deux vers du Tasse que je me rappellé, et auxquels je n'ajouterai rien :

« Giunta è tua gloria al sommo, e per innanzi
« Fuggir le dubbie guerre a te conviene. »

Je vous honore et vous embrasse, monsieur, de tout mon cœur.

~~~~~~~~~~~~~~~~~~~~~~~~~~~~~~~~~

LETTRE DCCCIII.

A M. DU PEYROU.

Ce 6 janvier 1768.

J'étois, mon cher hôte, dans un tel souci sur votre voyage, que, tant pour retirer le paquet ci-joint, que je savois être au bureau, que dans l'attente de votre lettre, la poste étant arrivée hier plus tard qu'à l'ordinaire, j'envoyai trois fois de suite à Gisors : enfin je la reçois cette lettre si impatiemment attendue ; et, après l'avoir déchirée pour l'ouvrir plus vite, au lieu du détail que j'y cherchois, j'y vois pour début celui du départ de mes lettres. Mon Dieu ! qu'en les lisant vous me paroissiez haïssable ! Ma foi, si c'est là de la politesse, je la donne au diable de bien bon cœur.

Enfin vous voilà heureusement arrivé, malgré ce premier accident dont l'histoire m'eût fait trembler, si votre lettre n'eût été datée de Paris. Convenez qu'en ce moment-là vous dûtes sentir qu'il n'est pas inutile à un convalescent d'avoir avec soi un ami en route, et qu'au fond du cœur vous m'avez su gré de ma tricherie. Voilà les seules que je sais faire, mais je ne m'en corrigerai pas.

Je suis très-charmé que vous soyez content de vos petits repas tête à tête, et je désire extrêmement que vous preniez l'habitude de dîner en ville le moins qu'il se pourra, d'autant plus que le froid terrible qu'il fait, et dont l'influence m'est bien cruelle, la neige abondante par laquelle il se terminera probablement, doivent vous empêcher de songer à votre départ jusqu'à ce que le temps s'adoucisse, et que les chemins deviennent praticables; quoique je vous avoue bien que votre long séjour à Paris ne me laisseroit pas sans inquiétude, si vous n'aviez avec vous un bon surveillant qui, j'espère, ne s'embarrassera pas plus que moi de vous déplaire pour vous conserver. Je me tranquillise donc, et je tranquillise de mon mieux ma pauvre sœur, non moins inquiète que moi, espérant que, dans ce temps rigoureux, vous veillerez attentivement l'un sur l'autre, en sorte que vous vous rendiez tous deux à vos pénates, sains et saufs. Ainsi soit-il. Cette bonne fille est transportée de joie de votre heureuse arrivée, et je vois avec grand plaisir qu'elle cède à cette pente si naturelle et si honorable au cœur humain, de s'attacher aux gens avec plus de tendresse par les soins qu'on leur a rendus. Quant à ce que vous ajoutez, qu'elle s'est fait gronder plus d'une fois par son frère, à cause des soins, des attentions et des complaisances qu'elle avoit pour vous, cela me paroît si plaisant, que, n'étant pas aussi gaillard que vous, je n'y trouve rien à répondre.

Vous avez raison de croire que les détails de vos déjeûners et dîners me font grand plaisir : ajoutez même, et grand bien, car ils me rendent l'appétit que le froid excessif m'ôte.

Voici, mon cher hôte, une réponse de madame l'abbesse de Gomer-Fontaine. Cette réponse étoit accompagnée d'un petit billet très-obligeant pour moi, et pour ma sœur, de jolies breloques de religieuses. Cette dame est jeune, bonne, très-aimable ; et je crois que vous auriez aimé à lui rendre des douceurs qui fussent autant de son goût que les siennes l'étoient du vôtre. Je ne manquerai pas de lui faire quelquefois votre cour, sitôt que la saison le permettra.

LETTRE DCCCIV.

A MILORD COMTE DE HARCOURT.

13 janvier 1768.

Je me reprocherois, milord, d'avoir tardé si long-temps à vous écrire et à vous remercier, si je ne me rendois le témoignage que la volonté y étoit tout entière, et que ce que je veux faire est toujours ce que je fais le moins. J'ai, entre autres, été depuis trois mois garde-malade, et je n'ai pas quitté le chevet d'un ami, qui, grâce au ciel, est enfin parfaitement rétabli. Je vous offre, milord, les prémices de mes loisirs ; et c'est avec autant d'empressement que de reconnoissance que, touché de toutes les bontés dont vous m'avez honoré, je vous en demande la continuation. Il ne tiendra pas à moi qu'en les cultivant avec le plus grand soin, je ne vous témoigne en toute occasion combien elles me sont précieuses.

J'ai reçu depuis long-temps l'argent du billet que vous prîtes la peine de m'envoyer pour le produit des estampes ; et c'est encore un de mes torts les moins excusables de ne vous en avoir pas tout de suite accusé la réception ; mais je me reposois un peu en cela sur votre banquier, qui n'aura pas manqué de vous en donner avis. Vous me demandez, milord, ce qu'il falloit faire des estampes de M. Watelet : nous étions convenus que, puisque vous ne les aviez pas, et qu'elles vous étoient agréables, vous les ajouteriez à vos portefeuilles, d'autant plus qu'elles ne pouvoient passer décemment et convenablement que dans les mains d'un ami de l'auteur : ainsi j'espère qu'à ce titre vous ne dédaignerez pas de les accepter. A l'égard de l'estampe du roi, je désire extrêmement qu'elle me parvienne : et, si vous permettez que j'abuse encore de vos bontés, j'ose vous supplier de la faire envelopper avec soin dans un rouleau. Je désire extrêmement recevoir bientôt cette belle estampe, que j'aurai soin de faire encadrer convenablement, pour avoir les traits de mon auguste bienfaiteur incessamment gravés sous mes yeux, comme ses bontés le sont dans mon cœur.

Daignez, milord, continuer à m'honorer des vôtres, et quelquefois des marques de votre souvenir : je tâcherai, de mon côté, de ne me pas laisser oublier de vous, en vous renouvelant, autant que cela ne vous importunera pas, les assurances de mon plus entier dévouement et de mon plus vrai respect.

LETTRE DCCCV.

A M. LE MARQUIS DE MIRABEAU.

13 janvier 1768.

J'ai, mon illustre ami, pour vous écrire, laissé passer le temps des sots compliments dictés non par le cœur, mais par le jour et par l'heure, et qui partent à leur moment comme la détente d'une horloge. Mes sentiments pour vous sont trop vrais pour avoir besoin d'être dits, et vous les méritez trop bien pour manquer de les connoître. Je vous plains du fond de mon cœur des tracas où vous êtes; car, quoi que vous en disiez, je vous vois embarqué, sinon dans des querelles littéraires, au moins dans des querelles économiques et politiques; ce qui seroit peut-être encore pis, s'il étoit possible. Je suis prêt à tomber en défaillance au seul souvenir de tout cela; permettez que je n'en parle plus, que je n'y pense plus que par le tendre intérêt que je prends à votre repos, à votre gloire. Je puis bien tenir les mains élevées pendant le combat, mais non pas me résoudre à le regarder.

Parlons de chansons, cela vaudra mieux : seroit-il possible que vous songeassiez tout de bon à faire un opéra? Oh! que vous seriez aimable, et que j'aimerois bien mieux vous voir chanter à l'Opéra que crier dans le désert ! non qu'on ne vous écoute et qu'on ne vous lise, mais on ne vous suit ni ne veut vous entendre. Ma foi, monsieur, faisons comme les nourrices, qui, quand les enfants grondent, leur chantent et les font danser. Votre seule proposition m'a déjà mis, moi vieux radoteur, parmi ces enfants-là ; et il s'en faut peu que ma muse chenue ne soit prête à se ranimer aux accents de la vôtre, ou même à la seule annonce de ces accents. Je ne vous en dirai pas aujourd'hui davantage, car votre proposition m'a tout l'air de n'être qu'une vaine amorce, pour voir si le vieux fou mordroit encore à l'hameçon. A présent que vous en avez à peu près le plaisir, dites-moi rondement ce qui en est ; et je vous dirai franchement, moi, ce que j'en pense, et ce que je crois y pouvoir faire ; après cela, si le cœur vous en dit, nous en pourrons causer avec mon aimable payse, qui nous donnera sur tout cela de très-bons conseils. Adieu, mon illustre ami ; je vous embrasse avec respect, mais de tout mon cœur.

LETTRE DCCCVI.

A MADAME LATOUR.

A Trye, le 20 janvier 1768.

Lorsque je vous écrivis un mot, il y a trois mois, chère Marianne, j'avois le cœur plein d'espérances flatteuses qui se sont bien cruellement évanouies. L'interception d'une correspondance directe étant plus que probable, je comptois, entre autres, épancher ce cœur dans le vôtre par une voie qui me paroissoit aussi sûre que douce. Il n'en est plus question : le ciel, qui veut qu'il ne manque rien à ma misère, m'ôte la plus précieuse consolation des infortunés.

> Sentirsi, oh Dei! morir,
> Et non poter mai dio :
> Morir mi sento!
> MÉTASTASE.

Il ne me reste plus qu'à prendre mon parti de bonne grâce, et je le prends du moins irrévocablement : je me condamne à un silence éternel sur mes malheurs, et je ferai tout pour en effacer le souvenir et le sentiment dans mon cœur même. Ma dernière consolation est d'approcher de leur terme ; et comme ceux qui les veulent prolonger au-delà de ma vie sont mortels aussi, ce terme ne sera qu'un peu reculé peut-être; mais enfin le temps et la vérité reprendront leur empire; et, quoi que mes contemporains puissent faire, ma mémoire ne restera pas toujours sans honneur. La destinée du grand R......[1], avec lequel j'ai tant de choses communes, sera la mienne jusqu'au bout. Il n'a point eu le bonheur de se voir justifié de son vivant; mais il l'a été par un de ses plus cruels ennemis, après la mort de l'un et de l'autre. Je compte trop, non sur mon bonheur, mais sur la Providence, pour ne pas espérer au moins celui-là; et il m'est doux de penser qu'un jour le nom de ma chère Marianne recevra les honneurs qui lui seront dus, à la tête du petit nombre de ceux qui ont eu le courage de me défendre de mon vivant.

Je finis sur cette matière pour n'y revenir de mes jours, et je vous supplie que ce soit aujourd'hui la dernière fois qu'il en sera question entre nous. Mais donnez-moi quelquefois de vos nouvelles; recevez des miennes avec bonté; que ma digne avocate soit toujours mon amie, et qu'elle soit sûre que, pour les services vrais, dont je fais cas, et rendus en silence, tels que celui que j'ai reçu d'elle, la reconnoissance de ce cœur qu'on traite d'ingrat est des plus rares parmi les hommes, puisqu'elle se tourne toute en attachement.

[1] Jean-Baptiste Rousseau.

Je crois que le mieux seroit de nous écrire directement; et comme que ce soit, ne reparlons, dans aucune de nos lettres, du sujet de celle-ci. Je suppose que vous savez sous quel nom je suis connu ici.

LETTRE DCCCVII.

A M. GRANVILLE.

Trye, 25 janvier 1768.

Je n'aurois pas tardé si long-temps, monsieur, à vous remercier du plaisir que m'a fait la lettre dont vous m'avez honoré le 6 novembre, sans beaucoup de tracas qui, venus à la traverse, m'ont empêché de disposer de mon temps comme j'aurois voulu. Les témoignages de votre souvenir et de votre amitié me seront toujours aussi chers que vos honnêtetés et vos bontés m'ont été sensibles pendant tout le temps que j'ai eu le bonheur d'être votre voisin. Ce qui ajoute à mon déplaisir de vous écrire si tard est la crainte que cette lettre, vous trouvant déjà parti de Calwich, ne fasse un bien long circuit pour vous aller chercher à Bath. Je désire fort, monsieur, que vous ayez cette fois entrepris ce voyage annuel plus par habitude que par nécessité, et que toutefois les eaux vous fassent tant de bien que vous puissiez jouir en paix de la belle saison qui s'approche, dans votre charmante demeure, sans aucun ressentiment de vos précédentes incommodités. Vous y trouverez, je pense, à votre retour, un barbouillage nouvellement imprimé, où je me suis mêlé de bavarder sur la musique, et dont j'ai fait adresser un exemplaire à M. Rougemont, avec prière de vous le faire passer. Aimant la musique, et vous y connoissant aussi bien que vous faites, vous ne dédaignerez peut-être pas de donner quelques moments de solitude et d'oisiveté à parcourir une espèce de livre qui en traite tant bien que mal : j'aurois voulu pouvoir mieux faire; mais enfin le voilà tel qu'il est.

Le défaut d'occasion, monsieur, pour faire partir cette lettre, rend sa date bien surannée, et me l'a fait écrire à deux fois : l'occasion même d'un ami prêt à partir, et qui veut bien s'en charger, ne me laisse pas le temps de transcrire ma réponse à l'aimable bergère de Calwich, et me force à la laisser partir un peu barbouillée; veuillez lui faire excuser cette petite irrégularité, ainsi que celle du défaut de signature, dont vous pouvez savoir la raison. Recevez, monsieur, mes salutations empressées et mes vœux pour l'affermissement de votre santé.

L'HERBORISTE
DE LA DUCHESSE DE PORTLAND.

P. S. Comme l'exemplaire du *Dictionnaire de Musique* qui vous étoit destiné avoit été adressé à M. Vaillant, qui n'a jamais paru fort soigneux des commissions qui me regardent, j'en ai fait envoyer depuis un second à M. Rougemont pour vous le faire passer au défaut du premier.

LETTRE DCCCVIII.

A MADEMOISELLE DEWES.

Le 25 janvier 1768.

Si je vous ai laissé, ma belle voisine, une empreinte que vous avez bien gardée, vous m'en avez laissé une autre que j'ai gardée encore mieux. Vous n'avez mon cachet que sur un papier qui peut se perdre, mais j'ai le vôtre empreint dans mon cœur d'où rien ne peut l'effacer. Puisqu'il étoit certain que j'emportois votre gage, et douteux que vous eussiez conservé le mien, c'étoit moi seul qui devois désirer de vérifier la chose; c'est moi seul qui perds à ne l'avoir pas fait. Ai-je donc besoin, pour mieux sentir mon malheur, que vous m'en fassiez encore un crime? cela n'est pas trop humain. Mais votre souvenir me console de vos reproches; j'aime mieux vous savoir injuste qu'indifférente, et je voudrois être grondé de vous, tous les jours au même prix. Daignez donc, ma belle voisine, ne pas oublier tout-à-fait votre esclave, et continuer à lui dire quelquefois ses vérités. Pour moi, si j'osois à mon tour vous dire les vôtres, vous me trouveriez trop galant pour un barbon. Bonjour, ma belle voisine. Puissiez-vous bientôt, sous les auspices du cher et respectable oncle, donner un pasteur à vos brebis de Calwich !

LETTRE DCCCIX.

A M. LE MARQUIS DE MIRABEAU.

Trye, le 28 janvier 1768.

Je me souviens, mon illustre ami, que le jour où je renonçai aux petites vanités du monde, et en même temps à ses avantages, je me dis entre autres, en me défaisant de ma montre : Grâce au ciel, je n'aurai plus besoin de savoir l'heure qu'il est. J'aurois pu me dire la même chose sur le quantième, en me défaisant de mon almanach; mais, quoique je n'y tienne plus par les affaires, j'y tiens encore par l'amitié; cela rend mes correspondances plus douces et moins fréquentes : c'est pourquoi je suis sujet à me tromper dans mes dates de semaine, et même quelquefois de mois. Car, quoique avec l'almanach je sache bien trouver le quantième dans la semaine, sachant le jour, quand il s'agit de trouver aussi la semaine, je suis totalement en défaut. J'y devrois pourtant être moins avec vous qu'avec tout autre, puisque je n'écris à personne plus souvent et plus volontiers qu'à vous.

Conclusion : nous ne ferons d'opéra ni l'un ni l'autre ; c'est de quoi j'étois d'avance à peu près sûr. J'avoue pourtant que, dans ma situation présente, quelque distraction attachante et agréable me seroit nécessaire. J'aurois besoin, sinon de faire de la musique, au moins d'en entendre, et cela me feroit même beaucoup plus de bien. Je suis attaché plus que jamais à la solitude ; mais il y a tant d'entours déplaisants à la mienne, et tant de tristes souvenirs m'y poursuivent malgré moi, qu'il m'en faudroit une autre encore plus entière, mais où des objets agréables pussent effacer l'impression de ceux qui m'occupent, et faire diversion au sentiment de mes malheurs. Des spectacles où je pusse être seul dans un coin, et pleurer à mon aise, de la musique qui pût ranimer un peu mon cœur affaissé ; voilà ce qu'il me faudroit pour effacer toutes les idées antérieures, et me ramener uniquement à mes plantes, qui m'ont quitté pour trop long-temps cet hiver. Je n'aurai rien de tout cela, car en toutes choses les consolations les plus simples me sont refusées ; mais il me faut un peu de travail sur moi-même, pour y suppléer de mon propre fonds.

On dit à Paris que je retourne en Angleterre. Je n'en suis pas surpris; car le public me connoît si bien, qu'il me fait toujours faire exactement le contraire des choses que je fais en effet. M. Davenport m'a écrit des lettres très-honnêtes et très-empressées pour me rappeler chez lui. Je n'ai pas cru devoir répondre brutalement à ses avances, mais je n'ai jamais marqué l'intention d'y retourner. Honoré des bienfaits du souverain, et des bontés de beaucoup de gens de mérite dans ce pays-là, j'y suis attaché par reconnoissance, et je ne doute pas qu'avec un peu de choix dans mes liaisons je n'y pusse vivre agréablement; mais l'air du pays qui m'en a chassé n'a pas changé depuis ma retraite, et ne me permet pas de changer au retour. Celui de France est de tous les airs du monde celui qui convient le mieux à mon corps et à mon cœur; et tant qu'on me permettra d'y vivre en liberté, je ne choisirai point d'autre asile pour y finir mes jours.

On me presse pour la poste, et je suis forcé de finir brusquement, en vous saluant avec respect et vous embrassant de tout mon cœur.

LETTRE DCCCX.

A MADAME LATOUR.

Ce 28 janvier 1768.

Je crains bien, chère Marianne, qu'une lettre que je vous écrivis il y a dix ou douze jours ne se soit égarée par ma faute, en ce que, m'étant très-mal à propos fié à ma mémoire, qui est entièrement éteinte, au lieu de mettre sur l'adresse la rue du Croissant, je mis seulement la rue du Gros-Chenet. Ce qui augmenteroit mon chagrin de cette perte est que j'entrois, dans cette lettre, dans bien des détails que j'aurois désiré n'être vus que de vous. Peut-être aussi que votre silence ne vient que de ce que vous ignorez mon adresse. Elle est tout simplement, A M. Renou, à Trye, par Gisors. J'attends de vous un mot d'éclaircissement, et j'attends en même temps des nouvelles de votre santé, et l'assurance que vous m'aimez toujours.

LETTRE DCCCXI.

A M. D'IVERNOIS.

Trye, le 29 janvier 1768.

J'ai reçu, mon digne ami, votre paquet du 22, et il me seroit également parvenu sous l'adresse que je vous ai donnée, quand vous n'auriez pas pris l'inutile précaution de la double enveloppe, sous laquelle il n'est pas même à propos que le nom de votre ami paroisse en aucune façon. C'est avec le plus sensible plaisir que j'ai enfin appris de vos nouvelles; mais j'ai été vivement ému de l'envoi de votre famille à Lausanne : cela m'apprend assez à quelle extrémité votre pauvre ville et tant de braves gens dont elle est pleine sont à la veille d'être réduits. Tout persuadé que je sois que rien ici-bas ne mérite d'être acheté au prix du sang humain, et qu'il n'y a plus de liberté sur la terre que dans le cœur de l'homme juste, je sens bien toutefois qu'il est naturel à des gens de courage, qui ont vécu libres, de préférer une mort honorable à la plus dure servitude; cependant, même dans le cas le plus clair de la juste défense de vous-mêmes, la certitude où je suis qu'eussiez-vous pour un moment l'avantage, vos malheurs n'en seroient ensuite que plus grands et plus sûrs,

me prouve qu'en tout état de cause les voies de
fait ne peuvent jamais vous tirer de la situation
critique où vous êtes qu'en aggravant vos malheurs. Puis donc que, perdus de toutes façons,
supposé qu'on ose pousser la chose à l'extrême,
vous êtes prêts à vous ensevelir sous les ruines de
la patrie, faites plus : osez vivre pour sa gloire au
moment qu'elle n'existera plus. Oui, messieurs, il
vous reste, dans le cas que je suppose, un dernier
parti à prendre, et c'est, j'ose le dire, le seul qui
soit digne de vous : c'est, au lieu de souiller vos
mains dans le sang de vos compatriotes, de leur
abandonner ces murs qui devoient être l'asile de
la liberté, et qui vont n'être plus qu'un repaire de
tyrans : c'est d'en sortir tous, tous ensemble, en
plein jour, vos femmes et vos enfants au milieu
de vous; et, puisqu'il faut porter des fers, d'aller
porter du moins ceux de quelque grand prince,
et non pas l'insupportable et odieux joug de vos
égaux. Et ne vous imaginez pas qu'en pareil cas
vous resteriez sans asile ; vous ne savez pas quelle
estime et quel respect votre courage, votre modération, votre sagesse, ont inspiré pour vous dans
toute l'Europe. Je n'imagine pas qu'il s'y trouve
aucun souverain, je n'en excepte aucun, qui ne
reçût avec honneur, j'ose dire avec respect, cette
colonie émigrante d'hommes trop vertueux pour
ne savoir pas être sujets aussi fidèles qu'ils furent
zélés citoyens. Je comprends bien qu'en pareil cas

plusieurs d'entre vous seroient ruinés : mais je pense que des gens qui savent sacrifier leur vie au devoir sauroient sacrifier leurs biens à l'honneur, et s'applaudir de ce sacrifice; et, après tout, ceci n'est qu'un dernier expédient pour conserver sa vertu et son innocence quand tout le reste est perdu. Le cœur plein de cette idée, je ne me pardonnerois pas de n'avoir osé vous la communiquer. Du reste, vous êtes éclairés et sages; je suis très-sûr que vous prendrez toujours en tout le meilleur parti, et je ne puis croire qu'on laisse jamais aller les choses au point qu'il est bon d'avoir prévu d'avance pour être prêts à tout évènement.

Si vos affaires vous laissent quelques moments à donner à d'autres choses qui ne sont rien moins que pressées, en voici une qui me tient au cœur, et sur laquelle je voudrois vous prier de prendre quelques éclaircissements, dans quelqu'un des voyages que je suppose que vous ferez à Lausanne, tandis que votre famille y sera. Vous savez que j'ai à Nion une tante qui m'a élevé, et que j'ai toujours tendrement aimée, quoique j'aie une fois, comme vous pouvez vous en souvenir, sacrifié le plaisir de la voir à l'empressement d'aller avec vous joindre nos amis. Elle est fort vieille, elle soigne un mari fort vieux, j'ai peur qu'elle n'ait plus de peine que son âge ne comporte, et je voudrois lui aider à payer une servante pour la soulager. Malheureusement, quoique je n'aie augmenté ni mon train, ni ma cuisine, que je n'aie aucun domestique à mes gages, et que je sois ici logé et chauffé gratuitement, ma position me rend la vie ici si dispendieuse, que ma pension me suffit à peine pour les dépenses inévitables dont je suis chargé. Voyez, cher ami, si cent francs de France par an pourroient jeter quelque douceur dans la vie de ma pauvre vieille tante, et si vous pourriez les lui faire accepter. En ce cas, la première année courroit depuis le commencement de celle-ci, et vous pourriez la tirer sur moi d'avance, aussi-tôt que vous auriez arrangé cette petite affaire-là. Mais je vous conjure de voir que cet argent soit employé selon sa destination, et non pas au profit de parents ou voisins âpres, qui souvent obsèdent les vieilles gens. Pardon, cher ami : je choisis bien mal mon temps ; mais il se peut qu'il n'y en ait pas à perdre.

LETTRE DCCCXII.

AU MÊME.

Du château de Trye, ce 9 février 1768.

Dans l'incertitude, mon excellent ami, de la meilleure voie pour vous faire passer cette lettre sûrement et promptement, je prends le parti de risquer directement ce duplicata, et d'en adresser un autre à M. Coindet, pour vous le faire passer. C'est une lettre qu'il a reçue et qu'il m'a envoyée qui a occasioné la mienne. Le temps me presse; je suis rendu de fatigue et navré de douleur, dans la crainte d'une catastrophe. Au nom de Dieu, faites-moi passer des nouvelles sitôt que le sort de votre pauvre état sera décidé. O la paix, la paix, mon bon ami! Hélas! il n'y a que cela de bon dans cette courte vie. J'embrasse nos amis; je vous embrasse de toute la tendresse de mon cœur. J'implore la bénédiction du ciel sur vos soins patriotiques, et j'en attends le succès avec la plus vive impatience.

J'espère que vous avez reçu ma précédente, que je vous ai adressée en droiture. C'est toujours la voie qu'il faut préférer, surtout pour tout ce qui peut demander du secret.

LETTRE DCCCXIII.

AU MÊME.

Le 9 février 1768.

On m'a communiqué, mon bon ami, quelques articles des deux projets d'accommodement qui vous sont proposés, et j'apprends que le Conseil général, qui doit en décider, est fixé au 28. Quoique tant de précipitation ne me laisse pas le temps de peser suffisamment ces articles, quoique je ne sois pas sur les lieux, que j'ignore l'état des choses, que je n'aie ni papiers, ni livres, et que ma mémoire, absolument éteinte, ne me rappelle pas même votre constitution, je suis trop affecté de votre situation pour ne pas vous dire, bien qu'à la hâte, mon opinion sur les moyens qu'on vous offre d'en sortir. Quelque mal digérée que soit cette opinion, je ne laisse pas, messieurs, de vous l'exposer avec confiance, non pas en moi, mais en vous, très-sûr que si je me trompe, vous démêlerez aisément mon erreur.

Dans l'extrait qui m'a été envoyé, il n'y a, du projet appelé le *second*, qu'un seul article, qui est aussi le second; savoir, l'élection de la moitié du petit Conseil par le Conseil général : ce second article n'étant bon à pas grand'chose, je ne dirai rien du projet dont il est tiré.

Je parlerai de l'autre, après avoir posé deux principes que vous ne contesterez pas : l'un qu'un accommodement ne suppose pas qu'on cède tout d'un côté et rien de l'autre, mais qu'on se rapproche des deux côtés ; l'autre qu'il n'est pas question de victoire dans cette affaire, ni de donner gain de cause aux négatifs ou aux représentants, mais de faire le plus grand bien de la chose commune, sans songer si l'on est Rutule ou Troyen.

Cela posé, j'oserai vous dire que ce projet me paroît non seulement acceptable, mais, avec quelques changements, et l'addition d'un ou deux articles, le meilleur peut-être que vous puissiez adopter.

Le petit Conseil tend fortement à la plus dure aristocratie : les maximes des représentants vont, par leurs conséquences, non seulement à l'excès, mais à l'abus de la démocratie, cela est certain. Or il ne faut ni l'un ni l'autre dans votre république; vous le sentez tous : entre le petit Conseil, violent aristocrate, et le Conseil général, démocrate effréné, où trouver une force intermédiaire qui contienne l'un et l'autre, et soit la clef du gouvernement ? Elle existe cette force, c'est le Conseil du Deux-cents; mais pourquoi cette force ne va-t-elle pas à son but? pourquoi le Deux-cents, au lieu de contenir le Vingt-cinq, en est-il l'esclave ? N'y a-t-il pas moyen de corriger cela? Voilà précisément de quoi il s'agit.

Avant d'entrer dans l'examen des moyens, permettez-moi, messieurs, d'insister sur une réflexion dont j'ai le cœur plein. Les meilleures institutions humaines ont leurs défauts : la vôtre, excellente à tant d'égards, a celui d'être une source éternelle de divisions intestines. Des familles dominantes s'enorgueillissent, abusent de leur pouvoir, excitent la jalousie; le peuple, sentant son droit, s'indigne d'être ainsi traîné dans la fange par ses égaux; des tribunaux concurrents se chicanent, se contre-pointent; des brigues disposent des élections; l'autorité et la liberté, dans un conflit perpétuel, portent leurs querelles jusqu'à la guerre civile : j'ai vu vos concitoyens armés s'entr'égorger dans vos murs; en ce moment même, cette horrible catastrophe est prête à renaître; et quand, dans vos plans de réforme, vous devriez, par des moyens de concorde et de paix, par des établissements doux et sages, tâcher de couper la racine à ces maux, vous allez, comme à plaisir, les attiser, en excitant parmi vous de nouvelles animosités, de nouvelles haines, par la plus dure de toutes les censures, par l'inquisition du grabeau. Cela, messieurs, permettez-moi de le dire, n'est assurément pas bien pensé. Premièrement, le Conseil ne souffrira jamais un établissement trop humiliant pour de fiers magistrats; et quand ils le souffriroient, je dis, pour le bien de la paix et de la patrie, il ne seroit point à désirer qu'il eût lieu. Loin d'établir de nouveaux grabeaux, vous feriez mieux d'abolir ceux qui existent, mais qui, très-heureusement, ne signifiant rien du tout, peuvent rester sans danger.

Cela dit, je passe à mon sujet: il s'agit d'un gouvernement mixte, mais difficile à combiner, où le peuple soit libre sans être maître, et où le magistrat commande sans tyranniser. Le vice de votre constitution n'est pas de trop gêner la liberté du peuple; au contraire, cette liberté légitime ne va que trop loin, et, quoi qu'on puisse dire, il n'est pas bon que le Conseil général soit trop nécessaire à tout.

Mais le vice inhérent et fondamental est dans le défaut de balance et d'équilibre dans les trois autres Conseils qui composent le gouvernement; ces trois Conseils, dont deux sont à peu près inutiles, sont si mal combinés, que leur force est en raison inverse de leur autorité légale, et que l'inférieur domine tout : il est impossible que ce vice reste, et que la machine puisse aller bien.

Ce qu'il y a d'heureux pourtant dans cette machine, qui ne laisse pas d'être admirable, est que cet important équilibre peut s'établir sans rien changer aux principales pièces; tous les ressorts sont bons, il ne s'agit que de les faire jouer un peu différemment.

Mais ce qu'il y a de fâcheux est que cette réforme demande des sacrifices, et précisément de la part des deux corps qui jusqu'ici ont paru le moins disposés à en faire; savoir, le Conseil général et celui des Vingt-cinq.

Or, voilà que, par plusieurs articles que j'ai sous les yeux, les Vingt-cinq offrent d'eux-mêmes presque tout ce qu'on pourroit avoir à leur demander; même, en un sens, davantage. Ajoutez un seul article, mais indispensable, et le petit Conseil a fait, de son côté, tous les pas nécessaires vers un accord raisonnable et solide : cet article regarde l'élection des syndics, dans la supposition, presque impossible, que le cas qui se présente ici pour la première fois, depuis la fondation de la république, y pût renaître une seconde fois; auquel cas, au lieu de présenter derechef le Conseil en corps, comme on va faire, il faudroit, selon moi, se résoudre à présenter de nouveaux candidats, tirés des Soixante : je dirai mes raisons ci-après.

Que le Conseil général veuille céder à son tour, ou plutôt échanger, contre l'élection des Soixante qu'il gagne, un droit, un seul droit qu'il prétend, mais qu'on lui conteste, et dont il n'est point en possession; au moyen de cela, tout est fait : je parle du droit de prononcer souverainement et en dernier ressort sur l'objet des représentations; en un mot, c'est le droit négatif qu'il s'agit d'accorder au Deux-cents, déjà juge suprême de tous les autres appels. Peut-être est-il parlé, dans le projet, de cet article, et cela doit être, mais l'extrait que j'ai n'en dit rien.

Avec ces additions, et quelques légères modifications au reste, le projet dont les articles sont sous mes yeux me paroît offrir un moyen de pacification convenable à tout le monde; raisonnable du moins, solide et durable autant qu'on peut l'espérer de l'état présent des choses et de la disposition des esprits; et je crois qu'il en résulteroit un gouvernement qui, sans être plus composé que l'ancien, seroit mieux lié dans ses parties, et par conséquent plus fort dans son tout.

C'est surtout dans le second article que consiste essentiellement la bonté du projet : par cet article, le Conseil des Soixante est en entier élu par le Conseil général, et tous les membres du petit Conseil doivent être tirés du Soixante (car il faut ôter d'ici les auditeurs). L'idée de donner une existence à ce Conseil des Soixante, qui n'étoit rien auparavant, est très-bonne; elle est due aux médiateurs : il faut en profiter, et leur en savoir gré. Ceci suppose qu'on revêtira ce corps de nouvelles attributions qui lui donneront du poids dans l'état; mais bien qu'il soit rempli par le peuple, ce n'est pourtant pas en lui-même que s'opérera son plus grand effet, mais dans le Deux-cents, dont les membres rentreront ainsi dans la dépendance du Conseil général, maître de leur ouvrir ou fermer à son gré la porte des grandes magistratures. Voilà précisément la solution très-simple et très-sûre du problème que je proposois au commencement de cette lettre.

Par le premier article, on accorde au Conseil général l'élection de la moitié des Deux-cents; je ne serois pas trop d'avis qu'on acceptât cette concession; ces moitiés d'élection sont moins efficaces qu'embarrassantes. Il ne faut pas considérer les élections faites par le peuple par leur effet subséquent, qui n'est rien, mais par leur effet antérieur, qui est tout. Les syndics sont élus par le Conseil général : voyez toutefois comment ils le traitent! Le peuple ne doit pas espérer de ses créatures plus de reconnoissance qu'il n'en a pour ses bienfaiteurs. Ce n'est pas à ce qu'on fait après être élu, mais à ce qu'on a fait pour être élu, qu'il faut regarder en bonne politique. Quand le peuple tire ses magistrats de son propre sein, il n'augmente de rien sa force; mais quand il les tire d'un autre corps, il se donne de la force sur ce corps-là. Voilà pourquoi l'élection du Soixante vous donnera de l'ascendant en Deux-cents, et pourquoi l'élection du petit Conseil donnera de l'ascendant aux Deux-cents en Soixante. Vous en auriez par les syndics sur le Vingt-cinq même, s'il étoit plus nombreux, ou que le choix ne fût pas forcé. C'est ainsi que les plus simples moyens, les meilleurs en toute chose, vont tout remettre dans l'ordre légitime et naturel.

Il suit de là que le privilége d'élire la moitié du Deux-cents vous est beaucoup moins avantageux qu'il ne semble, et cela est trop remuant pour votre ville, trop bruyant pour votre Conseil général. Le jeu de la machine doit être aussi facile que simple, et toujours sans bruit, autant qu'il se peut. L'élection du Deux-cents, laissée au petit Conseil, a pourtant de grands inconvénients, je l'avoue; mais n'y auroit-il pas, pour y pourvoir, quelque expédient plus court et mieux entendu? Par exemple, où seroit le mal que cette élection fît une des nouvelles attributions dont on revêtiroit le Conseil des Soixante? Le petit Conseil lui-même y devroit d'autant moins répugner que, par sa présidence et par son nombre, qui fait presque la moitié du nombre total, il n'auroit guère moins d'influence dans ces élections que s'il continuoit seul à les faire : je n'imagine pas que ceci fasse une grande difficulté.

Mais je crains que l'article de l'élection des syndics n'en fasse davantage, et ne coûte beaucoup au Conseil; car il y a, chez les hommes les plus éclairés, des entêtements dont ils ne se doutent pas eux-mêmes, et souvent ils agissent par obstination, pensant agir par raison. Ils s'effraieront de la possibilité d'un cas qui ne sauroit même arriver désormais, surtout si la loi qui doit y pourvoir passe. Le Conseil des Vingt-cinq sent trop sa puissance absolue; il sent trop que tout dépend de lui, que lui seul ne dépend de rien, de rien du tout; cela doit le rendre dur, exigeant, impérieux, quelquefois injuste. Pour son propre intérêt, pour se faire supporter, il faut qu'il dépende de quelque chose; car le ton qu'il a pris ne peut être souffert par des hommes. Eh! quelle plus légère dépendance peut-il s'imposer que celle, non pas de souffrir, mais de prévoir, seulement dans un cas extrême, la perte passagère d'un syndicat en idée, et qui réellement ne sortira jamais de son corps? Cependant ce sacrifice idéal et purement chimérique peut et doit produire un grand effet, pour leur rendre cet esprit humain et patriotique qui paroît s'être éteint parmi eux. Eh! s'il en reste un seul à qui quelque goutte de sang génevois coule encore dans les veines, comment ne frémit-il pas en songeant au péril auquel ils viennent d'exposer l'état pour vous asservir, et dont ils n'ont été garantis eux-mêmes que par votre fermeté, par votre sagesse, par la modération des médiateurs, quoique si cruellement prévenus? Comment les chefs de la république pouvoient-ils ne pas prévoir, en exposant ainsi sa liberté, que le peuple en auroit avant eux déploré la perte, mais qu'ils l'auroient sentie avant lui! En voyant un moyen si doux, mais si sûr, de garantir leurs successeurs de pareille incartade, ils devroient, s'ils aimoient leur pays, le proposer eux-mêmes, quand personne avant eux ne l'auroit proposé. Pour moi, je vous déclare que cet article me paroît d'une si grande importance, que rien, selon moi, ne devoit vous y faire renoncer, pas, quand on vous céderoit tout le reste, pas, quand les Conseils voudroient en échange renoncer au droit négatif.

Mais je ne vous dissimulerai pas non plus que ce droit négatif attribué non pas au petit Conseil, ni même au Soixante, mais au Deux-cents, me paroît si nécessaire au bon ordre, au maintien de toute police, à la tranquillité publique, à la force du gouvernement, que, quand on y voudroit renoncer, vous ne devriez jamais le permettre. S'il n'y a point d'arbitres des plaintes, comment finiront-elles? Si le Conseil général, auteur des lois, veut être aussi juge des faits, vous n'êtes plus citoyens, vous êtes magistrats; c'est l'anarchie d'Athènes, tout est perdu. Que chacun rentre dans sa sphère, et s'y tienne, tout est sauvé. Encore une fois, ne soyez ni négatifs ni représentants; soyez patriotes, et ne reconnoissez pour vos droits que ceux qui sont utiles à cette petite mais illustre république, que de si dignes citoyens couvrent de gloire.

Ce n'est point, messieurs, à des gens comme vous qu'il faut tout dire. Je ne m'arrêterai point à vous détailler les avantages du projet proposé, dans l'état où vous pouvez raisonnablement demander qu'on le mette, et où les changements à faire sont autant contre vous que pour vous. Je n'ai rien dit, par exemple, de l'abolition du plus grand fléau de votre patrie, de cette autorité devenue héréditaire et tyrannique, usurpée et réunie par des familles qui en abusoient si cruellement. C'est à cette première entrée qu'il faut attendre et repousser au passage tout ce qui est de même sang, ou de même nom; car une fois dans le Conseil, soyez sûrs qu'ils parviendront au syndicat malgré vous; mais ils n'entreront pas dans le Conseil malgré vous : c'est à vous d'y veiller, et cela devient très-facile. Encore une fois, cette observation ni d'autres pareilles ne sont pas de celles qu'on a besoin de vous rappeler; c'est assez d'avoir établi les principes, les conséquences ne vous échapperont pas.

Je me suis hâté, mon bon ami, de vous faire *ab hoc* et *ab hâc* mes petites observations, dans la crainte de les rendre trop tardives. Si je me suis trompé dans cet examen trop précipité, hommes sages et respectables, pardonnez mon erreur à mon zèle : je crois sincèrement que le projet dont il s'agit seroit, dans son exécution, favorable à la liberté, à la tranquillité, à la paix; je crois, de plus, que cette paix vous est très-nécessaire, que les circonstances sont propres à la faire avantageusement, et ne le redeviendront peut-être jamais. Puissé-je en apprendre bientôt l'heureuse nouvelle et mourir de joie au même instant! je mourrois plus heureusement que je n'ai vécu. Je vous embrasse de tout mon cœur.

LETTRE DCCCXIV.

A M. DU PEYROU.

10 février 1768.

Votre n° 5, mon cher hôte, me donne le plaisir impatiemment attendu d'apprendre votre heureuse arrivée, dont je félicite bien sincèrement l'excellente maman et tous vos amis. Vous aviez tort, ce me semble, d'être inquiet de mon silence. Pour un homme qui n'aime pas à écrire, j'étois assurément bien en règle avec vous qui l'aimez. Votre dernière lettre étoit une réponse; je la reçus le dimanche au soir : elle m'annonçoit votre départ pour le mardi matin, auquel cas il étoit de toute impossibilité qu'une lettre que je vous aurois écrite à Paris vous y pût trouver encore, et il étoit naturel que j'attendisse, pour vous écrire à Neuchâtel, de vous y savoir arrivé, la neige ou d'autres accidents, dans cette saison, pouvant vous arrêter en route. Ma santé, du reste, est à peu près comme quand vous m'avez quitté ; je garde mes tisons ; l'indolence et l'abattement me gagnent : je ne suis sorti que trois fois depuis votre départ, et je suis rentré presque aussitôt Je n'ai plus de cœur à rien, pas même aux plantes. Manoury, plus noir de cœur que de barbe, abusant de l'éloignement et des distractions de son maître, ne cesse de me tourmenter, et veut absolument m'expulser d'ici; tout cela ne rend pas ma vie agréable; et quand elle cesseroit d'être orageuse, n'y voyant plus même un seul objet de désir pour mon cœur, j'en trouverois toujours le reste insipide.

Mademoiselle Renou, qui n'attendoit pas moins impatiemment que moi des nouvelles de votre arrivée, l'a apprise avec la plus grande joie, que votre bon souvenir augmente encore. Pas un de nos déjeûners ne se passe sans parler de vous; et j'en ai un renseignement mémorial toujours présent dans le pot-de-chambre qui vous servoit de tasse, et dont j'ai pris la liberté d'hériter.

J'ai reçu votre vin, dont je vous remercie, mais que vous avez eu tort d'envoyer : il est agréable à boire; mais pour naturel, je n'en crois rien. Quoi qu'il en soit, il arrivera de cette affaire, comme de beaucoup d'autres, que l'un fait la faute et que l'autre la boit.

Rendez, je vous prie, mes salutations et amitiés à tous vos bons amis et les miens, surtout à votre aimable camarade de voyage à qui je serai toujours obligé. Mes respects, en particulier, à la reine des mères, qui est la vôtre, et aussi à la reine des femmes, qui est madame de Luze. Je suis bien fâché de n'avoir pas un lacet à envoyer à sa charmante fille, bien sûr qu'elle méritera de le porter.

Il faut finir, car la bonne madame Chevalier est

pressée et attend ma lettre. Je prends l'unique expédient que j'ai de vous écrire d'ici en droiture, en vous adressant ma lettre chez M. Junet. Adieu, mon cher hôte; je vous embrasse et vous recommande, sur toute chose, l'amusement et la gaieté : vous me direz : Médecin, guéris-toi toi-même ; mais les drogues pour cela me manquent, au lieu que vous les avez.

J'ai tant lanterné que la bonne dame est partie, et ma lettre n'ira que demain peut-être, ou du moins ne marchera pas aussi sûrement.

LETTRE DCCCXV.

A M. D'IVERNOIS.

Du château de Trye, ce 23 février 1768.

Je reçois, mon bon ami, avec votre lettre du 17, le mémoire que vous y avez joint; et quand je serois en état d'y faire les observations que vous me demandez, il est clair que le temps me manqueroit pour cela, puisque cette lettre, écrite sur le moment même, aura peine, supposé même que rien n'en suspende la marche, à vous arriver avant le 28. Mais, mon excellent ami, je sens que ma mémoire est éteinte, que ma tête est en confusion, que de nouvelles idées n'y peuvent plus entrer, qu'il me faut même un temps et des efforts infinis pour reprendre la trace de celles qui m'ont été familières. Je ne suis plus en état de comparer, de combiner; je ne vois qu'un nuage en parcourant votre mémoire; je n'y vois qu'une chose claire, que je savois, mais qui m'est bien confirmée, c'est que les rédacteurs de ce mémoire sont assez instruits, assez éclairés, assez sages pour faire par eux-mêmes une besogne tout aussi bonne qu'elle peut l'être, et que, dans l'objet qui les occupe, ils n'ont besoin que de temps, et non pas de conseils, pour la rendre parfaite. J'y vois bien clairement encore que, comme je l'avois prévu, la précipitation de ma lettre précédente, l'ignorance d'une foule de choses qu'il falloit savoir, m'y ont fait tomber dans de grandes bévues, dont vous en relevez dans votre lettre une qui maintenant me saute aux yeux.

Cependant je suis dans la plus intime persuasion que votre état a le plus grand besoin d'une prompte pacification, et que de plus longs délais vous peuvent précipiter dans les plus grands malheurs. Dans cette position, il me vient une idée qui doit sûrement être venue à quelqu'un d'entre vous, et dont je ne vois pas pourquoi vous ne feriez pas usage, parce qu'elle peut avoir de grands avantages sans aucun inconvénient. Ce seroit, pour vous donner le temps de peser un ouvrage qui demande cependant la plus prompte exécution, de faire un règlement provisionnel qui n'eût force de loi que pour vingt ans, durant lesquels on auroit le temps d'en observer la force et la marche, et au bout desquels il seroit abrogé, modifié ou confirmé, selon que l'expérience en auroit fait sentir les inconvénients ou les avantages. Pour moi, je n'aperçois que ce seul expédient pour concilier la diligence avec la prudence; et j'avoue que je n'en aperçois pas le danger. La paix, mes amis, la paix, et promptement, ou je meurs de peur que tout n'aille mal.

Vous ne recevrez point le duplicata de ma lettre par M. Coindet : il n'en a pas été content, et me l'a rendue. Je m'en étois douté d'avance.

L'article IX, page 40, commence par ces mots, *S'il se publioit....* Il faut, ce me semble, ajouter ces deux-ci, *dans l'état;* car, enfin, il me paroît absurde et ridicule que le gouvernement de Genève prétende avoir juridiction sur les livres qui s'impriment hors de son territoire dans tout le reste du monde; et parce que le petit Conseil a fait une fois cette faute, il ne faut pas pour cela la consacrer dans vos lois, d'autant plus que je ne demande, ni ne désire, ni n'approuve que l'on revienne jamais sur cette affaire, puisque ayant fait un serment solennel de ne rentrer jamais dans Genève, si ce petit grief étoit redressé, il ne dépendroit pas de moi de tirer aucun parti de ce redressement, ce dont je suis bien aise de vous prévenir, de peur que votre zèle amical ne vous inspirât dans la suite quelque démarche inutile sur un point qui doit à jamais rester dans l'oubli. Au reste, je mets si peu de fierté à cette résolution, que si, par quelque démarche respectueuse, je pouvois ôter une partie du levain d'aigreur qui fermente encore, je la ferois de tout mon cœur.

Je finis à la hâte ce griffonnage, que je n'ai pas même le temps de relire, tant je suis pressé de le faire partir.

Eh mon Dieu ! cher ami, j'oublie de vous parler de ce que vous avez fait pour ma bonne tante, et de l'argent que vous avez avancé pour moi. Hélas ! je suis si occupé de vous, que je ne songe pas même à ce que vous faites pour moi. Mais, mon digne ami, vous connoissez mon cœur, je m'en flatte, et vous êtes bien sûr que cet oubli ne durera pas long-temps. Ah ! plaise au ciel que votre première lettre m'annonce une bonne nouvelle ! Si je tarde encore un instant, ma lettre n'est plus à temps. Je vous embrasse.

LETTRE DCCCXVI.

A MADAME LA COMTESSE DE BOUFFLERS.

Le 25 février 1768.

Je vieillis dans les ennuis; mon ame est affoiblie, ma tête est perdue ; mais mon cœur est toujours le même : il n'est pas étonnant qu'il me ramène à vos pieds. Madame, vous n'êtes pas exempte de torts envers moi : je sens vivement les miens; mais tant de maux soufferts n'ont-ils rien expié ? Je ne sais pas revenir à demi; vous me connoissez assez pour en être assurée. Ne dois-je donc plus rien espérer de vous ? Ah ! madame, rentrez en vous-même, et consultez votre ame noble. Voyez qui vous sacrifiez, et à qui ! Je vous demande une heure entre le ciel et vous pour cette comparaison. Souvenez-vous du temps où vous avez tout fait pour moi. Combien vos soins bienfaisants seront honorés un jour ! Eh ! pourquoi détruire ainsi votre propre ouvrage ? pourquoi vous en ôter tout le prix ? Pensez que, dans l'ordre naturel, vous devez beaucoup me survivre, et qu'enfin la vérité reprendra ses droits. Les hommes fins et accrédités peuvent tout pendant leur vie ; ils fascinent aisément les yeux de la multitude, toujours admiratrice de la prospérité : mais leur crédit ne leur survit pas, et sa chute met à découvert leurs intrigues. Ils peuvent produire une erreur publique, mais ils ne la peuvent éterniser; et j'ose prédire que vous verrez tôt ou tard ma mémoire en honneur. Faudra-t-il qu'alors mon souvenir, fait pour vous flatter, vous trouble? faudra-t-il que vous vous disiez en vous-même : J'ai vu sans pitié traîner, étouffer dans la fange, un homme digne d'estime, dont les sentiments avoient bien mérité de moi? Non, madame, jamais la générosité que je vous connois ne vous permettra d'avoir un pareil reproche à vous faire. Pour l'amour de vous, tirez-moi de l'abîme d'iniquités où je suis plongé. Faites-moi finir mes jours en paix : cela dépend de vous, et fera la gloire et la douceur des vôtres. Les motifs que je vous présente vous montrent de quelle espèce sont ceux que je crois faits pour vous émouvoir. De toutes les réparations que je pouvois vous faire, voilà, madame, celle qui m'a paru la plus digne de vous et de moi.

LETTRE DCCCXVII.

A M. DU PEYROU.

3 mars 1768.

Votre n° 6, mon cher hôte, m'afflige en m'apprenant que vous avez un nouveau ressentiment de goutte, assez fort pour vous empêcher de sortir. Je crois bien que ces petits accès plus fréquents vous garantiront de grandes attaques. Mais comme l'un de ces deux états est aussi incommode que l'autre est douloureux, je ne sais si vous vous accommoderiez d'avoir ainsi changé vos grandes douleurs en petite monnoie; mais il est à présumer que ce n'est qu'une queue de cette goutte effarouchée, et que tout reprendra dans peu son cours naturel. Apprenez donc, une fois pour toutes, à ne vouloir pas guérir malgré la nature ; car c'est le moyen presque assuré d'augmenter vos maux.

A mon égard, les conseils que vous me donnez sont plus aisés à donner qu'à suivre. Les herborisations et les promenades seroient en effet de douces diversions à mes ennuis, si elles m'étoient laissées ; mais les gens qui disposent de moi n'ont garde de me laisser cette ressource. Le projet dont MM. Manoury et Deschamps sont les exécuteurs demande qu'il ne m'en reste aucune. Comme on m'attend au passage, on n'épargne rien pour me chasser d'ici; et il paroît que l'on veut réussir dans peu, de manière ou d'autre. Un des meilleurs moyens que l'on prend pour cela est de lâcher sur moi la populace des villages voisins. On n'ose plus mettre personne au cachot, et dire que c'est moi qui le veux ainsi ; mais on a fermé, barré, barricadé le château de tous les côtés : il n'y a plus ni passage ni communication par les cours ni par la terrasse; et, quoique cette clôture me soit très-incommode à moi-même, on a soin de répandre, par les gardes et par d'autres émissaires, que c'est le Monsieur du château qui exige tout cela pour faire pièce aux paysans. J'ai senti l'effet de ce bruit dans deux sorties que j'ai faites, et cela ne m'excitera pas à les multiplier. J'ai prié le fermier de me faire faire une clef de son jardin, qui est assez grand, et ma résolution est de borner mes promenades à ce jardin et au petit jardin du prince, qui, comme vous savez, est grand comme la main et enfoncé comme un puits. Voilà, mon cher hôte, comment, au cœur du royaume de France, les mains étrangères s'appesantissent encore sur moi. A l'égard du patron de la case, on l'empêche de rien savoir de ce qui se passe et de s'en mêler. Je suis livré seul et sans ressource à ma constance et à mes persécuteurs. J'espère encore leur faire voir que la besogne qu'ils ont entreprise n'est pas si facile à exécuter qu'ils l'ont cru. Voilà bien du verbiage pour deux mots de réponse qu'il vous falloit sur cet article. Mais j'eus toujours le cœur expansif; je ne serai jamais bien corrigé de cela, et votre devise ne sera jamais la mienne.

J'ai découvert avec une peine infinie les noms de botanique de plusieurs plantes de Garsault. J'ai aussi réduit, avec non moins de peine, les phrases de Sauvages à la nomenclature triviale de Linnæus, qui est très-commode. Si le plaisir d'avoir un jardin vous rend un peu de goût pour la botanique, je pourrai vous épargner beaucoup de travail pour la synonymie, en vous envoyant pour vos exemplaires ce que j'ai noté dans les miens, et il est absolument nécessaire de débrouiller cette partie critique de la botanique pour reconnoître la même plante, à qui souvent chaque auteur donne un nom différent.

Je ne vous parle point de vos affaires publiques; non que je cesse jamais d'y prendre intérêt, mais parce que cet intérêt, borné par ses effets à des vœux aussi vrais qu'impuissants de voir bientôt rétablir la paix dans toutes vos contrées, ne peut contribuer en rien à l'accélérer.

Adieu, mon cher hôte : mes hommages à la meilleure des mères; mille choses au bon M. Jeannin, et à tous ceux qui m'aiment, et à tous ceux que vous aimez.

LETTRE DCCCXVIII.

A M. MOULTOU.

A Trye, par Gisors, le 7 mars 1768.

Comme j'ignore, monsieur, ce que M. Coindet a pu vous écrire, je veux vous rendre compte moi-même de ce que j'ai fait. Sitôt qu'il m'eut envoyé votre première lettre, j'en écrivis une à M. d'Ivernois, le seul correspondant que je me sois laissé à Genève, et auquel même, depuis mon funeste départ pour l'Angleterre, je n'avois pas écrit plus de cinq ou six fois. Cette lettre, raisonnée de mon mieux, mais pressante et impartiale autant qu'il étoit possible, péchoit en plusieurs points faute de connoissance de la situation de vos affaires, dont je ne savois absolument rien que ce qui en étoit dit dans la vôtre. J'y blâmois fortement le grabeau proposé; j'y proposois le projet du Conseil, dont j'avois l'extrait dans votre lettre, comme excellent en lui-même, sauf quelques changements et additions, les unes favorables, les autres contraires aux représentants, selon qu'il m'avoit paru nécessaire pour faire un tout plus solide et bien pondéré. J'avois écrit cette lettre à la hâte, elle étoit très-longue : je l'envoyai ouverte à M. Coindet, le priant de la faire passer à son adresse, et de vous en envoyer en même temps une copie. Quelques jours après il me marqua n'avoir rien fait de tout cela, parce qu'il ne trouvoit pas que cette lettre allât à son but. Il est venu me voir, et je me la suis fait rendre : j'offre de vous l'envoyer quand il vous plaira, afin que vous en puissiez juger vous-même. Comme le moment pressoit, et que je prévoyois un peu ce qu'a fait M. Coindet, j'avois envoyé en même temps le brouillon de la même lettre, en duplicata, directement à M. d'Ivernois, dont les amis ne l'ont pas non plus approuvée; et il m'est arrivé ce qu'il arrive ordinairement à tout homme impartial entre deux partis échauffés, qui cherche sincèrement l'intérêt commun et ne và qu'au bien de la chose; j'ai déplu également des deux côtés. Voyant les esprits si peu disposés encore à se rapprocher, et sentant toutefois combien la plus prompte pacification vous est à tous importante et nécessaire, j'ai eu depuis une autre idée que j'ai communiquée encore à M. d'Ivernois; mais je ne sais s'il aura reçu ma lettre: ce seroit de tâcher du moins de faire un règlement provisionnel pour vingt ans, au bout desquels on pourroit l'annuler ou le confirmer, selon qu'on l'auroit reconnu bon ou mauvais à l'usage: on doit tout faire pour apaiser ce moment de chaleur qui peut avoir les suites les plus funestes. Quand on ne se fera plus un devoir cruel de m'affliger, quand je ne serai plus, et que les circonstances seront changées, les esprits se rapprocheront naturellement, et chacun sentira tôt ou tard que son plus vrai bien n'est que dans le bien de la patrie.

Vous devez le savoir, monsieur; si j'en avois été cru, non seulement on n'eût point soutenu les représentations, mais on n'en eût point fait; car naturellement je sentois qu'elles ne pouvoient avoir ni succès ni suite, que tout étoit contre les représentants, et qu'ils seroient infailliblement les victimes de leur zèle patriotique. J'étois bien éloigné de prévoir le grand et beau spectacle qu'ils viennent de donner à l'univers, et qui, quoi qu'en puissent dire nos contemporains, fera l'admiration de la postérité. Cela devroit bien guérir vos magistrats, d'ailleurs si éclairés, si sages sur tout autre point, de l'erreur de regarder le peuple de Genève comme une populace ordinaire. Tant qu'ils ont agi sur ce faux préjugé, ils ont fait de grandes fautes qu'ils ont bien payées; et je prédis qu'il en sera de même tant qu'ils s'obstineront dans ce mépris très-mal entendu : quand on veut asservir un peuple libre, il faut savoir employer des moyens assortis à son génie, et rien n'est plus aisé; mais ils sont loin de ces moyens-là. Je reviens à moi : le malheur que j'ai eu d'être impliqué dans les commencements de vos troubles m'a fait un devoir, dont je ne me suis jamais départi, de n'être ni la cause ni le prétexte de leur continuation. C'est ce qui m'a empêché d'aller purger le décret, c'est ce qui m'a fait renoncer à ma bourgeoisie, c'est ce qui m'a fait faire le serment solennel de ne rentrer jamais dans Genève, c'est ce qui m'a fait écrire et parler à tous mes amis comme j'ai toujours fait; et j'ai encore renouvelé en dernier lieu, à M. d'Ivernois, les mêmes déclarations que j'ai souvent faites sur cet article, ajoutant même que s'il ne tenoit qu'à une démarche aussi respectueuse qu'il soit possible pour apaiser l'animosité du Conseil, j'étois prêt à la faire hautement et de tout mon cœur : pourvu que vous ayez la paix, rien ne me coûtera, monsieur, je vous proteste, et cela sans espoir d'aucun retour de justice et d'honnêteté de la part de personne. Les réparations qui me sont dues ne me seront faites qu'après ma mort, je le sais, mais elles seront grandes et sincères; j'y compte, et cela me suffit. Malheureusement je ne peux rien, je n'ai nulle espèce de crédit dans Genève, pas même parmi les représentants. Si j'en avois eu, je vous le répète, tout ce qui s'est fait ne se seroit point fait. D'ailleurs je ne puis qu'exhorter, mais je ne veux pas tromper : je dirai, comme je le crois, que la paix vaut mieux que la liberté, qu'il ne reste plus d'asile à la liberté sur la terre que dans le cœur de l'homme juste, et que ce n'est pas la peine de se batailler pour le reste; mais quand il s'agira de peser un projet et d'en dire mon sentiment, je le dirai sans déguisement. Encore une fois, je veux exhorter, mais non pas tromper.

Je suis bien aise, monsieur, que vous pensiez savoir que je suis tranquille, et que cela vous fasse plaisir. Cependant, si vous connoissiez ma véritable situation, vous ne me croiriez pas si hors des mains de M. Hume, et vous ne vous adresseriez pas à M. Coindet pour dire le mal que vous pouvez penser de cet homme-là. Adieu, monsieur : je ferai toujours cas de votre amitié, et je serai toujours flatté d'en recevoir des témoignages ; mais, comme vous n'ignorez ni mon habitation ni le nom que j'y porte, vous me ferez plaisir de m'écrire directement par préférence, ou de faire passer vos lettres par d'autres mains; et surtout ne soyez jamais la dupe de ceux qui font le plus de bruit de leur grande amitié pour moi. J'oubliois de vous dire que M. Coindet ne m'envoya que le 29, c'est-à-dire le lendemain du Conseil général, votre lettre du 10; que je ne la reçus que le 3 mars, et que par conséquent il n'étoit plus temps d'en faire usage. Du reste, ordonnez ; je suis prêt.

LETTRE DCCCXIX.

A M. D'IVERNOIS.

Au château de Trye, le 8 mars 1768.

Votre lettre, mon ami, du 29, me fait frémir. Ah! cruels amis, quelles angoisses vous me donnez! n'ai-je donc pas assez des miennes? Je vous exhorte, de toutes les puissances de mon ame, de renoncer à ce malheureux grabeau qui sera la cause de votre perte, et qui va susciter contre vous la clameur universelle qui jusqu'à présent étoit en votre faveur. Cherchez d'autres équivalents; consultez vos lumières; pesez, imaginez, proposez : mais, je vous en conjure, hâtez-vous de finir, et de finir en hommes de bien et de paix, et avec autant de modération, de sagesse et de gloire que vous avez commencé. N'attendez pas que votre étonnante union se relâche, et ne comptez pas qu'un pareil miracle dure encore longtemps. L'expédient d'un règlement provisionnel peut vous faire passer sur bien des choses qui pourront avoir leur correctif dans un meilleur temps : ce moment court et passager vous est favorable; mais si vous ne le saisissez rapidement, il va vous échapper; tout est contre vous, et vous êtes perdus. Je pense bien différemment de vous sur la chance générale de l'avenir; car je suis très-persuadé que dans dix ans, et surtout dans vingt, elle sera beaucoup plus avantageuse à la cause des représentants, et cela me paroît infaillible : mais on ne peut pas tout dire par lettres, cela deviendroit trop long. Enfin, je vous en conjure derechef, par vos familles, par votre patrie, par tous vos devoirs, finissez et promptement, dussiez-vous beaucoup céder; ne changez pas la constance en opiniâtreté : c'est le seul moyen de conserver l'estime publique que vous avez acquise, et dont vous sentirez le prix un jour. Mon cœur est si plein de cette nécessité d'un prompt accord, qu'il voudroit s'élancer au milieu de vous, se verser dans tous les vôtres pour vous la faire sentir.

Je diffère de vous rembourser les cent francs que vous avez avancés pour moi, dans l'espoir d'une occasion plus commode. Lorsque vous songerez à réaliser votre ancien projet, point de confidents, point de bruit, point de nom, et surtout défiez-vous par préférence de ceux qui font ostentation de leur grande amitié pour moi. Adieu, mon ami. Dieu veuille bénir vos travaux et les couronner! Je vous embrasse.

LETTRE DCCCXX.

A M. LE MARQUIS DE MIRABEAU.

9 mars 1768.

Je ne vous répéterai pas, mon illustre ami, les monotones excuses de mes longs silences, d'autant moins que ce seroit toujours à recommencer; car, à mesure que mon abattement et mon découragement augmentent, ma paresse augmente en même raison. Je n'ai plus d'activité pour rien; plus même pour la promenade, à laquelle d'ailleurs je suis forcé de renoncer depuis quelque temps. Réduit au travail très-fatigant de me lever ou de me coucher, je trouve cela de trop encore; du reste je suis nul. Ce n'est pas seulement là le mieux pour ma paresse, c'est le mieux aussi pour ma raison; et comme rien n'use plus vainement la vie que de regimber contre la nécessité, le meilleur parti qui me reste à prendre, et que je prends, est de laisser faire sans résistance ceux qui disposent ici de moi.

La proposition d'aller vous voir à Fleury est aussi charmante qu'honnête; et je sens que l'aimable société que j'y trouverois seroit en effet un spécifique excellent contre ma tristesse. Vos expédients, mon illustre ami, vont mieux à mon cœur que votre morale; je la trouve trop haute pour moi, plus stoïque que consolante; et rien ne me paroît moins calmant pour les gens qui souffrent que de leur prouver qu'ils n'ont point de mal. Ce pélerinage me tente beaucoup, et c'est précisément pour cela que je crains de ne le pouvoir faire : il ne m'est pas donné d'avoir tant de plaisir. Au reste, je ne prévois d'obstacle vraiment dirimant que la durée de mon état présent qui ne me permettroit pas d'entreprendre un voyage, quoique assez court. Quant à la volonté, je vous jure qu'elle y est tout entière, de même que la sécurité. J'ai la certitude que vous ne voudriez pas m'exposer, et l'expérience que votre hospitalité est aussi sûre que douce. De plus, le refuge que je suis venu chercher au sein de votre nation sans précaution d'aucune espèce, sans autre sûreté que mon estime pour elle, doit montrer ce que j'en pense, et que je ne prends pas pour argent comptant les terreurs que l'on cherche à me donner. Enfin, quand un homme de mon humeur, et qui n'a rien à se reprocher, veut bien, en se livrant sans réserve à ceux qu'il pourroit craindre, se soumettre aux précautions suffisantes pour ne les pas forcer à le voir, assurément une telle conduite marque non pas de l'arrogance, mais de la confiance; elle est un témoignage d'estime auquel on doit être sensible, et non pas une témérité dont on se puisse offenser : je suis certain qu'aucun esprit bien fait ne peut penser autrement.

Comptez donc, mon illustre ami, qu'aucune crainte ne m'empêchera de vous aller voir. Je n'ai rien altéré du droit de ma liberté, et difficilement ferois-je jamais de ce droit un usage plus agréable que celui que vous m'avez proposé. Mais mon état présent ne me permet cet espoir qu'autant qu'il changera en mieux avec la saison; c'est de quoi je ne puis juger que quand elle sera venue. En attendant recevez mon respect, mes remerciements, et mes embrassements les plus tendres.

LETTRE DCCCXXI.

A M. DE LALANDE.

Mars 1768.

Vous n'êtes pas, monsieur, de ceux qui s'amusent à rendre aux infortunés des honneurs ironiques, et qui couronnent la victime qu'ils veulent sacrifier.

Ainsi tout ce que je conclus des louanges dont il vous plaît de m'accabler dans la lettre que vous m'avez fait la faveur de m'écrire, est que la générosité vous entraîne à outrer le respect que l'on doit à l'adversité. J'attribue à un sentiment aussi louable le compte avantageux que vous avez bien voulu rendre de mon Dictionnaire, et votre extrait me paroît fait avec beaucoup d'esprit, de méthode et d'art. Si cependant vous eussiez choisi moins scrupuleusement les endroits où la musique françoise est le plus maltraitée, je ne sais si cette réserve eût été nuisible à la chose, mais je crois qu'elle eût été favorable à l'auteur. J'aurois bien aussi quelquefois désiré un autre choix des articles que vous avez pris la peine d'extraire, quelques-uns de ces articles n'étant que de remplissage, d'autres extraits ou compilés de divers auteurs, tandis que la plupart des articles importants m'appartiennent uniquement, et sont meilleurs en eux-mêmes, tels que *Accent, Consonnance, Dissonance, Expression, Goût, Harmonie, Intervalle, Licence, Opéra, Son, Tempérament, Unité de mélodie, Voix*, etc., et surtout l'article *Enharmonique*, dans lequel j'ose croire que ce genre difficile, et jusqu'à présent très-mal entendu, est mieux expliqué que dans aucun autre livre. Pardon, monsieur, de la liberté avec laquelle j'ose vous dire ma pensée ; je la soumets avec une pleine confiance à votre décision, qui n'exige pas de vous une nouvelle peine, puisque vous avez été appelé à lire le livre entier, ennui dont je vous fais à la fois mes remerciements et mes excuses.

Je me souviens, monsieur, avec plaisir et reconnoissance de la visite dont vous m'honorâtes à Montmorency, et du désir qu'elle me laissa de jouir quelquefois du même avantage. Je compte parmi les malheurs de ma vie celui de ne pouvoir cultiver une si bonne connoissance, et mériter peut-être un jour de votre part moins d'éloges et plus de bontés.

LETTRE DCCCXXII.

A M. DU PEYROU.

Le 24 mars 1768.

J'ai répondu, mon cher hôte, à votre n° 6, et il me semble que cette réponse auroit dû vous être parvenue avant le départ de votre n° 7 ; mais, n'ayant ni mémoire pour me rappeler les dates, ni soin pour suppléer à ce défaut, je ne puis rien affirmer, et je laisse un peu notre correspondance au hasard, comme toutes les choses de la vie, qui, tout bien compté, ne valent pas la sollicitude qu'on prend pour elles. J'approuve cependant très-fort que vous n'ayez pas la même indifférence, et que vous vous pressiez de vouloir mettre en règle nos affaires pécuniaires ; je vous avoue même que sur ce point je n'avois consenti à laisser les choses comme elles sont restées, que parce qu'il me sembloit qu'à tout prendre, ce qui demeuroit dans vos mains valoit bien ce qui a passé dans les miennes.

Je n'ai point prétendu, non plus que vous, annuler en partie l'arrangement que nous avions fait ensemble, mais en entier, et vous avez dû voir par ma précédente lettre que la chose ne peut être autrement. Il s'ensuit de cette résiliation, comme vous avez vu dans mon mémoire, que je vous reste débiteur des cent louis que j'ai reçus de vous, et qu'il faut que je vous restitue, puisque, outre le recueil de tous mes écrits et papiers, qui est entre vos mains, et dont il ne s'agit plus, vous ne croyez pas devoir vous permettre de prendre cette somme sur les trois cents louis que vous avez reçus de milord Maréchal; j'avois cru, moi, l'y pouvoir assigner, parce qu'enfin, si ces trois cents louis appartenoient à quelqu'un, c'étoit à moi, depuis que milord Maréchal m'en avoit fait présent, que même il me les avoit voulu remettre, et que c'étoit à mon instante prière qu'il avoit cherché à m'en constituer la rente par préférence. Vous avez la preuve de cela dans les lettres qu'il m'a écrites à ce sujet, et qui sont entre vos mains avec les autres. D'ailleurs il me sembloit que, sans rien changer à la destination de cette rente, quatre ou cinq ans, dont une partie est déjà écoulée, suffisoient pour acquitter ces cent louis. Ainsi, vous laissant nanti de toutes manières, je ne songeois guère à ce remboursement actuel, en quoi j'avois tort; car il est clair que tous ces raisonnements, bons pour moi, ne pouvoient avoir pour vous la même force.

Bref, j'ai reçu de vous cent louis qu'il faut vous restituer; rien n'est plus clair ni plus juste. Il reste à voir, mon cher hôte, par quelle voie vous voulez que je vous rembourse cette somme. Je n'ai pas des banquiers à mes ordres, et je ne puis vous la faire tenir à Neufchâtel; mais je puis, en nous arrangeant, vous la faire payer à Paris, à Lyon, ou ici : choisissez, et marquez-moi votre décision. J'attends là-dessus vos ordres, et je pense que plus tôt cette affaire sera terminée, et mieux ce sera.

Pour vous punir de ne rien dire de précis sur votre santé, je ne vous dirai rien de la mienne. Dans votre précédente lettre vous étiez content de votre estomac et de votre état, à la goutte près, à laquelle vous devez être accoutumé. Dans celle-ci vous trouvez chez vous la nature en décadence. Pourquoi cela? Parce que vous êtes sourd et goutteux; mais il y a vingt ans que vous l'êtes, et votre état n'est empiré que pour avoir à toute force voulu guérir. On ne meurt point de la surdité, et l'on ne meurt guère de la goutte que par sa faute. Mais vous aimez à vous affubler la tête d'un drap mortuaire; et, d'ici à l'âge de quatre-vingts ans que vous êtes fait pour atteindre, vous passerez votre vie à faire des arrangements pour la mort. Croyez-moi, mon cher hôte, tenez votre ame en état de ne la pas craindre; du reste, laissez-la venir quand elle voudra, sans lui faire l'honneur de tant songer à elle, et soyez sûr que vos héritiers sauront bien arranger vos papiers, sans vous tant tourmenter pour leur en épargner la peine.

Je suis bien obligé à M. Panckoucke de vouloir bien songer à moi dans la distribution de sa traduction de Lucrèce. Je la lirois avec plaisir si je lisois quelque chose ; mais vous auriez pu lui dire que je ne lis plus rien. D'ailleurs, je ne vois pas pourquoi vous voulez lui indiquer M. Coindet. Son confrère Guy étoit plus à sa portée. Vous devez savoir que je n'aime pas extrêmement que M. Coindet se donne tant de peine pour mes affaires ; et, si j'en étois le maître, il ne s'en donneroit plus du tout.

Mademoiselle Renou vous remercie de vos bonnes amitiés, et vous fait les siennes : mettez-nous l'un et l'autre aux pieds de la bonne maman. Je compte répondre à madame de Luze dans ma première lettre ; je salue M. Jeannin, et vous embrasse, mon cher hôte, de tout mon cœur.

Je vais aujourd'hui dîner à Gisors, où je suis attendu ; et je compte y porter moi-même cette lettre à la poste. Comme il faut tout prévoir, à votre exemple, et que je puis mourir d'apoplexie, au cas que vous n'ayez plus de mes nouvelles par moi-même, adressez-vous à ceux qui seront en possession de ce que je laisse ici ; ils vous paieront vos cent louis. Adieu.

LETTRE DCCCXXIII.

A M. D'IVERNOIS.

24 mars 1768.

Enfin je respire ; vous aurez la paix, et vous l'aurez avec un garant sûr qu'elle sera solide, savoir, l'estime publique et celle de vos magistrats, qui, vous traitant jusqu'ici comme un peuple ordinaire, n'ont jamais pris, sur ce faux préjugé, que de fausses mesures. Ils doivent être enfin guéris de cette erreur, et je ne doute pas que le discours tenu par le procureur-général en Deux-cents ne soit sincère. Cela posé, vous devez espérer que l'on ne tentera de long-temps de vous surprendre, ni de tromper les puissances étrangères sur votre compte, et, ces deux moyens manquant, je n'en vois plus d'autres pour vous asservir. Mes dignes amis, vous avez pris les seuls moyens contre lesquels la force même perd son effet, l'union, la sagesse, et le courage. Quoi que puissent faire les hommes, on est toujours libre quand on sait mourir.

Je voudrois à présent que de votre côté vous ne fissiez pas à demi les choses, et que la concorde une fois rétablie ramenât la confiance et la subordination aussi pleine et entière que s'il n'y eût jamais eu de dissension. Le respect pour les magistrats fait dans les républiques la gloire des citoyens, et rien n'est si beau que de savoir se soumettre après avoir prouvé qu'on savoit résister. Le peuple de Genève s'est toujours distingué par ce respect pour ses chefs qui le rend lui-même si respectable. C'est à présent qu'il doit ramener dans son sein toutes les vertus sociales que l'amour de l'ordre établit sur l'amour de la liberté. Il est impossible qu'une patrie qui a de tels enfants ne retrouve pas enfin ses pères; et c'est alors que la grande famille sera tout à la fois illustre, florissante, heureuse, et donnera vraiment au monde un exemple digne d'imitation. Pardon, cher ami: emporté par mes désirs, je fais ici sottement le prédicateur; mais, après avoir vu ce que vous étiez, je suis plein de ce que vous pouvez être. Des hommes si sages n'ont assurément pas besoin d'exhortation pour continuer à l'être; mais moi, j'ai besoin de donner quelque essor aux plus ardents vœux de mon cœur.

Au reste, je vous félicite en particulier d'un bonheur qui n'est pas toujours attaché à la bonne cause, c'est d'avoir trouvé pour le soutien de la vôtre des talents capables de la faire valoir. Vos mémoires sont des chefs-d'œuvre de logique et de diction. Je sais quelles lumières règnent dans vos cercles, qu'on y raisonne bien, qu'on y connoît à fond vos édits; mais on n'y trouve pas communément des gens qui tiennent ainsi la plume : celui qui a tenu la vôtre, quel qu'il soit, est un homme rare ; n'oubliez jamais la reconnoissance que vous lui devez.

A l'égard de la réponse amicale que vous me demandez sur ce qui me regarde, je la ferai avec la plus pleine confiance. Rien dans le monde n'a plus affligé et navré mon cœur que le décret de Genève. Il n'en fut jamais de plus inique, de plus absurde, et de plus ridicule. Cependant il n'a pu détacher mes affections de ma patrie, et rien au monde ne les en peut détacher. Il m'est indifférent, quant à mon sort, que ce décret soit annulé ou subsiste, puisqu'il ne m'est possible en aucun cas de profiter de mon rétablissement ; mais il ne me seroit pourtant pas indifférent, je l'avoue, que ceux qui ont commis la faute sentissent leur tort, et eussent le courage de le réparer. Je crois qu'en pareil cas j'en mourrois de joie, parce que j'y verrois la fin d'une haine implacable, et que je pourrois de bonne grâce me livrer aux sentiments respectueux que mon cœur m'inspire, sans crainte de m'avilir. Tout ce que je puis vous dire à ce sujet est que si cela arrivoit, ce qu'assurément je n'espère pas, le Conseil seroit content de mes sentiments et de ma conduite, et il connoîtroit bientôt quel immortel honneur il s'est fait. Mais je vous avoue aussi que ce rétablissement ne sauroit me flatter s'il ne vient d'eux-mêmes ; et jamais, de mon consentement, il ne sera sollicité. Je suis sûr de vos sentiments; les preuves m'en sont inutiles : mais celles des leurs me toucheroient d'autant plus que je m'y attends moins. Bref, s'ils font cette démarche d'eux-mêmes, je ferai mon devoir; s'ils ne la font pas, ce ne sera pas la seule injustice dont j'aurai à me consoler; et je ne veux pas, en tout état de cause, risquer de servir de pierre d'achoppement au plus parfait rétablissement de la concorde.

Voici un mandat sur la veuve Duchesne pour les cent francs que vous avez bien voulu avancer à ma bonne vieille tante. Je vous redois autre chose, mais malheureusement je n'en sais pas le montant.

LETTRE DCCCXXIV.

A MADAME LA COMTESSE DE BOUFFLERS.

Trye, 24 mars 1768.

Votre lettre me touche, madame, parce que j'y crois reconnoître le langage du cœur; ce langage qui, de votre part, m'eût rendu le plus heureux des hommes, et à bien peu de frais. Mais, n'espérant plus rien, et ne sachant plus même que désirer, je ne vous importunerai plus de mes plaintes. Si mon sort, quel qu'il soit, vous en arrachoit quelqu'une, je m'en croirois moins malheureux.

La lettre de M. le prince de Conti me met en grande peine sur son état actuel. Osérois-je espérer, madame, que vous voudrez bien m'en faire écrire un mot par quelqu'un de vos gens, ou ceux de son altesse?

Je finis brusquement, étant attendu pour aller à Gisors.

LETTRE DCCCXXV.

A M. LE DUC DE CHOISEUL.

A Trye, le 27 mars 1768.

Monseigneur,

Vous daignez m'écouter. De quel poids je me sens soulagé! Si vous eussiez bien voulu me voir, il me semble que je n'aurois eu besoin de vous rien dire, et qu'à l'instant vous auriez lu dans mon cœur.

Un mot que me dit M. de Luxembourg [1] à mon départ pour la Suisse, autorise le détail dans lequel

[1] * C'est lorsque ce maréchal lui demanda s'il avoit parlé mal du duc de Choiseul.

je vais entrer, et qui seroit superflu s'il vous eût rendu ma réponse : mais le meilleur et le plus aimable des hommes n'en fut pas toujours le plus courageux¹.

 On vous a donné de quelques passages de mes écrits des interprétations non-seulement si fausses et si peu naturelles que le public ne s'en est jamais douté, mais si contraires à mes vues, que le seul de ces passages² qu'on m'ait cité contient l'éloge le plus vrai, le plus grand, j'ose dire le plus digne que vous recevrez peut-être jamais, et dont trop de modestie a pu seule vous empêcher de sentir l'application. Monsieur le duc, je n'ai point de protestation à vous faire. Je dirai les faits, et vous jugerez.

Tous les ministres qui vous ont précédé depuis

---

¹ *Témoin le genre de protection que donna M. de Luxembourg à Rousseau, lors de l'arrêt du parlement, et qui se borna à favoriser sa fuite avec des circonstances qui prouvent combien le maréchal craignoit d'être compromis; le soin qu'il prit de se faire rendre les lettres dans lesquelles il approuvoit et l'impression d'Émile, et la doctrine de cet ouvrage. Si le maréchal, si le prince de Conti, si M. de Malesherbes eussent dit hautement : « M. Rous-« seau ne vouloit point imprimer *Émile* en France; c'est nous qui « l'y avons engagé, autorisé même en quelque sorte par l'influence « que devoient avoir sur son esprit et le rang que nous occupons « et les fonctions (de directeur de la librairie) dont l'un de nous « est revêtu; » croira-t-on que cette déclaration, qui n'eût contenu que *la plus exacte vérité*, n'eût produit aucun effet ?

² * C'est *probablement* le passage suivant. (Voyez tome VI de la présente édition, *Contrat social*, liv. III, chap. VI) : « Ceux « qui parviennent dans les monarchies ne sont le plus souvent

long-temps m'ont paru fort au-dessous de leurs places : toutes les personnes, n'importe le sexe, qui se sont mêlées de l'administration, n'ont eu, selon moi, que de petites vues, des demi-talents, des passions basses, et de l'avarice plutôt que de l'ambition. Enfin, j'eus pour eux tous un mépris peut-être injuste, mais qui alloit jusqu'à la haine, et que je n'ai jamais beaucoup déguisé. Tous mes penchants, au contraire, vous favorisèrent dès le premier instant. Je préjugeai que vous alliez rendre au ministère l'éclat obscurci par ces gens-là, et quand le bruit courut que de vous et d'une des personnes dont je viens de parler, l'un des deux déplaceroit l'autre, je fis en votre faveur des vœux qui ne furent pas aussi secrets qu'il l'auroit fallu. Peu après M. de Luxembourg, par hasard, vous parla de moi, et, sur l'essai que j'avois fait à Venise, vous offrîtes de m'occuper. Je fus d'autant plus sensible à cette offre, que jamais les gens en place ne m'ont gâté par leurs bontés. Environ dans le

« que de petits brouillons, de petits fripons, de petits intrigants,
« à qui les petits talents qui font, dans les cours, parvenir aux
« grandes places, ne servent qu'à montrer au public leur ineptie
« aussitôt qu'ils y sont parvenus. Le peuple se trompe bien moins
« sur ce choix que le prince ; et un homme d'un vrai mérite est
« presque aussi rare dans le ministère qu'un sot à la tête d'un
« gouvernement républicain. Aussi, quand par quelque heureux
« hasard un de ces hommes nés pour gouverner prend le timon
« des affaires dans une monarchie presque abîmée par ces tas de
« jolis régisseurs, on est tout surpris des ressources qu'il trouve,
« et cela fait époque dans un pays. »

même temps éclata ce célèbre pacte de famille [1] : quel augure n'en tirai-je point pour une administration qui commençoit ainsi ! Je mettois alors la dernière main au *Contrat social* [2] : le cœur plein de vous, j'y portai mon jugement et mon pronostic avec une confiance que le temps a confirmée, et que l'avenir ne démentira pas.

Vous qu'honore la vérité, reconnoissez son langage. Le passage dont je viens de vous donner l'explication est le seul où j'ai voulu parler de vous. Si l'on a cherché de sinistres applications à quelque autre, j'en appelle au bon sens pour la réfuter, et je suis prêt à montrer partout ce que j'ai voulu dire. Me serois-je aussi sottement contredit moi-même en faisant l'éloge et la satire du même en même temps ? Cela est-il donc dans mon caractère, et m'a-t-on vu quelquefois souffler ainsi de la même bouche le froid et le chaud ? Qu'on se figure un étranger à ma place, au sein de la France, où il se plaît, aimant à publier des vérités hardies mais générales, dont jamais ni satire ni nulle application personnelle [3] et maligne n'a souillé les écrits, qui jamais ne repoussa qu'avec décence et dignité les traits envenimés de ses adversaires, et

---

[1] * Signé le 15 août 1761.

[2] * Publié dans les premiers mois de 1762, quelque temps avant l'*Émile*.

[3] * C'est une justice rigoureuse qu'il se rend ; et il est en effet remarquable que lorsqu'il a répondu à ses critiques, il laisse de côté la personne pour ne s'occuper que de l'ouvrage, ou, s'il

qui fonda toujours sa fière sécurité sur des principes et des maximes irréprochables : concevra-t-on jamais qu'un tel homme, animé jusqu'alors de sentiments grands et nobles, passe tout à coup, sans sujet, sans motif, aux derniers termes de la plus brutale, de la plus extravagante férocité; aille provoquer à plaisir l'indignation d'un ministre, l'espoir de la nation, qui vient de marquer pour lui de la bienveillance, et cherche si tard à s'ôter dans ses malheurs l'estime et la commisération du public, qui, tout en aimant la satire, dit avec raison des satiriques punis, *Il n'a que ce qu'il mérite?* Je connois les hommes et leurs inconséquences; je sais trop que je n'en suis pas exempt; mais je prononce hautement que celle-là n'est pas dans la nature. D'ailleurs, si j'eusse été capable de penser et d'écrire de telles folies, me serois-je abstenu de les dire, moi, si confiant, si ouvert, si facile à montrer ma pensée en toute chose? La terre est couverte de mes implacables ennemis, qui tous ont été mes amis ou feint de l'être, et cette remarque ajoute au poids de ce que je vais affirmer. Monseigneur, je défie toute ame vivante de m'avoir jamais ouï parler de vous et de votre

---

parle de l'auteur, c'est toujours en termes honorables. S'il s'évertue aux dépens de l'abbé Gautier, il ne s'attache qu'à la singularité de sa logique, à la marche que suit ce pauvre critique en copiant celle de Rousseau, et jusqu'à sa prosopopée de Fabricius. Dans sa réplique à l'archevêque, il rend un hommage éclatant aux vertus du prélat.

administration qu'avec le plus grand honneur. Enfin daignez voir comment je suis revenu dans ce pays. Pour aller à Londres, je traversai la France avec un passeport qu'on disoit m'être nécessaire. Sous ma propre direction, j'y suis revenu seul, me livrer pleinement à vous, me jeter dans vos bras, si j'ose ainsi parler, avec empressement, sans précaution, sans crainte, sans autre sûreté que votre humanité et mon innocence, et sachant très-bien que les prétextes ne vous auroient pas manqué pour m'opprimer, si vous l'aviez voulu. Quoique je me sentisse dans votre disgrâce, j'ai compté sur votre générosité, et j'ai bien fait. Mais cette conduite prouve la vérité de mon estime, et ce que j'ai pensé de vous dans tous les temps. Un homme qui dans le secret de son cœur se seroit senti coupable eût pu trouver la même sûreté dans le même asile, mais jamais il n'eût osé l'y chercher.

Voilà, monsieur le duc, ce que j'avois à vous dire, et que j'aurois ardemment désiré de vous dire de bouche, quoique je ne sache point du tout parler : mais mon cœur eût parlé pour moi, et vous auriez entendu son langage. Sans être exempt d'inquiétude sur la route de ma lettre, je ne crains assurément pas qu'une fois parvenue entre vos mains elle puisse jamais me nuire ; mais un penchant naturel me faisoit espérer, je l'avoue, qu'en me présentant à vous, ce penchant n'agiroit pas sur moi seul. Sûr que je n'étois dans votre disgrâce que par l'effet d'une erreur, j'ai toujours espéré que cette erreur seroit détruite, et que j'aurois enfin quelque part à vos bontés. J'y compte maintenant, j'y ai des droits, j'ose le dire, et je les réclamerai sans rougir; puisque, de toutes les grâces que vous pouvez répandre, je n'aspire qu'à celle de jouir sous votre protection du repos et de la liberté que je n'ai point mérité de perdre, et dont je n'abuserai jamais.

Agréez, monseigneur, je vous supplie, mon sincère et profond respect.

J. J. ROUSSEAU.

Si vous m'honorez d'une réponse sous le nom de Renou, trois mots suffisent, *Je vous crois*; et je suis content [1].

LETTRE DCCCXXVI.

A M. D'IVERNOIS.

28 mars 1768.

Je ne me pardonnerois pas, mon ami, de vous laisser l'inquiétude qu'a pu vous donner ma pré-

---

[1] Au haut de cette lettre autographe sont écrits au crayon par le duc de Choiseul ces mots: *Répondu le 29.*

cédente lettre sur les idées dont j'étois frappé en l'écrivant. Je fis ma promenade agréablement ; je revins heureusement ; je reçus des nouvelles qui me firent plaisir ; et, voyant que rien de tout ce que j'avois imaginé n'est arrivé, je commence à craindre, après tant de malheurs réels, d'en voir quelquefois d'imaginaires qui peuvent agir sur mon cerveau. Ce que je sais bien certainement, c'est que, quelque altération qui survienne à ma tête, mon cœur restera toujours le même, et qu'il vous aimera toujours. J'espère que vous commencez à goûter les doux fruits de la paix. Que vous êtes heureux ! ne cessez jamais de l'être. Je vous embrasse de tout mon cœur.

LETTRE DCCCXXVII.

AU MÊME.

26 avril 1768.

Quoique je fusse accoutumé, mon bon ami, à recevoir de vous des paquets fréquents et coûteux, j'ai été vivement alarmé à la vue du dernier, taxé et payé six livres quatre sous de port. J'ai cru d'abord qu'il s'agissoit de quelque nouveau trouble dans votre ville, dont vous m'envoyiez à la hâte l'important et cruel détail, mais à peine en ai-je parcouru cinq ou six lignes, que je me suis tranquillisé, voyant de quoi il s'agissoit; et, de peur d'être tenté d'en lire davantage, je me suis pressé de jeter mes six livres quatre sous au feu, surpris, je l'avoue; que mon ami, M. d'Ivernois, m'envoyât de pareils paquets de si loin par la poste, et bien plus surpris encore qu'il m'osât conseiller d'y répondre. Mes conseils, mon bon ami, me paroissent meilleurs que les vôtres, et ne méritoient assurément pas un pareil retour de votre part.

A mon départ pour Gisors, regardant cette course comme périlleuse, je vous envoyai un billet de cent francs sur madame Duchesne, afin que s'il mésarrivoit de moi vous n'en fussiez pas pour ces cent francs, dont vous m'aviez fait l'avance. Il vous a plu de supposer que cet envoi vouloit dire : Ne venez pas. Une interprétation si bizarre est peu naturelle : si je ne vous connoissois, je croirois, moi, qu'elle étoit de votre part un mauvais prétexte pour ne pas venir, après m'en avoir témoigné tant d'envie; mais je ne suis pas si prompt que vous à mésinterpréter les motifs de mes amis : et je me contenterai de vous assurer, avec vérité, que rien jamais ne fut plus éloigné de ma pensée, en écrivant ce billet, que le motif que vous m'avez supposé.

Si j'étois en état de faire d'une manière satisfaisante la lettre dont vous m'avez dit le sujet, je vous en enverrois ci-joint le modèle; mais mon cœur serré, ma tête en désordre, toutes mes facultés troublées, ne me permettent plus de rien écrire avec soin, même avec clarté; et il ne me reste précisément qu'assez de sagesse pour ne plus entreprendre ce que je ne suis plus en état d'exécuter. Il n'y a point à ce refus de mauvaise volonté, je vous le jure; et je suis désormais hors d'état d'écrire pour moi-même les choses même les plus simples, et dont j'aurois le plus grand besoin.

Je crois, mon bon ami, pour de bonnes raisons, devoir renoncer à la pension du roi d'Angleterre; et, pour des raisons non moins bonnes, j'ai rompu irrévocablement l'accord que j'avois fait avec M. du Peyrou. Je ne vous consulte pas sur ces résolutions, je vous en rends compte; ainsi vous pouvez vous épargner d'inutiles efforts pour m'en dissuader. Il est vrai que, foible, infirme, découragé, je reste à peu près sans pain sur mes vieux jours, et hors d'état d'en gagner : mais qu'à cela ne tienne, la Providence y pourvoira de manière ou d'autre. Tant que j'ai vécu pauvre, j'ai vécu heureux; et ce n'est que quand rien ne m'a manqué pour le nécessaire que je me suis senti le plus malheureux des mortels : peut-être le bonheur, ou du moins le repos que je cherche, reviendra-t-il avec mon ancienne pauvreté. Une attention que vous devriez peut-être à l'état où je rentre seroit d'être un peu moins prodigue en envois coûteux par la poste, et ne pas vous imaginer qu'en me proposant le remboursement des ports vous serez pris au mot. Il est beaucoup plus honnête avec des amis, dans le cas où je me trouve, de leur économiser la dépense, que d'offrir de la leur rembourser.

Bonjour, mon cher d'Ivernois; je vous aime et vous embrasse de tout mon cœur.

J'espère que vous n'irez pas inquiéter ma bonne vieille tante sur la suite de sa petite pension. Tant qu'elle et moi vivrons, elle lui sera continuée, quoi qu'il arrive, à moins que je ne sois tout-à-fait sur le point de mourir de faim, et j'ai confiance que cela n'arrivera pas.

P. S. Quand M. du Peyrou me marqua que la salle de comédie avoit été brûlée, je craignis le contre-coup de cet accident pour la cause des représentants; mais que ce soit à moi que Voltaire l'impute, je vois là de quoi rire : je n'y vois point du tout de quoi répondre ni se fâcher. Les amis de ce pauvre homme feroient bien de le faire baigner et saigner de temps en temps.

LETTRE DCCCXXVIII.

A M. DU PEYROU.

A Trye, le 29 avril 1768.

Notre correspondance, mon cher hôte, prend un tour si peu consolant pour des cœurs attristés, qu'il faut du courage pour l'entretenir dans l'état où nous sommes; et le courage qui donne de l'activité n'a jamais été mon fort. Maintenant prendre une plume est presque au-dessus de mes forces. J'aimerois autant avoir la massue d'Hercule à manier. Ajoutez que l'état où m'arrivent vos lettres me fait voir qu'elles ont bien des inspecteurs avant de me parvenir; il en doit être à peu près de même des miennes; et tout cela n'est pas bien encourageant pour écrire.

L'état dans lequel vous vous sentez est vraiment cruel, d'autant plus que la cause n'en est pas claire, et qu'il n'est pas clair non plus, selon moi, lequel des deux a le plus besoin de traitement de la tête ou du corps. Depuis ce qui s'est passé ici durant votre maladie et durant votre convalescence; depuis que je vous ai vu faire à la hâte votre testament, et vous presser de mettre ordre à vos affaires, tandis que vous vous rétablissiez à vue d'œil; depuis la singulière façon dont je vous ai vu traiter en toute chose avec celui qui n'avoit que vous d'ami sur la terre, qui n'avoit de confiance qu'en vous seul, qui n'aimoit encore la vie que pour la passer avec vous, avec celui enfin dont vous étiez la dernière et seule espérance ; je vous avoue qu'en résumant tout cela je me trouve forcé de conclure de deux choses l'une, ou que dans tous les temps j'ai mal connu votre cœur, ou qu'il s'est fait de terribles changements dans votre tête : comme la dernière opinion est plus honnête et plus vraisemblable, je m'y tiens, et cela posé, je ne puis m'empêcher de croire que cette tête un peu tracassée a une très-grande part dans le dérangement de votre machine; et, si cela est, je tiens votre mal incurable, parce qu'une ame aussi peu expansive que la vôtre ne peut trouver au dehors aucun remède au mal qu'elle se fait à soi-même. Il se peut très-bien, par exemple, que l'affoiblissement de votre vue ne soit que trop réel, et qu'à force d'avoir voulu rétablir vos oreilles vous ayez nui à vos yeux. Cependant, si jétois près de vous, je voudrois, par une inspection scrupuleuse de vos yeux, et surtout du gauche, voir si quelque altération extérieure annonce celle que vous sentez; et je vous avoue que si je n'apercevois rien au dehors, j'aurois un fier soupçon que le mal est plus à l'autre extrémité du nerf optique qu'à celle qui tapisse le fond de l'œil. Je vous dirois : Consultez sur vos yeux quelqu'un qui s'y connoisse, si ce n'étoit vous exposer à donner votre confiance à gens qui ont intérêt à vous tromper. Tâchez de voir, mon bon ami, c'est tout ce que je puis vous dire. Vous voilà, ou je me trompe fort, dans le cas où la foi guérit, dans le cas où il faut dire au boiteux : *Charge ton petit lit, et marche.*

Toutes les explications dans lesquelles vous entrez sur nos affaires sont admirables assurément ; mais elles n'empêchent pas, ce me semble, qu'ayant nettement refusé de vous rembourser de vos cent louis sur l'argent qui vous a été remis par milord Maréchal, il ne s'ensuive avec la dernière évidence qu'il faut ou que je tire de ma poche ces cent louis pour vous les rendre, ou que je vous en reste débiteur. Or je ne veux point vous rester débiteur, et il ne seroit pas honnête à vous de vouloir m'y contraindre. Si donc vous persistez à ne pas vouloir vous rembourser des cent louis sur l'argent qui vous a été remis pour moi, il faut bien de nécessité que vous les receviez de moi.

Vous me dites à cela que vous ne pouvez rien changer à la destination de la somme qui vous a été remise, sans le gré du constituant. Fort bien ; mais si, comme il pourroit très-bien arriver, le constituant ne vous répond rien, que ferez-vous ? Refuserez-vous de vous rembourser de ces cent louis, parce que je ne veux pas recevoir les deux cents autres ? Vous m'avouerez qu'un pareil refus seroit un peu bizarre, et qu'il est difficile de voir pourquoi vous serez plus embarrassé de deux cents louis que de trois cents. Vous me pressez de vous répondre catégoriquement si je veux recevoir la rente viagère, oui ou non. Je vous réponds à cela que si vous refusez de vous rembourser sur le capital, je la recevrai jusqu'à la concurrence du paiement des cent louis que je vous dois ; que si vous exigez pour cela que je m'engage à la recevoir encore dans la suite, c'est, ce me semble, usurper un droit que vous n'avez point. Je la recevrai, mon cher hôte, jusqu'à ce que vous soyez payé ; après cela, je verrai ce que j'aurai à faire ; enfin, si vous persistez à vouloir des conditions pour l'avenir, je persiste à n'en vouloir point faire, et vous n'avez qu'à tout garder. Bien entendu qu'aussitôt que la somme qui vous a été remise pour moi par milord Maréchal lui sera restituée, il faudra bien qu'à votre tour vous receviez la restitution des cent louis.

Tout ce que vous me dites sur la solennité nécessaire dans la rupture de notre accord, et sur les raisons que nous aurons à donner de cette rupture, me paroît assez bizarre. Je ne vois pas à qui nous serons obligés de rendre compte d'un traité fait entre nous seuls, qui ne regardoit que nous seuls, et de sa rupture. Je ne crois pas vos héritiers assez méchants, si je vous survis, pour vouloir me forcer, le poignard sur la gorge, à recevoir une rente dont je ne veux point. Et, supposant que je fusse obligé de dire pourquoi j'ai dû rompre cet accord, je vous trouve là-dessus des scrupules d'une tournure à laquelle je n'entends rien. On diroit, en vérité, que vous voulez vous faire envers moi un mérite des ménagements que j'avois la délicatesse d'avoir pour vous. Ah! par ma foi, c'en est trop aussi, et il n'est pas permis à une cervelle humaine d'extravaguer à ce point. Prenez votre parti là-dessus, mon cher hôte, et dites hautement tout ce que vous aurez à dire. Pour moi, je vous déclare que désormais je ne m'en ferai pas faute, et que j'ai déjà commencé. Ma conduite là-dessus sera simple, comme en toutes choses; je dirai fidèlement ce qui s'est passé, rien de plus : chacun conclura ensuite comme il jugera à propos.

On dit que les affaires de votre pays vont très-mal; j'en suis vraiment affligé, à cause de beaucoup d'honnêtes gens à qui je m'intéresse. On prétend aussi que M. de Voltaire m'accuse d'avoir brûlé la salle de la comédie à Genève. Voilà, sur mon Dieu, encore une autre accusation dont très-assurément je ne me défendrai pas. Il faut avouer que depuis mon voyage d'Angleterre, me voilà travesti en assez joli garçon! Ma foi, c'est trop faire le rôle d'Héraclite; je crois qu'à bien peser la manière dont on mène les hommes, je finirai par rire de tout. Adieu, mon cher hôte, je vous embrasse.

LETTRE DCCCXXIX.

AU MÊME.

A Trye, le 10 juin 1768.

Je vois, mon cher hôte, que nos discussions, au lieu de s'éclaircir, s'embrouillent. Comme je n'aime pas les chicanes, je reviens à cette affaire aujourd'hui pour la dernière fois. Je trouve le désir que vous avez de la mettre en règle fort raisonnable; mais je ne vois pas que vous preniez les moyens d'en venir à bout.

En exécution d'un accord entre nous, qui n'existe plus, j'ai reçu de vous cent louis, qu'il faut, par conséquent, que je vous restitue. Vous avez, de votre côté, le dépôt de mes écrits, tant imprimés que manuscrits, de toutes mes lettres et papiers, tous les matériaux nécessaires pour écrire ma triste vie, dont le commencement vous est aussi parvenu. Vous avez de plus reçu trois cents louis de milord Maréchal, pour le capital d'une rente viagère dont il m'a fait le présent.

Dans cet état, j'ai cru et jose croire encore pouvoir acquitter ces cent louis avec ce qui reste entre vos mains, quoique je renonçasse à la rente viagère; et cette renonciation, loin d'être un obstacle à cet arrangement, devoit le favoriser, parce que, prenant cette somme sur le capital ou sur la rente, à votre choix, j'acceptois avec respect et reconnoissance cette partie du don de milord Maréchal, et que ce ne pouvoit pas être à vous de me dire : *Acceptez le tout ou rien.*

Je vous proposai donc premièrement de prendre ces cent louis sur le capital. A cela vous m'objectâtes que vous ne pouviez rien changer à la destination de ce fonds, sans le consentement de celui qui vous l'avoit remis. Le consentement de milord Maréchal vous ayant donc paru nécessaire n'a cependant point été obtenu, par la raison qu'il n'a point été demandé. Ainsi, voilà un obstacle.

Je vous proposai ensuite de laisser subsister la rente viagère jusqu'à ce que ces cent louis fussent acquittés, sauf à voir après comment on feroit ; et cet arrangement étoit d'autant plus naturel, qu'étant usé de chagrins, de maux, et déjà sur l'âge, ma mort, dans l'intervalle, pouvoit dénouer la difficulté. Vous n'avez fait aucune réponse à cet article, qui n'avoit besoin du consentement de personne, puisqu'il n'étoit que l'exécution fidèle des intentions du constituant.

Mais, au lieu de ce second article, sur lequel vous n'avez rien dit, voici une difficulté nouvelle que vous avez élevée sur le premier. Je la transcris ici mot pour mot de votre lettre.

« Observez que vous n'êtes pas le seul intéressé
« dans cette affaire, et que la rente est réversible

« à une autre personne après vous, et cela pour
« les deux tiers. Cette considération seule doit, ce
« me semble, décider la question entre nous. »

C'étoit là, mon cher hôte, une observation qu'il m'étoit difficile de faire, puisque cet article de votre lettre est la première nouvelle que j'aie jamais eue de cette prétendue réversion. Cette clause, il est vrai, faisoit partie du traité qui étoit entre vous et moi, mais elle n'avoit rien de commun, que je sache, avec la constitution de milord Maréchal; et si elle eût existé, il n'est pas concevable que ni lui ni vous ne m'en eussiez jamais dit un seul mot. Elle n'est pas même compatible avec la quotité de la somme constituée, attendu qu'une telle clause, vous rendant la rente plus onéreuse, eût exigé un fonds plus considérable, et milord Maréchal est trop galant homme pour vouloir être généreux à vos dépens. Ainsi, à moins que je n'aie la preuve péremptoire de cette réversion, vous me permettrez de croire qu'elle n'existe pas, et que, par défaut de mémoire, vous aurez confondu une clause du traité annulé avec une constitution de rente où il n'en a jamais été question.

Je dirai plus : quand même cette clause existeroit réellement, loin d'empêcher l'exécution de l'arrangement proposé, elle enleveroit les difficultés, et le favoriseroit pleinement ; car ôtez du capital les cent louis que j'assigne pour votre remboursement, reste précisément le capital des quatre cents livres de rente que vous pouvez payer dès à présent à celle à qui elles sont destinées, comme si j'étois déjà mort. Cette solution répond à tout.

Mais je crains que, puisque vous voilà en train de scrupules, vous n'en ayez tant, que notre arrangement définitif ne soit pas prêt à se faire. Pour moi, je vous déclare que non seulement rien ne me presse, mais que je consens de tout mon cœur à laisser toujours les choses sur le pied où elles sont, croyant, dans cet état, pouvoir en sûreté de conscience ne pas me regarder comme votre débiteur.

Quant à mes écrits et papiers qui sont entre vos mains, ils y sont bien ; permettez que je les y laisse, résolu de ne les plus revoir et de ne m'en remêler de ma vie. Ce recueil, s'il se conserve, deviendra précieux un jour ; s'il se démembre, il s'y trouve suffisamment d'ouvrages manuscrits pour en tirer d'un libraire le remboursement des avances que vous m'avez faites. Si vous prenez ce parti, j'exige ou que rien ne paroisse de mon vivant, ou que rien ne porte mon nom, ni présent, ni passé. Au reste, il n'y a pas un de ces écrits qui soit suspect en aucune manière, et qui ne puisse être imprimé à Paris, même avec privilége et permission. Le parti qui me conviendroit le mieux, je vous l'avoue, seroit que tout fût livré aux flammes, et c'est même ce que je vous prie instamment et positivement de faire. Si vous voyez enfin quelque moyen de vous rembourser de vos avances sur le fonds qui est entre vos mains, que je n'entende plus parler de ces malheureux papiers, je vous en supplie; que je n'aie plus d'autre soin que de m'armer contre les maux que l'on me destine encore, et que de chercher à mourir en paix, si je puis. *Amen.*

Le tour qu'ont pris vos affaires publiques m'afflige, mais ne me surprend point. J'ai vu depuis long-temps, et je vous le dis ici dès votre arrivée, que le pays où vous êtes ne servoit que de prétexte à de plus grands projets, et c'est ce qui doit, en quelque façon, consoler ceux qui l'habitent; car, de quelque manière qu'ils se fussent conduits, l'événement eût été le même, et il n'en seroit arrivé ni plus ni moins. Vous avez eu le projet d'en sortir; je crois que ce projet seroit bon à exécuter, à tout risque, si vous aimez la tranquillité. Je sais que la bonne maman n'en sortiroit pas sans peine; mais il y a eu déjà des spectacles qui devroient aider à la déterminer. Je regretterois pour elle et pour vous votre maison, ce beau lac, votre jardin; mais la paix vaut mieux que tout; et je sais cela mieux que personne, moi qui fais tout pour elle, et qui ne me rebute pas même par l'impossibilité certaine de l'obtenir.

A propos de jardin, avez-vous fait semer dans

le vôtre ma graine d'*apocyn*? J'en ai fait semer et soigner ici sur couche et sous cloche, et j'ai eu toutes les peines du monde d'en sauver quelques pieds qui languissent; je crains qu'il n'en vienne aucun à bien. Je n'aurois jamais cru cette plante si difficile à cultiver. En revanche, j'ai semé dans le petit jardin du *carthamus lanatus* qui vient à merveille, des *medicagoscutellata* et *intertexta*, qui sont déjà en fleurs, et dont je compte chaque jour les brins, les poils, les feuilles, avec des ravissements toujours nouveaux. Je suis occupé maintenant à mettre en ordre un très-bel herbier, dont un jeune homme est venu ici me faire présent, et qui contient un très-grand nombre de plantes étrangères et rares, parfaitement belles et bien conservées. Je travaille à y fondre mon petit herbier que vous avez vu, et dont la misère fait mieux ressortir la magnificence de l'autre. Le tout forme dix grands cartons ou volumes *in-folio*, qui contiennent environ quinze cents plantes, près de deux mille en comptant les variétés. J'y ait fait faire une belle caisse pour pouvoir l'emporter partout commodément avec moi. Ce sera désormais mon unique bibliothèque, et pourvu qu'on ne m'en ôte pas la jouissance, je défie les hommes de me rendre malheureux désormais. Je suis obligé à M. d'Escherny de son souvenir, et suis fort aise d'apprendre de ses nouvelles. Comme je ne me suis jamais tenu pour brouillé avec lui, nous n'avons pas besoin de raccommodement. Du reste, je serai toujours fort aise de recevoir de lui quelque signe de vie, surtout quand vous serez son médiateur pour cela.

LETTRE DCCCXXX.

A M. LE PRINCE DE CONTI.

Trye-le-Château, juin 1768.

Monseigneur,

Ceux qui composent votre maison (je n'en excepte personne) sont peu faits pour me connoître : soit qu'ils me prennent pour un espion, soit qu'ils me croient honnête homme, tous doivent également craindre mes regards. Aussi, monseigneur, ils n'ont rien épargné, et ils n'épargneront rien, chacun par les manœuvres qui leur conviennent, pour me rendre haïssable et méprisable à tous les yeux, et pour me forcer de sortir enfin de votre château. Monseigneur, en cela je dois et je veux leur complaire. Les grâces dont m'a comblé votre altesse sérénissime suffisent pour me consoler de tous les malheurs qui m'attendent en sortant de cet asile, où la gloire et l'opprobre ont partagé mon séjour. Ma vie et mon cœur sont à vous, mais mon honneur est à moi : permettez que j'obéisse à sa voix qui crie, et que je sorte dès demain de chez vous; j'ose dire que vous le devez. Ne laissez pas un coquin de mon espèce parmi ces honnêtes gens.

LETTRE DCCCXXXI.

A M. DU PEYROU.

Lyon, le 20 juin 1768.

Je ne me pardonnerois pas, mon cher hôte, de vous laisser ignorer mes marches, ou les apprendre par d'autres avant moi. Je suis à Lyon depuis deux jours, rendu des fatigues de la diligence, ayant grand besoin d'un peu de repos, et très-empressé d'y recevoir de vos nouvelles, d'autant plus que le trouble qui règne dans le pays où vous vivez me tient en peine, et pour vous, et pour nombre d'honnêtes gens auxquels je prends intérêt. J'attends de vos nouvelles avec l'impatience de l'amitié. Donnez-m'en, je vous prie, le plus tôt que vous pourrez.

Le désir de faire diversion à tant d'attristants souvenirs, qui, à force d'affecter mon cœur, altéroient ma tête, m'a fait prendre le parti de chercher, dans un peu de voyages et d'herborisations, les amusements et distractions dont j'avois besoin; et le patron de la case ayant approuvé cette idée, je l'ai suivie : j'apporte avec moi mon herbier et quelques livres avec lesquels je me propose de faire quelques pélerinages de botanique. Je souhaiterois, mon cher hôte, que la relation de mes trouvailles pût contribuer à vous amuser; j'en aurois encore plus de plaisir à les faire. Je vous dirai, par exemple, qu'étant allé hier voir madame Boy de la Tour à sa campagne, j'ai trouvé dans sa vigne beaucoup d'aristoloche, que je n'avois jamais vue, et qu'au premier coup d'œil j'ai reconnue avec transport.

Adieu, mon cher hôte, je vous embrasse, et j'attends dans votre première lettre de bonnes nouvelles de vos yeux.

LETTRE DCCCXXXII.

AU MÊME.

Lyon, le 6 juillet 1768.

Je comptois, mon cher hôte, vous accuser la réception de votre réponse, par ma bonne amie madame Boy de la Tour; mais je n'ai pû trouver un moment pour vous écrire avant son départ; et même à présent, prêt à partir pour aller herboriser à la grande Chartreuse, avec belle et bonne compagnie botaniste, que j'ai trouvée et recrutée en ce pays, je n'ai que le temps de vous envoyer un petit bonjour à la hâte.

Mademoiselle Renou a reçu à Trye beaucoup de lettres pour moi, parmi lesquelles je ne doute point que celle que vous m'écriviez ne se trouve ; mais comme le paquet est un peu gros, et que j'attends l'occasion de le faire venir, s'il y a dans ce que vous me marquiez quelque chose qui presse, vous ferez bien de me le répéter ici. Si, comme je le désirois, et comme je le désire encore, vous avez pris le parti de brûler tous mes livres et papiers, j'en suis, je vous jure, dans la joie de mon cœur : mais si vous les avez conservés, il y en a quelques-uns, je l'avoue, que je ne serois pas fâché de revoir, pour remplir, par un peu de distraction, les mauvais jours d'hiver, où mon état et la saison m'empêchent d'herboriser ; celui surtout qui m'intéresseroit le plus seroit le commencement de roman intitulé *Émile et Sophie, ou les Solitaires.* Je conserve pour cette entreprise un foible que je ne combats pas, parce que j'y trouverois au contraire un spécifique utile pour occuper mes momens perdus, sans rien mêler à cette occupation qui me rappelât les souvenirs de mes malheurs, ni de rien qui s'y rapporte. Si ce fragment vous tomboit sous la main, et que vous pussiez me l'envoyer, soit le brouillon, soit la copie, par le retour de madame Boy de La Tour, cet envoi, je l'avoue, me feroit un vrai plaisir.

Comment va la goutte ? comment va l'œil gauche ? S'il n'empire pas, il guérira ; et je vois avec grand plaisir, par vos lettres, qu'il va sensiblement mieux. Mon cher hôte, que n'avez-vous en goût modéré le quart de ma passion pour les plantes ! Votre plus grand mal est ce goût solitaire et casanier, qui vous fait croire être hors d'état de faire de l'exercice. Je vous promets que si vous vous mettiez tout de bon à vouloir faire un herbier, la fantaisie de faire un testament ne vous occuperoit plus guère. Que n'êtes-vous des nôtres ! vous trouveriez dans notre guide et chef, M. de La Tourette, un botaniste aussi savant qu'aimable, qui vous feroit aimer les sciences qu'il cultive. J'en dis autant de M. l'abbé Rosier ; et vous trouveriez dans M. l'abbé de Grange-Blanche, et dans votre hôte, deux condisciples plus zélés qu'instruits, dont l'ignorance auprès de leurs maîtres mettroit souvent à l'aise votre amour-propre.

Adieu, mon cher hôte : nous partons demain dans le même carrosse tous les quatre, et nous n'avons pas plus de temps qu'il ne nous en faut le reste de la journée pour rassembler assez de portefeuilles et de papiers pour l'immense collection que nous allons faire. Nous ne laisserons rien à moissonner après nous. Je vous rendrai compte de nos travaux. Je vous embrasse. Vous pouvez continuer à m'écrire chez M. Boy de la Tour.

LETTRE DCCCXXXIII.

A MADEMOISELLE LE-VASSEUR,

SOUS LE NOM DE MADEMOISELLE RENOU.

Grenoble, ce 25 juillet, à trois heures du matin, 1768.

Dans une heure d'ici, chère amie, je partirai pour Chambéry, muni de bons passeports et de la protection des puissances, mais non pas du sauf-conduit des philosophes que vous savez. Si mon voyage se fait heureusement, je compte être ici de retour avant la fin de la semaine, et je vous écrirai sur-le-champ. Si vous ne recevez pas dans huit jours de mes nouvelles, n'en attendez plus, et disposez de vous à l'aide des protections en qui vous savez que j'ai toute confiance, et qui ne vous abandonneront pas. Vous savez où sont les effets en quoi consistoient nos dernières ressources; tout est à vous. Je suis certain que les gens d'honneur qui en sont dépositaires ne tromperont point mes intentions ni mes espérances. Pesez bien toute chose avant de prendre un parti. Consultez madame l'abbesse[1]; elle est bienfaisante, éclairée; elle nous aime; elle vous conseillera bien; mais je

---

[1] Madame de Nadaillac, abbesse de Gomer-Fontaine, abbaye située à peu de distance du château de Trye.

doute qu'elle vous conseille de rester auprès d'elle. Ce n'est pas dans une communauté qu'on trouve la liberté ni la paix : vous êtes accoutumée à l'une, vous avez besoin de l'autre. Pour être libre et tranquille, soyez chez vous, et ne vous laissez subjuguer par personne. Si j'avois un conseil à vous donner, ce seroit de venir à Lyon. Voyez l'aimable Madelon ; demeurez non chez elle, mais auprès d'elle. Cette excellente fille a rempli de tout point mon pronostic : elle n'avoit pas quinze ans que j'ai hautement annoncé quelle femme et quelle mère elle seroit un jour. Elle l'est maintenant, et, grâces au ciel, si solidement et avec si peu d'éclat, que sa mère, son mari, ses frères, ses sœurs, tous ses proches, ne se doutent pas eux-mêmes du profond respect qu'ils lui portent, et croient ne faire que l'aimer de tout leur cœur. Aimez-la comme ils font, chère amie ; elle en est digne, et vous le rendra bien. Tout ce qu'il restoit de vertu sur la terre semble s'être réfugié dans vos deux cœurs. Souvenez-vous de votre ami l'une et l'autre ; parlez-en quelquefois entre vous. Puisse ma mémoire vous être toujours chère, et mourir parmi les hommes avec la dernière des deux !

Depuis mon départ de Trye j'ai des preuves de jour en jour plus certaines que l'œil vigilant de la malveillance ne me quitte pas d'un pas, et m'attend principalement sur la frontière : selon le parti qu'ils pourront prendre, ils me feront peut-être du bien sans le vouloir. Mon principal objet est bien, dans ce petit voyage, d'aller sur la tombe de cette tendre mère que vous avez connue, pleurer le malheur que j'ai eu de lui survivre ; mais il y entre aussi, je l'avoue, du désir de donner si beau jeu à mes ennemis, qu'ils jouent enfin de leur reste; car vivre sans cesse entouré de leurs satellites flagorneurs et fourbes est un état pour moi pire que la mort. Si toutefois mon attente et mes conjectures me trompent, et que je revienne comme je suis allé, vous savez, chère sœur, chère amie, qu'ennuyé, dégoûté de la vie, je n'y cherchois et n'y trouvois plus d'autre plaisir que de chercher à vous la rendre agréable et douce : dans ce qui peut m'en rester encore, je ne changerai ni d'occupation ni de goût. Adieu, chère sœur; je vous embrasse en frère et en ami.

LETTRE DCCCXXXIV.

A M. LE COMTE DE TONNERRE.

Bourgoin, le 16 août 1768.

Monsieur,

J'espère que la lettre que j'eus l'honneur de vous écrire à mon départ de Grenoble vous aura été remise, et je vous demande la permission de vous renouveler d'ici les assurances de ma reconnoissance et de mon respect. Un voyage presque aussitôt suspendu que commencé ne me laisse pas espérer de le pousser bien loin, et la certitude que les manœuvres que je voudrois fuir me préviendront partout m'en ôteroit le courage, quand mes forces me le donneroient. De toutes les habitations qu'on m'a fait voir, la maison de M. Faure, qui a l'honneur d'être connu de vous, m'a paru celle où l'on m'auroit voulu par préférence, et c'est aussi celle de toutes les retraites (pour me servir d'un mot doux) où je pouvois être confiné, celle où j'aurois préféré vivre. Quelques inconvénients m'ont alarmé ; s'ils pouvoient se lever ou s'adoucir, que le maître de la maison, qui me paroît galant homme, conservât la même bonne volonté, et que vous ne dédaignassiez pas, monsieur, d'être notre médiateur, je penserois que puisqu'il faut bien céder à la destinée, le meilleur parti qui me resteroit à prendre seroit de vivre dans sa maison.

J'ose vous supplier, monsieur, si vous relevez pour moi quelques lettres, de vouloir bien me les faire parvenir ici, où je suis logé *à la Fontaine d'or*.

J'ai l'honneur d'être avec respect, etc.

ANNÉE 1768.

LETTRE DCCCXXXV.

AU MÊME.

Bourgoin, le 21 août 1768.

Monsieur,

Je prends la liberté de vous adresser mes observations sur la note de M. Faure que vous avez eu la bonté de m'envoyer. J'attends sa réponse pour prendre ma résolution, ne pouvant m'aller confiner dans cette solitude sans savoir à quoi je m'engage en y entrant.

Permettez, monsieur le comte, que je vous réitère ici mes remerciements très-humbles, en vous suppliant d'agréer mon respect.

LETTRE DCCCXXXVI.

AU MÊME.

Bourgoin, le 23 août 1768.

Monsieur,

Permettez que je prenne la liberté de vous envoyer une lettre que je viens de recevoir de

M. Bovier, et copie de ma réponse. Si vous daigniez mander le malheureux dont il s'agit, et tirer au clair cette affaire, vous feriez, monsieur le comte, une œuvre digne de votre générosité.

LETTRE DCCCXXXVII.

AU MÊME.

Bourgoin, le 26 août 1768.

Monsieur,

J'ai l'honneur de vous adresser une lettre en réponse à celle de M. Faure que vous avez bien voulu me faire passer. Ses propositions sont si honnêtes, qu'il ne l'est presque pas de les accepter. Cependant, forcé par ma situation d'être indiscret, je réduis ces propositions sous une forme qui, je pense, lèvera toute difficulté entre lui et moi.

Mais il en existe une, monsieur le comte, qu'il dépend de vous seul de lever, dans l'imposture qui a donné lieu aux deux lettres que j'ai pris la liberté de vous envoyer dernièrement. Car si, vivant sous votre protection, je ne puis obtenir aucune satisfaction d'une fourberie aussi impudente et aussi clairement démontrée, à quoi dois-je m'attendre au milieu de ceux qui l'ont fabriquée, si ce n'est à me voir harceler sans cesse par de nouveaux imposteurs soufflés par les mêmes gens, et enhardis par l'impunité du premier? Il faudroit assurément que je fusse le plus insensé des hommes pour aller me fourrer volontairement dans un tel enfer. Je comprends bien qu'on m'attend partout avec les mêmes armes, mais encore n'irai-je pas choisir par préférence les lieux où l'on a commencé d'en user.

J'attends vos ordres, monsieur le comte; je compte sur votre équité, et j'ai l'honneur d'être avec autant de confiance que de respect, etc.

LETTRE DCCCXXXVIII.

A M. LALIAUD.

Bourgoin, le 31 août 1768.

Nous vous devons et nous vous faisons, monsieur, mademoiselle Renou et moi, les plus vifs remerciements de toutes vos bontés pour tous les deux; mais nous ne vous en ferons ni l'un ni l'autre pour la compagne de voyage que vous lui avez donnée. J'ai le plaisir d'avoir ici, depuis quelques jours, celle de mes infortunes; voyant qu'à tout prix elle vouloit suivre ma destinée, j'ai fait en sorte au moins qu'elle pût la suivre avec honneur. J'ai cru ne rien risquer de rendre indissoluble un attachement de vingt-cinq ans, que l'estime mutuelle, sans laquelle il n'est point d'amitié durable, n'a fait qu'augmenter incessamment. La tendre et pure fraternité dans laquelle nous vivons depuis treize ans n'a point changé de nature par le nœud conjugal ; elle est, et sera jusqu'à la mort, ma femme par la force de nos liens, et ma sœur par leur pureté. Cet honnête et saint engagement a été contracté dans toute la simplicité, mais aussi dans toute la vérité de la nature, en présence de deux hommes de mérite et d'honneur, officiers d'artillerie, et l'un fils d'un de mes anciens amis du bon temps, c'est-à-dire avant que j'eusse aucun nom dans le monde ; et l'autre, maire de cette ville, et proche parent du premier [1]. Durant cet acte si court et si simple, j'ai vu fondre en larmes ces deux dignes hommes, et je ne puis vous dire combien cette marque de la bonté de leurs cœurs m'a attaché à l'un et à l'autre.

Je ne suis pas plus avancé sur le choix de ma demeure que quand j'eus l'honneur de vous voir à Lyon, et tant de cabarets et de courses ne facilitent pas un bon établissement. Les nouveaux voyages à faire me font peur, surtout à l'entrée de

---

[1] Ils sont nommés l'un et l'autre dans la lettre au comte de Tonnerre ci-après, en date du 18 septembre. Le premier s'appeloit *de Rozière* ; le second, cousin du premier, et maire de Bourgoin, étoit M. *de Champagneux*.

la saison où nous touchons; et je prendrai le parti de m'arrêter volontairement ici, si je puis, avant que je me trouve, par ma situation, dans l'impossibilité d'y rester et dans celle d'aller plus loin. Ainsi, monsieur, je me vois forcé de renoncer, pour cette année, à l'espoir de me rapprocher de vous, sauf à voir dans la suite ce que je pourrai faire pour contenter mon désir à cet égard.

Recevez les salutations de ma femme, et celles, monsieur, d'un homme qui vous aime de tout son cœur.

LETTRE DCCCXXXIX.

A M. LE COMTE DE TONNERRE.

Bourgoin, le 1er septembre 1768.

Monsieur,

Je suis très-sensible à la bonté que vous avez eue de mander et interroger le sieur Thevenin sur le prêt qu'il dit avoir fait, il y a environ dix ans, à moi, ou à un homme de même nom que moi, et dont il m'a fait demander la restitution par M. Bovier. Mais je prendrai la liberté, monsieur le comte, de n'être pas de votre avis sur la bonne foi dudit Thevenin, puisqu'il est impossible de concilier cette bonne foi avec les circonstances qu'il rapporte de son prétendu prêt, et avec les lettres de recommandation qu'il dit que l'emprunteur lui donna pour MM. de Faugnes et Aldiman. Cet homme vous paroît borné, cela peut être; un imposteur peut très-bien n'être qu'un sot, et cela me confirme seulement dans la persuasion qu'il a été dirigé aussi bien qu'encouragé dans l'invention de sa petite histoire, dont les contradictions sont un inconvénient difficile à éviter dans les fictions les mieux concertées. Il y a même une autre contradiction bien positive entre lui, qui vous a dit, monsieur, n'avoir parlé de cette affaire à qui que ce soit qu'à M. Bovier, son voisin, et le même M. Bovier, qui m'écrit que ledit Thevenin lui en a fait parler par le vicaire de sa paroisse. Je persiste donc dans la résolution de ne point retourner dans les lieux où cette histoire a été fabriquée, jusqu'à ce qu'elle soit assez bien éclaircie pour ôter aux fabricateurs, quels qu'ils soient, la fantaisie d'en forger derechef de semblables. Je trouve ici un logement trop cher pour pouvoir le garder longtemps, mais où j'aurai le temps d'en chercher plus à ma portée, où je puisse me croire à l'abri des imposteurs. Je n'y suis pas moins sous votre protection qu'à Grenoble ; et si le mensonge et la calomnie m'y poursuivent, j'éviterai du moins le désavantage d'être précisément à leur foyer.

Daignez, monsieur, agréer derechef mes excuses des importunités que je vous cause, et mes actions de grâces de la bonté avec laquelle vous voulez bien les endurer. Si l'on ne me harceloit jamais, je demeurerois tranquille et ne serois point indiscret; mais ce n'est pas l'intention de ceux qui disposent de moi.

Recevez avec bonté, je vous supplie, monsieur le comte, les assurances de mon respect.

RENOU.

Permettez, monsieur, que je joigne ici une lettre pour M. Faure.

LETTRE DCCCXL.

A UNE DAME DE LYON [1].

Bourgoin, le 3 septembre 1768.

Vous trouverez ci-joint un papier dont voici l'occasion : ayant été malade ici et détenu dans

---

[1] Cette lettre a été imprimée pour la première fois dans la *Correspondance littéraire* de Grimm (deuxième partie, tom. v, p. 55). Nous aurions à nous défier d'une source aussi suspecte, si l'écrit qui fait suite à cette lettre ne se trouvoit également dans l'édition de Poinçot, tome XXVIII, page 282. Les éditeurs annoncent le tenir de M. de Champagneux, maire de Bourgoin, qui, disent-ils, *l'a transcrit lui-même avec la plus exacte fidélité*; et comme ce même écrit, dans l'édition de Poinçot, offre avec celui qui est rapporté par Grimm des différences assez notables, c'est d'après cette édition que nous le donnerons ici.

une chambre pendant quelques jours, dans le fort de mes chagrins, je m'amusai à tracer, derrière une porte, quelques lignes au rapide trait du crayon, qu'ensuite j'oubliai d'effacer en quittant ma chambre pour en occuper une plus grande à deux lits avec ma femme. Des passants malintentionnés, à ce qu'il m'a paru, ont trouvé ce barbouillage dans la chambre que j'avois quittée, y ont effacé des mots, en ont ajouté d'autres, et l'ont transcrit pour en faire je ne sais quel usage. Je vous envoie une copie exacte de ces lignes, afin que messieurs vos frères puissent et veuillent bien constater les falsifications qu'on y peut faire, en cas qu'elles se répandent. J'ai transcrit même les fautes et les redites, afin de ne rien changer.

Sentiment du public sur mon compte, dans les divers états qui le composent.

Les rois et les grands ne disent pas ce qu'ils pensent, mais ils me traiteront toujours honorablement.

La vraie noblesse, qui aime la gloire et qui sait que je m'y connois, m'honore et se tait.

Les magistrats me haïssent à cause du mal qu'ils m'ont fait.

Les philosophes, que j'ai démasqués, veulent à tout prix me perdre; ils y réussiront.

ANNÉE 1768.

Les évêques, fiers de leur naissance et de leur état, m'estiment sans me craindre, et s'honorent en me marquant des égards.

Les prêtres, vendus aux philosophes, aboient après moi pour faire leur cour.

Les beaux esprits se vengent, en m'insultant, de ma supériorité qu'ils sentent.

Le peuple, qui fut mon idole, ne voit en moi qu'une perruque mal peignée et un homme décrépit.

Des femmes dupes de deux p.... froid, qui les méprisent, trahissent l'homme qui mérita le mieux d'elles[1].

Les magistrats[2] ne me pardonneront jamais le mal qu'ils m'ont fait.

Le magistrat de Genève sent ses torts, sait que je les lui pardonne, et les répareroit s'il l'osoit.

Les chefs du peuple, élevés sur mes épaules, voudroient me cacher si bien que l'on ne vît qu'eux.

Les auteurs me pillent et me blâment, les fripons me maudissent, et la canaille me hue.

Les gens de bien, s'il en existe encore, gémissent tout bas sur mon sort ; et moi je le bénis s'il peut instruire un jour les mortels.

Voltaire, que j'empêche de dormir, parodiera

---

[1] Les deux p..... dont il est question sont d'Alembert et Grimm.
[2] Dans la Correspondance de Grimm, au lieu de *les magistrats*, on lit *les Suisses*.

ces lignes. Ses grossières injures sont un hommage qu'il est forcé de me rendre malgré lui[1].

OBSERVATION. — Il ne faut pas oublier que cet écrit fut tracé, comme le dit Rousseau, *derrière une porte, au rapide trait du crayon*, et que les copies qu'on en fit furent inexactes. En supposant la lettre authentique, on y voit que l'auteur n'avoit certainement pas le projet de conserver ces phrases détachées, et qu'elles n'ont été transmises que parce qu'on les avoit altérées en les transcrivant.

LETTRE DCCCXLI.

A M. LE COMTE DE TONNERRE.

Bourgoin, le 6 septembre 1768.

Il y a peu de résolutions et il n'y a point de répugnance par-dessus lesquelles le désir d'approfondir l'affaire du sieur Thevenin ne me fasse passer; et si ma confrontation, sous vos yeux, avec cet homme, peut vous engager, monsieur, à la suivre jusqu'au bout, je suis prêt à partir. Permettez seulement que j'ose vous demander auparavant l'assurance que ce voyage ne sera point

---

[1] La *maladie* dont parle J. J., et pendant laquelle il est censé *avoir écrit derrière une porte*, doit faire excuser cette lettre, si réellement il en est l'auteur; pour le croire il faut le *témoignage* de M. de Champagneux, rapporté par *l'éditeur* de l'édition de Poinçot.

inutile; que vous ne dédaignerez aucune des précautions convenables pour constater la vérité, tant à vos yeux qu'à ceux du public, et que le motif d'éviter l'éclat, que je ne crains point, n'arrêtera aucune des démarches nécessaires à cet effet. Il ne seroit assurément pas digne de votre générosité, ni de la protection dont vous m'honorez, que des imposteurs pussent à leur gré me promener de ville en ville, m'attirer au milieu d'eux, et m'y rendre impunément le jouet de leurs suppôts.

J'attends vos ordres, monsieur le comte, et, quelque parti qu'il vous plaise de prendre sur cette affaire, dont je vous cause à regret la longue importunité, je vous supplie de vouloir bien me renvoyer la lettre de M. Bovier, et la copie de ma réponse, que j'eus l'honneur de vous envoyer.

Je vous supplie, monsieur le comte, d'agréer avec bonté ma reconnoissance et mon respect.

LETTRE DCCCXLII.

A M. DU PEYROU.

Bourgoin, le 9 septembre 1768.

Après diverses courses, mon cher hôte, qui ont achevé de me convaincre qu'on étoit bien déterminé à ne me laisser nulle part la tranquillité que j'étois venu chercher dans ces provinces, j'ai pris le parti, rendu de fatigue et voyant la saison s'avancer, de m'arrêter dans cette petite ville pour y passer l'hiver. A peine y ai-je été, qu'on s'est pressé de m'y harceler avec la petite histoire que vous allez lire dans l'extrait d'une lettre qu'un certain avocat Bovier m'écrivit de Grenoble le 22 du mois dernier.

« Le sieur Thevenin, chamoiseur de son métier,
« se trouva logé, il y a environ dix ans, chez le
« sieur Janin, hôte du bourg des Verdières-de-
« Jouc, près de Neuchâtel, avec M. Rousseau, qui
« se trouva lui-même dans le cas d'avoir besoin de
« quelque argent, et qui s'adressa au sieur Janin,
« son hôte, pour obtenir cet argent du sieur
« Thevenin : ce dernier, n'osant pas présenter à
« M. Rousseau la modique somme qu'il demandoit,
« attendit son départ, et l'accompagna effecti-
« vement des Verdières-de-Jouc jusqu'à Saint-
« Sulpice avec ledit Janin ; et, après avoir dîné
« ensemble dans une auberge qui a un soleil pour
« enseigne, il lui fit remettre neuf livres de France
« par ledit Janin. M. Rousseau, pénétré de re-
« connoissance, donna audit Thevenin quelques
« lettres de recommandation, entre autres une
« pour M. de Faugnes, directeur des sels à Yverdun,
« et une pour M. Aldiman, de la même ville, dans
« laquelle M. Rousseau signa son nom, et signa

« *le Voyageur perpétuel* dans une autre pour quel-
« qu'un à Paris, dont le sieur Thevenin ne se rap-
« pelle pas le nom. »

Voici maintenant, mon cher hôte, copie de ma réponse, en date du 23.

« Je n'ai pas pu, monsieur, loger il y a environ
« dix ans où que ce fût, près de Neuchâtel, parce
« qu'il y en a dix, et neuf, et huit, et sept, que
« j'en étois fort loin, sans en avoir approché du-
« rant tout ce temps plus près de cent lieues.

« Je n'ai jamais logé au bourg des Verdières, et
« n'en ai même jamais entendu parler : c'est peut-
« être le village des Verrières qu'on a voulu dire ;
« j'ai passé dans ce village une seule fois, il n'y a
« pas cinq ans, allant à Pontarlier ; j'y repassai en
« revenant ; je n'y logeai point ; j'étois avec un ami
« (qui n'étoit pas le sieur Thevenin); personne
« autre ne revint avec nous ; et, depuis lors, je ne
« suis pas retourné aux Verrières.

« Je n'ai jamais vu, que je sache, le sieur The-
« venin, chamoiseur ; jamais je n'ai ouï parler de lui,
« non plus que du sieur Janin, mon prétendu hôte.
« Je ne connois qu'un seul M. Jeannin, mais il ne
« demeure point aux Verrières, il demeure à Neu-
« châtel, et il n'est point cabaretier ; il est secré-
« taire d'un de mes amis.

« Je n'ai jamais écrit, autant qu'il m'en souvient,
« à M. de Faugnes, et je suis sûr au moins de ne lui
« avoir jamais écrit de lettre de recommandation,

« n'étant pas assez lié avec lui pour cela : encore
« moins ai-je pu écrire à M. Aldiman, d'Yverdun,
« que je n'ai vu de ma vie, et avec lequel je n'eus
« jamais nulle espèce de liaison.

« Je n'ai jamais signé avec mon nom *le Voya-*
« *geur perpétuel*, premièrement parce que cela
« n'est pas vrai et surtout ne l'étoit pas alors, quoi-
« qu'il le soit devenu depuis quelques années ; en
« second lieu, parce que je ne tourne pas mes mal-
« heurs en plaisanteries, et qu'enfin, si cela m'ar-
« rivoit, je tâcherois qu'elles fussent moins plates.

« J'ai quelquefois prêté de l'argent à Neuchâtel,
« mais je n'y empruntai jamais, par la raison très-
« simple qu'il ne m'a jamais manqué dans ce pays-
« là ; et vous m'avouerez, monsieur, qu'ayant pour
« amis tous ceux qui y tenoient le premier rang,
« il eût été du moins fort bizarre que j'allasse em-
« prunter neuf francs d'un chamoiseur que je ne
« connoissois pas, et cela à un quart de lieue de
« chez moi ; car c'est à peu près la distance de
« Saint-Sulpice, où l'on dit que cet argent m'a été
« prêté, à Motiers, où je demeurois. »

Vous croiriez, mon cher hôte, sur cette lettre
et sur ma réponse que j'ai envoyée au commandant de la province, que tout a été fini, et que,
l'imposture étant si clairement prouvée, l'imposteur a été châtié ou bien censuré : point du tout;
l'affaire est encore là, et ledit Thevenin, conseillé
par ceux qui l'ont aposté, se retranche à dire qu'il a

peut-être pris un autre M. Rousseau pour J. J. Rousseau, et persiste à soutenir avoir prêté la somme à un homme de ce nom, se tirant d'affaire, je ne sais comment, au sujet des lettres de recommandation : de sorte qu'il ne me reste d'autre moyen pour le confondre que d'aller moi-même à Grenoble me confronter avec lui; encore ma mémoire trompeuse et vacillante peut-elle souvent m'abuser sur les faits. Les seuls ici qui me sont certains est de n'avoir jamais connu ni Thevenin ni Janin; de n'avoir jamais voyagé ni mangé avec eux; de n'avoir jamais écrit à M. Aldiman; de n'avoir jamais emprunté de l'argent, ni peu ni beaucoup, de personne durant mon séjour à Neuchâtel; je ne crois pas non plus avoir jamais écrit à M. de Faugnes, surtout pour lui recommander quelqu'un; ni jamais avoir signé *le Voyageur perpétuel;* ni jamais avoir couché aux Verrières, quoiqu'il ne soit pas possible de me rappeler où nous couchâmes en revenant de Pontarlier avec Sauttersheim, dit le Baron; car en allant je me souviens parfaitement que nous n'y couchâmes pas. Je vous fais tous ces détails, mon cher hôte, afin que si, par vos amis, vous pouvez avoir quelque éclaircissement sur tous ces faits, vous me rendiez le bon office de m'en faire part le plus tôt qu'il sera possible. J'écris par ce même courrier à M. du Terreau, maire des Verrières, à M. Breguet, à M. Guyenet, lieutenant du Val-de-Travers, mais sans leur faire aucun détail; vous aurez la bonté d'y suppléer, s'il est nécessaire, par ceux de cette lettre. Vous pouvez m'écrire ici en droiture; mais si vous avez des éclaircissements intéressants à me donner, vous ferez bien de me les envoyer par duplicata, sous enveloppe, à l'adresse de M. *le comte de Tonnerre, lieutenant général des armées du roi, commandant pour sa majesté en Dauphiné, à Grenoble.* Vous pourrez même m'écrire à l'ordinaire sous son couvert : mes lettres me parviendront plus lentement, mais plus sûrement qu'en droiture.

J'espère qu'on est tranquille à présent dans votre pays. Puisse le ciel accorder à tous les hommes la paix qu'ils ne veulent pas me laisser ! Adieu, mon cher hôte; je vous embrasse.

LETTRE DCCCXLIII.

A M. LE COMTE DE TONNERRE.

Bourgoin, le 13 septembre 1768.

Monsieur,

Comme je ne puis douter que vous ne sachiez parfaitement à quoi vous en tenir sur le compte du sieur Thevenin, je crois voir par la dernière lettre que vous m'avez fait l'honneur de m'écrire qu'on vous trompe comme on trompe M. le prince de Conti, et que mon futur voyage de Grenoble est une affaire concertée dont la fable de ce malheureux n'est que le prétexte. Vous aviez la bonté de désirer que ce motif m'attirât aux environs de cette capitale. J'ignore, M. le comte, d'où naît ce désir, et si je dois vous en rendre grâces; tout ce que je sais est que les moyens employés à cet effet ne sont pas extrêmement attirants. Malgré les embarras où je suis, je pars demain pour me rendre à vos ordres; jeudi j'aurai l'honneur de me présenter à votre audience, et j'espère qu'il vous plaira d'y mander ledit Thevenin. Je repartirai vendredi matin, quoi qu'il arrive, si l'on m'en laisse la liberté.

J'ai l'honneur d'être avec respect,

Monsieur,

Votre très-humble et très-obéissant serviteur,

RENOU.

LETTRE DCCCXLIV.

AU MÊME.

Bourgoin, le 18 septembre 1768.

Monsieur,

Le contre-temps de votre absence à mon arrivée à Grenoble m'affligea d'autant plus que, sentant combien il m'importoit que, selon votre désir, mon entrevue avec le sieur Thevenin se passât sous vos yeux, et ne pouvant le trouver qu'à l'aide de M. Bovier, que j'aurois voulu ne pas voir, je me voyois forcé d'attendre à Grenoble votre retour, à quoi je ne pouvois me résoudre, ou de revenir l'attendre ici, ce qui m'exposoit à un second voyage. J'aurois pris, monsieur, ce dernier parti, sans la lettre que vous me fîtes l'honneur de m'écrire le 15, et qui me fut envoyée à la nuit par M. Bovier. Je compris, par cette lettre, qu'afin que mon voyage ne fût pas inutile vous pensiez que je pouvois voir ledit Thevenin, quoique en votre absence; et c'est ce que je fis par l'entremise de M. Bovier, auquel il fallut bien recourir pour cela.

Je le vis tard, à la hâte, en deux reprises : j'étois en proie à mille idées cruelles, indigné, navré de me voir, après soixante ans d'honneur, compromis, seul, loin de vous, sans appui, sans ami, vis-à-vis d'un pareil misérable, et surtout de lire dans les cœurs des assistants, et de ceux mêmes à qui je m'étois confié, leur mauvaise volonté secrète.

Mais quelque courte qu'ait été cette conférence, elle a suffi pour l'objet que je m'y proposois. Avant d'y venir, permettez-moi, M. le comte, une petite observation qui s'y rapporte : M. Bovier m'avoit induit en erreur, en me marquant que c'étoit personnellement à moi que ledit Thevenin avoit prêté neuf francs; au lieu que Thevenin lui-même dit seulement les avoir fait passer par la main d'autrui, en prêt ou en don (car il ne s'explique pas clairement là-dessus), à un homme appelé Rousseau, duquel au reste il ne donne pas le moindre renseignement, ni de son nom, ni de son âge, ni de son état, ni de sa demeure, ni de sa figure, ni de son habit, excepté la couleur, et qu'il s'étoit signé dans une lettre le *Voyageur perpétuel*. M. Bovier, sur le simple rapport d'un quidam qu'il dit ne pas connoître, part de ces seuls indices, et de celui du lieu où se sont vus ces deux hommes, pour m'écrire en ces termes : « Je crois vous faire plai-
« sir de vous rappeler un homme qui vous a rendu
« un service, il y a près de dix années, et qui se
« trouve aujourd'hui dans le cas que vous vous
« en souveniez. » Ce même M. Bovier, dans sa lettre précédente, me parloit ainsi: « Je vous ai

« vu; j'ai été émerveillé de trouver une ame aussi
« belle que la vôtre, jointe à un génie aussi su-
« blime. » Voilà, ce me semble, cette belle ame
transformée un peu légèrement en celle d'un vil
emprunteur, et d'un plus vil banqueroutier : il
faut que les belles ames soient bien communes à
Grenoble; car assurément on ne les y met pas à
haut prix.

Voici la substance de la déclaration dudit Thevenin, tant en présence de M. Bovier et de sa
famille, que de M. Champagneux, maire et châ-
telain de Bourgoin, de son cousin, M. de Rozière,
officier d'artillerie, et d'un autre officier du même
corps, leur ami, dont j'ignore le nom, laquelle
déclaration a été faite en plusieurs fois, avec des
variations, en hésitant, en se reprenant, quoique
assurément il dût avoir la mémoire bien fraîche
de ce qu'il avoit dit tant de fois, et à vous, M. le
comte, et avant vous à M. Bovier.

Que de la Charité-sur-Loire, qui est son pays,
venant en Suisse, et passant aux Verdières-de-Jouc,
dans un cabaret dont l'hôte s'appelle Janin, un
homme nommé Rousseau, le voyant mettre à genoux, lui demanda s'il étoit catholique; que là-
dessus s'étant pris de conversation, cet homme lui
donna une lettre de recommandation pour Yverdun; qu'ayant continué de demeurer ensemble
dans ledit cabaret, ledit Rousseau le pria de lui
prêter quelque argent, et lui donna, deux jours

après, deux autres lettres de recommandation, savoir : une seconde pour Yverdun, et l'autre pour Paris, où ledit Rousseau lui dit qu'il avoit mis pour signature, *le Voyageur perpétuel;* qu'en reconnoissance de ce service, lui Thevenin lui fit remettre neuf francs par Janin, leur hôte, après un voyage qu'ils firent tous trois des Verrières à Saint-Sulpice, où ils dînèrent encore ensemble; qu'ensuite ils se séparèrent; que lui Thevenin se rendit de là à Yverdun, et porta les deux lettres de recommandation à leurs adresses, l'une pour M. de Faugnes, l'autre pour M. Aldiman; que, ne les ayant trouvés ni l'un ni l'autre, il remit ses lettres à leurs gens, sans que, pendant deux ans qu'il resta sur les lieux, la fantaisie lui ait pris de retourner chez ces messieurs, voir, du moins par curiosité, l'effet de ces mêmes lettres qu'il avoit si bien payées. A l'égard de la lettre de recommandation pour Paris, signée *le Voyageur perpétuel,* il l'envoya à la Charité-sur-Loire, à sa femme; qui la fit passer par le curé à son adresse, dont il ne se souvient point.

Quant à la personne dudit Rousseau, j'ai déjà dit qu'il ne s'en rappeloit rien, ni rien de ce qui s'y rapporte : interrogé si ledit Rousseau portoit son chapeau sur la tête ou sous le bras, il a dit ne s'en pas souvenir; s'il portoit perruque ou s'il avoit ses cheveux, a dit qu'il ne s'en souvenoit pas non plus, et que cela ne faisoit pas une différence bien sensible : interrogé sur l'habillement, il a dit que tout ce qu'il s'en rappeloit étoit qu'il portoit un habit gris, doublé de bleu ou de vert : interrogé s'il savoit la demeure dudit Rousseau, a dit qu'il n'en savoit rien ; s'il n'avoit plus eu de ses nouvelles, a dit que, durant tout son séjour à Yverdun et à Estavayé, où il alla travailler en sortant de là, il n'a jamais plus ouï parler dudit Rousseau, et n'a su ce qu'il étoit devenu, jusqu'à ce qu'apprenant qu'il y avoit un M. Rousseau à Grenoble, il s'est adressé, par le vicaire de la paroisse, à son voisin, M. Bovier, pour savoir si ledit sieur Rousseau ne seroit point son homme des Verrières ; chose qu'il n'a pourtant jamais affirmée, ni dite, ni crue, mais dont il vouloit simplement s'informer.

Comme sa déclaration laissoit assez indéterminé le temps de l'époque, j'ai parcouru, pour le fixer, ceux de ses papiers qu'il a bien voulu me montrer, et j'y ai trouvé un certificat daté du 30 juillet 1763, par lequel le sieur Cuche, chamoiseur d'Yverdun, atteste que ledit Thevenin a demeuré chez lui pendant environ deux ans, etc.

Supposant donc que Thevenin soit entré chez le sieur Cuche, immédiatement à son arrivée à Yverdun, et qu'il se soit rendu immédiatement à Yverdun, en quittant ledit Rousseau à Saint-Sulpice, cela détermine le temps de leur entrevue à la fin de l'été 1761 au plus tard. Il est possible que cette époque remonte plus haut; mais il ne l'est pas qu'elle soit plus récente, puisqu'il faudroit alors que cette rencontre se fût faite du temps que ledit Thevenin étoit déjà à Yverdun, au lieu qu'elle se fit avant qu'il y fût arrivé.

J'ai demandé à cet homme le nom du maître chez lequel il travaille à Grénoble: il me l'a dit; je l'ai oublié. Je lui ai demandé pour qui ce maître travailloit, quelles étoient ses pratiques; il m'a dit qu'il n'en savoit rien, et qu'il n'en connoissoit aucune. Je lui ai demandé s'il ne travailloit point pour son voisin, M. Bovier le père, qui est gantier; il m'a dit qu'il n'en savoit rien ; et M. Bovier fils, prenant la parole, a dit que non ; et il falloit bien en effet qu'ils ne se connussent point, puisque, pour parvenir à lui parler, ledit Thevenin a eu recours au vicaire de la paroisse.

Voilà, dans ce qu'a dit cet homme, tout ce qui me paroît avoir trait à la question.

Cette question en peut offrir deux distinctes, premièrement, si ledit Thevenin dit vrai ou s'il ment.

Supposant qu'il dit vrai, seconde question : quel est l'homme nommé Rousseau, auquel il a prêté son argent, sans connoître de lui que le nom? car enfin l'identité des noms ne fait pas celle des personnes; et il ne suffit pas, n'en déplaise à M. Bovier, de porter le nom de Rousseau, pour être, par cela seul, le débiteur ou l'obligé du sieur Thevenin.

Il n'y a, selon le récit du dernier, que trois personnes en état d'en attester la vérité ; savoir, le Rousseau dont il ne connoît que le nom, Thevenin lui-même, et l'hôte Janin, qui est absent : d'ailleurs, le témoignage des deux premiers, comme parties, est nul, à moins qu'ils ne soient d'accord ; et celui du dernier seroit suspect, s'il favorisoit Thevenin ; car il peut être son complice ; il peut même être le seul fripon, comme vous l'avez, monsieur, soupçonné vous-même ; il peut encore être gagné par ceux qui ont aposté l'autre. Il n'est décisif qu'au cas qu'il condamne Thevenin. En tout état de cause, je ne vois pas à tout cela de quoi faire preuve sans d'autres informations. Il est vrai que les circonstances du récit de Thevenin ne seroient pas un préjugé qui lui fût bien favorable, quand même il auroit affaire au dernier des malheureux, qui auroit tous les autres préjugés contre lui ; mais enfin tout cela ne sont pas des preuves. Qu'un garçon chamoiseur, qui court le pays pour chercher de l'ouvrage, s'aille mettre à genoux en parade, dans un cabaret protestant ; qu'un autre homme qui le voit conclue de là qu'il est catholique, lui en fasse compliment, lui offre des lettres de recommandation, et lui demande de l'argent sans le connoître et sans en être connu d'aucune façon ; qu'au lieu de présumer de là que l'emprunteur est un escroc, et que ses recommandations sont des torche-culs, l'autre, transporté du bonheur de les obtenir, tire aussitôt neuf francs de sa bourse cossue ; qu'il ait même la complaisante délicatesse de n'oser les donner lui-même à celui qui ose bien les lui demander; qu'il attende pour cela d'être en un autre lieu, et de les lui faire modestement présenter par un autre homme : tout cela, tout inepte et risible qu'il est, n'est pas absolument impossible.

Que le prêteur ou donneur passe trois jours avec l'emprunteur ; qu'il mange avec lui; qu'il voyage avec lui sans savoir comment il est fait, s'il porte perruque ou non, s'il est grand ou petit, noir ou blond, sans retenir la moindre chose de sa figure : cela paroît si singulier, que je lui en fis l'objection. A cela il me répondit qu'en marchant, lui Thevenin étoit derrière l'autre et ne le voyoit que par le dos, et qu'à table il ne le voyoit pas bien non plus, parce que ledit Rousseau ne se tenoit pas assis, mais se promenoit par la chambre en mangeant. Il faut convenir, en riant de plus fort, que cela n'est pas encore impossible.

Il ne l'est pas enfin que, desdites lettres de recommandation si précieuses, aucune ne soit parvenue, attendu que ledit Thevenin, modeste pour les lettres comme pour l'argent, ne voulût pas les rendre lui-même, ni s'informer au moins de leur effet, quoiqu'il demeurât dans le même lieu qu'habitoient ceux à qui elles étoient adressées, qu'il les vît peut-être dix fois par jour, et que ce fût au moins une curiosité fort naturelle ; de savoir si un coureur de cabarets, à l'affût des écus des passants, pouvoit être réellement en liaison avec ces messieurs-là. Si, comme il est à craindre, aucune desdites lettres n'est parvenue, ce seront ces coquins de valets, à qui l'honnête Thevenin les a remises, qui lui auront joué le tour de les garder. Je ne dis rien de la lettre pour Paris ; il est si clair qu'une recommandation pour Paris est extrêmement utile à un garçon chamoiseur qui va travailler à Yverdun !

Pardon, monsieur ; je ris de ma simplicité, et j'admire votre patience ; mais enfin, si Thevenin n'est pas un imposteur, il faut, de nécessité absolue, que toutes ces folies soient autant de vérités.

Supposons-les telles, et passons outre : voilà le généreux Thevenin, créancier ou bienfaiteur d'un nommé Rousseau, lequel, comme le dit très-bien M. Bovier, doit être pénétré de reconnoissance. Quel est ce Rousseau? lui, Thevenin, n'en sait rien, mais M. Bovier le sait pour lui, et présume, avec beaucoup de vraisemblance, que ce Rousseau est l'infortuné Jean-Jacques Rousseau, si connu par ses malheurs passés, et qui le sera bien plus encore par ceux que l'on lui prépare. Je ne sache pas cependant que, parmi ces multitudes de charges atroces et ridicules que ses ennemis inventent journellement contre lui, ils l'aient jamais accusé d'être un coureur de cabarets, un crocheteur de bourses, qui va pochetant quelques écus çà et là, chez le premier va-nu-pieds qu'il rencontre. Si le Jean-Jacques Rousseau qu'on connoît pouvoit s'abaisser à pareille infamie, il faudroit qu'on l'eût vu pour le pouvoir croire ; et encore, après l'avoir vu, n'en croiroit-on rien. M. Bovier est moins incrédule ; le simple doute d'un misérable qu'il ne connoît point se transforme à ses yeux en certitude, et lui prouve qu'une belle ame qu'il connoît est celle du plus vil des mendiants ou du plus lâche des fripons.

Si le Jean-Jacques Rousseau dont il s'agit n'est qu'un infâme, ce n'est pas tout ; il faut encore qu'il soit un sot, car s'il accepte les neuf francs, que ledit Thevenin ne lui donne pas de la main à la main, mais qu'il lui fait donner par un autre homme habitant du pays, il doit s'attendre qu'ils lui seront reprochés mille fois le jour : il doit compter qu'à chaque fois qu'on citera dans le pays quelque trait de sa facilité à répandre, et de sa répugnance à recevoir, le sieur Janin ne manquera pas de dire : « Eh ! par Dieu, cet homme
« n'est pas toujours si fier ; il a demandé et reçu
« neuf francs d'un faquin d'ouvrier qui logeoit dans
« mon auberge ; et j'en suis bien sûr, car c'est moi
« qui les ai livrés. » Quand on commença d'ameuter le peuple contre ce pauvre Jean-Jacques, et qu'on le faisoit lapider jusque dans son lit, Janin auroit

fait sa fortune avec cette histoire; son cabaret n'auroit pas désempli. Thevenin fait bien de la conter à Grenoble; mais s'il l'osoit conter à Saint-Sulpice ou aux Verrières, et dans tout le pays où ce même Jean-Jacques a pourtant reçu tant d'outrages, et qu'il dît qu'elle le regarde, je suis sûr que les habitants lui cracheroient au nez.

Préjugés vrais ou faux à part, passons aux preuves, et permettez, monsieur le comte, que nous examinions un peu le rapport de notre homme, et que nous voyions s'il se peut rapporter à moi.

Le sieur Thevenin fit connoissance avec ledit Rousseau aux Verrières, et ils y demeurèrent ensemble deux ou trois jours, logés chez Janin. J'ai demeuré long-temps à Motiers sans aller aux Verrières, et je n'y ai jamais été qu'une seule fois, allant à Pontarlier avec M. de Sauttersheim, dit, dans le pays, le baron Sauttern. Je n'y couchai point en allant, j'en suis très-sûr; je suis très-persuadé que je n'y couchai point en revenant, quoique je n'en sois pas sûr de même; mais si j'y couchai, ce fut sans y séjourner, et sans quitter le baron. Thevenin dit cependant que son homme étoit seul. Ma mémoire affoiblie me sert mal sur les faits récents; mais il en est sur lesquels elle ne peut me tromper; et je suis aussi sûr de n'avoir jamais séjourné, ni peu ni beaucoup, aux Verrières, que je suis sûr de n'avoir jamais été à Pékin.

Je ne suis donc pas l'homme qui resta deux ou

trois jours aux Verrières, à contempler les génuflexions du dévot Thevenin.

Je ne peux guère être non plus celui qui lui demanda de l'argent à emprunter aux mêmes Verrières, parce que, outre M. du Terreau, maire du lieu, j'y connoissois beaucoup un M. Bréguet, très-galant homme, qui m'auroit fourni tout l'argent dont j'aurois eu besoin, et avec lequel j'ai eu bien des querelles pour n'avoir pu tenir la promesse que je lui avois faite de l'y aller voir. Si j'avois logé là seul, c'eût été chez lui, selon toute apparence, et non pas chez le sieur Janin, surtout quand j'aurois été sans argent.

Je ne suis point l'homme à l'habit gris doublé de bleu ou de vert, parce que je n'en ai jamais porté de pareil durant tout mon séjour en Suisse : je n'y ai jamais voyagé qu'en habit d'Arménien, qui sûrement n'étoit doublé ni de vert ni de bleu. Thevenin ne se souvient pas si son homme avoit ses cheveux ou la perruque, s'il portoit son chapeau sur la tête ou sous le bras; un Arménien ne porte point de chapeau du tout, et son équipage est trop remarquable pour qu'on en perde totalement le souvenir, après avoir demeuré trois jours avec lui, et après l'avoir vu dans la chambre et en voyage, par-devant, par-derrière, et de toutes les façons.

Je ne suis point l'homme qui a donné au sieur Thevenin une lettre de recommandation pour

M. de Faugnes, que je ne connoissois pas même encore, quand ledit Thevenin alla à Yverdun; et je ne suis point l'homme qui lui a donné une lettre de recommandation pour M. Aldiman, que je n'ai connu de ma vie, et que je ne crois pas même avoir été de retour d'Italie à Yverdun, sous la même date [1].

Je ne suis point l'homme qui a donné au sieur Thevenin une lettre de recommandation pour Paris, signée *le Voyageur perpétuel*. Je ne crois pas avoir jamais employé cette plate signature; et je suis parfaitement sûr de n'avoir pu l'employer à l'époque de ma prétendue rencontre avec Thevenin; car cette lettre devant être antérieure à l'arrivée dudit Thevenin à Yverdun, dut l'être, à plus forte raison, à son départ de la même ville. Or, même en ce temps-là, je ne pouvois signer *le Voyageur perpétuel*, avec une apparence de vérité d'aucune espèce; car durant l'espace de dix-huit ans, depuis mon retour d'Italie à Paris, jusqu'à mon départ pour la Suisse, je n'avois fait qu'un seul voyage; et il est absurde de donner le nom de *Voyageur perpétuel* à un homme qui ne fait qu'un voyage en dix-huit ans. Depuis la date de mon arrivée à Motiers, jusqu'à celle du départ de Thevenin d'Yverdun, je n'avois fait encore aucune promenade dans le pays, qui pût porter le nom

---

[1] J'ai appris seulement depuis quelques jours que le secrétaire baillival d'Iverdun s'appeloit aussi M. Aldiman.

de voyage. Ainsi cette signature, au moment que Thevenin la suppose, eût été non seulement plate et sotte, mais fausse en tous sens, et de toute fausseté.

Il n'est pas non plus fort aisé de croire que je sois le même Rousseau dont Thevenin n'a plus ouï parler, durant tout son séjour en Suisse, puisqu'on n'y parloit que de cet homme infernal, qui osoit croire en Dieu sans croire aux miracles, contre lequel les prédicants prêchoient avec le plus saint zèle, et qu'ils nommoient hautement l'*Antechrist*. Je suis sûr qu'il n'y avoit pas, dans toute la Suisse, un honnête chamoiseur qui n'édifiât son quartier en m'y maudissant saintement mille fois le jour; et je crois que le bénin Thevenin n'étoit pas des derniers à s'acquitter de cette bonne œuvre. Mais, sans rien conclure de tout cela, je finis par ma preuve péremptoire.

Je dis que je ne suis point l'homme qui a pu se trouver aux Verrières et à Saint-Sulpice avec le sieur Thevenin, quand, venant de la Charité-sur-Loire, il alloit à Yverdun; car il n'a pu passer aux Verrières plus tard que l'été de 1761, puisque le 30 juillet 1763, il y avoit environ deux ans qu'il demeuroit chez le sieur Cuche, et probablement davantage qu'il demeuroit à Yverdun. Or, au vu et au su de toute la France, j'ai passé l'année entière de 1761, et la moitié de la suivante, tranquille à Montmorency; je ne pouvois donc pas, dès l'année précédente, avoir couru les cabarets aux Verrières et à Saint-Sulpice. Ajoutez, je vous supplie, qu'arrivant en Suisse je n'allai pas tout de suite à Motiers; ajoutez encore qu'arrivé à Motiers, et tout occupé jusqu'à l'hiver de mon établissement, je ne fis aucun voyage du reste de l'année, ni bien avant dans la suivante. Selon Thevenin, notre rencontre a dû se faire avant qu'il allât à Yverdun; et, selon la vérité, il étoit déjà parti de cette ville quand je fis mon premier et unique voyage aux Verrières : je n'étois donc pas l'homme portant le nom de Rousseau qu'il y rencontra; c'est ce que j'avois à prouver.

Quel étoit donc cet homme? Je l'ignore : ce que je sais, c'est que, pour que ledit Thevenin ne soit pas un imposteur, il faut que cet autre homme se trouve, c'est-à-dire que son existence soit connue sur les lieux; il faut qu'il s'y soit trouvé dans l'année 1761, qu'il s'appelât Rousseau, qu'il eût un habit gris doublé de vert ou de bleu; qu'il ait écrit des lettres à MM. de Faugnes et Aldiman, qui par conséquent étoient de sa connoissance; qu'il ait écrit une autre lettre à Paris, signée *le Voyageur perpétuel;* qu'après avoir passé deux jours avec Thevenin aux Verrières, ils aient encore été de compagnie à Saint-Sulpice avec Janin leur hôte, et qu'après y avoir dîné tous trois ensemble, ledit Thevenin ait fait donner audit Rousseau neuf francs par ledit Janin. La vérification de tous ces faits gît en informations que je ne suis point en état de faire, et qui ne m'intéressent en aucune sorte, si ce n'est pour prouver ce que je sais bien sans cela, savoir, que ledit Thevenin est un imposteur aposté. J'ai pourtant écrit dans le pays pour avoir là-dessus des éclaircissements, dont j'aurai l'honneur, monsieur, de vous faire part, s'ils me parviennent : mais comment pourrois-je espérer que des lettres de cette espèce échapperont à l'interception, puisque celles même que j'adresse à M. le prince de Conti n'y échappent pas, et que la dernière que j'eus l'honneur de lui écrire, et que je mis moi-même à la poste, en partant de Grenoble, ne lui est pas parvenue? Mais ils auront beau faire, je me ris des machines qu'ils entassent sans cesse autour de moi; elles s'écrouleront par leur propre masse, et le cri de la vérité percera le ciel tôt ou tard.

Agréez, monsieur le comte, les assurances de mon respect[1].

[1] *Apostille de l'auteur.*

N. B. Cette lettre est restée sans réponse, de même qu'une autre écrite encore l'ordinaire suivant à M. le comte de Tonnerre, en lui en envoyant une dans laquelle M. Roguin me donnoit des informations sur le sieur Thevenin, et qui ne m'a point été renvoyée. Depuis lors, je n'ai reçu ni de M. de Tonnerre, ni d'aucune ame vivante, aucun avis de rien de ce qui s'est passé à Grenoble au sujet de cette affaire, ni de ce qu'est devenu ledit Thevenin.

LETTRE DCCCXLV.

AU MÊME.

Bourgoin, le 20 septembre 1768.

Monsieur,

A compte des éclaircissements que j'ai demandés sur l'histoire du sieur Thevenin, voici toujours une lettre de M. Roguin d'Yverdun, respectable vieillard, mon ami de trente ans, et celui de feu M. de Rozière, père de M. de Rozière, officier d'artillerie, par qui cette lettre m'est parvenue. Vous y verrez, monsieur, que le bénin Thevenin n'en est pas à son coup d'essai d'impostures, et qu'il a été ci-devant condamné, par arrêt du parlement de Paris, à être fouetté, marqué, et envoyé aux galères pour fabrication de faux actes. Vous y verrez un mensonge bien manifeste dans sa dernière déclaration, puisqu'il m'a dit, à moi, n'avoir pu joindre M. de Faugnes pour lui remettre la lettre de recommandation de R., ni pour en apprendre l'effet; et vous voyez, par la lettre de M. Roguin, qu'il sait bien le joindre pour lui remettre la lettre du curé de Tovency-les-Filles, et pour le circonvenir de ses mensonges au sujet de M. Thevenin de Tanley, conseiller au parlement de Paris. Si mes lettres et leurs réponses parviennent fidèlement, j'aurai dans peu réponse directe de M. Faugnes, et la déclaration de Janin, que je lui ai fait demander par le premier magistrat du lieu.

Veuillez, monsieur le comte, agréer avec bonté mon respect.

RENOU.

Rien ne presse pour le renvoi de la lettre ci-jointe. Je vous supplie seulement, monsieur, d'ordonner qu'elle ne soit pas égarée, et qu'on me la renvoie quand elle ne servira plus à rien.

LETTRE DCCCXLVI.

A M. LALIAUD.

A Bourgoin, le 21 septembre 1768.

Je ne puis résister, monsieur, au désir de vous donner, par la copie ci-jointe, une idée de la manière dont je suis traité dans ce pays. Sitôt que je fus parti de Grenoble pour venir ici, l'on y déterra un garçon chamoiseur nommé Thevenin, qui me redemandoit neuf francs, qu'il prétendoit m'avoir prêtés en Suisse, et qu'il prétend à présent m'avoir donnés, parce que ceux qui l'instruisent ont senti le ridicule de faire prêter de l'argent par un passant à quelqu'un qui demeure dans le pays. Cette extravagante histoire, qui partout ailleurs eût attiré audit Thevenin le traitement qu'il mérite, lui attire ici la faveur publique; et il n'y a personne à Grenoble, et parmi les gens qui m'entourent, qui ne donnât tout au monde pour que Thevenin se trouvât l'honnête homme et moi le fripon : malheureusement pour eux, j'apprends à l'instant, par une lettre de Suisse qui m'est arrivée sous couvert étranger, que ledit Thevenin a eu ci-devant l'honneur d'être condamné, par un arrêt du parlement de Paris, à être marqué et envoyé aux galères, pour fabrication de faux actes, dans un procès qu'il eut l'impudence d'intenter à M. Thevenin de Tanley, conseiller honoraire actuel au parlement, rue des Enfants-Rouges, au Marais[1]. J'ai écrit en Suisse, pour avoir des informations sur le compte de ce misérable : je n'ai eu encore que cette seule réponse, qui heureusement n'est pas venue directement à mon adresse. J'ai écrit à M. de Faugnes, receveur général des finances à Paris, lequel a connu, à ce qu'on me marque, ledit Thevenin; je n'en ai aucune réponse : je crains bien que mes lettres ne soient intercep-

---

[1] L'arrêt est du 10 mars 1761. Il fut permis à Jean Thevenin de Tanley et consorts de le faire imprimer, publier, et afficher. On y voit même que ledit Nicolas-Éloi Thevenin, de la Charité-sur-Loire, est condamné au carcan, en place de Grève, pour y demeurer depuis midi jusqu'à deux heures, ayant écriteau devant et derrière, portant ces mots : *Calomniateur et imposteur insigne.*

tées à la poste. M. de Faugnes demeure rue Feydeau. Si, sans vous incommoder, vous pouviez, monsieur, passer chez lui et chez M. Thevenin de Tanley, vous tireriez peut-être de ces messieurs des informations qui me seroient utiles pour confondre mon coquin, malgré la faveur de ses honnêtes protecteurs.

Je vois que ma diffamation est jurée, et qu'on veut l'opérer à tout prix : mon intention n'est pas de daigner me défendre, quoique en cette occasion je n'aie pu résister au désir de démasquer l'imposteur; mais j'avoue qu'enfin, dégoûté de la France, je n'aspire plus qu'à m'en éloigner, et du foyer des complots dont je suis la victime. Je n'espère pas échapper à mes ennemis, en quelque lieu que je me réfugie; mais, en les forçant de multiplier leurs complices, je rends leur secret plus difficile à garder, et je le crois déjà au point de ne pouvoir me survivre : c'est tout ce qui me reste à désirer désormais. Bonjour, monsieur. Votre dernière lettre m'est bien parvenue; cela me fait espérer le même bonheur pour celle-ci, et peut-être pour votre réponse : faites-la un peu promptement, je vous supplie, si vous voulez que je la reçoive; car, dans une quinzaine de jours, je pourrois bien n'être plus ici. Ma femme vous prie d'agréer ses obéissances : recevez mes très-humbles salutations.

LETTRE DCCCXLVII.

À M. DU PEYROU.

Bourgoin, le 26 septembre 1768.

Je reçois en ce moment, mon cher hôte, votre lettre du 20, et j'y apprends les progrès de votre rétablissement avec une satisfaction à laquelle il ne manque, pour être entière, que d'aussi bonnes nouvelles de la santé de la bonne maman. Il n'y a rien à faire à sa sciatique que d'attendre les trèves, et prendre patience : vous êtes dans le même cas pour votre goutte ; et, après la leçon terrible pour vous et pour d'autres que vous avez reçue, j'espère que vous renoncerez une bonne fois à la fantaisie de guérir de la goutte, de tourmenter votre estomac et vos oreilles, et de vouloir changer votre constitution avec du petit lait, des purgatifs et des drogues ; et que vous prendrez une bonne fois le parti de suivre et d'aider, s'il se peut, la nature, mais non de la contrarier.

Je ne sais pourquoi vous vous imaginez qu'il a fallu, pour me marier, quitter le nom que je porte [1]; ce ne sont pas les noms qui se marient, ce sont les personnes ; et quand, dans cette simple

[1] Celui de Renou, qu'il avoit pris en allant habiter le château de Tryc.

et sainte cérémonie, les noms entreroient comme partie constituante, celui que je porte auroit suffi, puisque je n'en reconnois plus d'autre. S'il s'agissoit de fortune et de biens qu'il fallût assurer, ce seroit autre chose; mais vous savez très-bien que nous ne sommes ni elle ni moi dans ce cas-là; chacun des deux est à l'autre avec tout son être et son avoir, voilà tout.

Pour vous mettre au fait de l'histoire de l'honnête Thevenin, je prends le parti de vous faire passer, par M. Boy de La Tour, copie d'une lettre que j'écrivis, il y a huit jours, au commandant de notre province, et qui contient la relation d'une entrevue que j'ai eue avec ce malheureux qui ne m'a point connu, mais qui s'étoit précautionné là-dessus d'avance, en disant qu'il ne reconnoîtroit point ledit Rousseau, s'il le voyoit. A l'égard du temps, Thevenin disoit d'abord dix ans, mais ensuite il a rapproché l'époque, et il l'a laissée assez vague pour qu'elle puisse cadrer à tout. Les anachronismes et les contradictions ne lui font rien du tout, attendu qu'à toutes les objections qu'on peut lui faire, il a cette réponse péremptoire qu'il est trop honnête homme et trop bon chrétien pour vouloir tromper; ce qui n'a pourtant pas empêché cet honnête homme et ce bon chrétien d'être ci-devant condamné aux galères, comme je l'ai appris de M. Roguin. Au reste, je n'ai aucune réponse ni de M. Guyenet, ni d'aucun de ceux à qui j'ai écrit au Val-de-Travers; ce qui peut venir de l'adresse que je leur ai donnée, savoir celle de M. le comte de Tonnerre, commandant du Dauphiné, qui permettoit que pour plus de sûreté je lui fisse adresser mes lettres, et jusqu'ici il me les avoit fait passer très-fidèlement; mais depuis une quinzaine de jours il est en campagne, et je n'ai plus de lui ni lettres ni réponses.

Pouviez-vous espérer, mon cher hôte, que la liberté se maintiendroit chez vous, vous qui devez savoir qu'il ne reste plus nulle part de liberté sur la terre, si ce n'est dans le cœur de l'homme juste, d'où rien ne la peut chasser? Il me semble aussi, je l'avoue, que vos peuples n'usoient pas de la leur en hommes libres, mais en gens effrénés. Ils ignoroient trop, ce me semble, que la liberté, de quelque manière qu'on en jouisse, ne se maintient qu'avec de grandes vertus. Ce qui me fâche d'eux est qu'ils avoient d'abord les vices de la licence, et qu'ils vont tomber maintenant dans ceux de la servitude. Partout excès: la vertu seule, dont on ne s'avise jamais, feroit le milieu.

Recevez mes remerciements des papiers que vous avez remis à notre amie, et qui pourront me donner quelque distraction dont j'ai grand besoin. Je vous remercie aussi des plantes que vous aviez chargé Gagnebin de recueillir, quoiqu'il n'ait pas rempli votre intention. C'est de cette bonne intention que je vous remercie; elle me flatte plus que toutes les plantes du monde. Les tracas éternels qu'on me fait souffrir me dégoûtent un peu de la botanique, qui ne me paroît un amusement délicieux qu'autant qu'on peut s'y livrer tout entier. Je sens que pour peu que l'on me tourmente encore je m'en détacherai tout-à-fait. Je n'ai pas laissé pourtant de trouver en ce pays quelques plantes, sinon jolies, au moins nouvelles pour moi; entre autres, près de Grenoble, l'*Osyris* et le *Térébinthe*, ici le *Cenchrus racemosus* qui m'a beaucoup surpris, parce que c'est un gramen maritime; l'*Hypopitis*, plante parasite qui tient de l'orobanche; le *Crepis fœtida* qui sent l'amende amère à pleine gorge, et quelques autres que je ne me rappelle pas en ce moment. Voilà, mon cher hôte, plus de botanique qu'il n'en faut à votre stoïque indifférence. Vous pouvez m'écrire en droiture ici sous le nom de Renou. J'ai grand peur, s'il ne survient quelque amélioration dans mon état et dans mes affaires, d'être réduit à passer avec ma femme tout l'hiver dans ce cabaret, puisque je ne trouve pas sur la terre une pierre pour y poser ma tête.

LETTRE DCCCXLVIII.

AU MÊME.

Bourgoin, le 2 octobre 1768.

Quelle affreuse nouvelle vous m'apprenez, mon cher hôte, et que mon cœur en est affecté! Je ressens le cruel accident de votre pauvre maman comme elle, ou plutôt comme vous, et c'est tout dire. Une jambe cassée est un malheur que mon père eut étant déjà vieux, et qui lui arriva de même en se promenant, tandis que dans ses terribles fatigues de chasse, qu'il aimoit à la passion, jamais il n'avoit eu le moindre accident. Sa jambe guérit très-facilement et très-bien, malgré son âge; et j'espérerois la même chose de madame la commandante, si la fracture n'étoit dans une place où le traitement est incomparablement plus difficile et plus douloureux. Toutefois, avec beaucoup de résignation, de patience, de temps, et les soins d'un homme habile, la cure est également possible, et il n'est pas déraisonnable de l'espérer. C'est tout ce qu'il m'est permis de dire, dans cette fatale circonstance, pour notre commune consolation. Ce malheur fait aux miens, dans mon cœur, une diversion bien funeste, mais réelle pourtant, en ce qu'au sentiment des maux de ceux qui nous sont chers se joint l'impression tendre de notre attachement pour eux, qui n'est jamais sans quelque douceur; au lieu que le sentiment de nos propres maux, quand ils sont grands et sans remède, n'est que sec et sombre : il ne porte aucun adoucissement avec soi. Vous n'attendez pas de moi, mon cher hôte, les froides et vaines sentences des gens qui ne sentent rien; on ne trouve guère pour ses amis les consolations qu'on ne peut trouver pour soi-même. Mais cependant je ne puis m'empêcher de remarquer que votre affliction ne raisonne pas juste quand elle s'irrite par l'idée que ce triste événement n'est pas dans l'ordre des choses attachées à la condition humaine. Rien, mon cher hôte, n'est plus dans cet ordre que les accidents imprévus qui troublent, altèrent et abrègent la vie. C'est avec cette dépendance que nous sommes nés; elle est attachée à notre nature et à notre constitution. S'il y a des coups qu'on doive endurer avec patience, ce sont ceux qui nous viennent de l'inflexible nécessité, et auxquels aucune volonté humaine n'a concouru. Ceux qui nous sont portés par les mains des méchants sont, à mon gré, beaucoup plus insupportables, parce que la nature ne nous fit pas pour les souffrir. Mais c'est déjà trop moraliser. Donnez-moi fréquemment, mon cher hôte, des nouvelles de la malade; dites-lui souvent aussi combien mon cœur est navré de ses souffrances, et combien de vœux je joins aux vôtres pour sa guérison.

J'ai reçu par M. le comte de Tonnerre une lettre du lieutenant Guyenet, laquelle m'en promet une autre que j'attends pour lui faire des remerciements. A présent ledit Thevenin est bien convaincu d'être un imposteur. M. de Tonnerre, qui m'avoit positivement promis toute protection dans cette affaire, me marque qu'il lui imposera silence. Que dites-vous de cette manière de rendre justice? C'est comme si, après qu'un homme auroit pris ma bourse, au lieu de me la faire rendre, on lui ordonnoit de ne me plus voler. En toute chose voilà comme je suis traité.

Je vous ai déjà marqué que vous pouvez m'écrire ici en droiture sous le nom de Renou; vous pouvez continuer aussi d'employer la même adresse dont vous vous servez; cela me paroît absolument égal.

LETTRE DCCCXLIX.

A M. LALIAUD.

Bourgoin, le 5 octobre 1768.

Votre lettre, monsieur, du 29 septembre, m'est parvenue en son temps, mais sans le duplicata; et je suis d'avis que vous ne vous donniez plus la peine d'en faire par cette voie, espérant que vos lettres continueront à me parvenir en droiture, ayant peut-être été ouvertes; mais n'importe pas, pourvu qu'elles parviennent. Si j'aperçois une interruption je chercherai une adresse intermédiaire ici, si je puis, ou à Lyon.

Je suis bien touché de vos soins et de la peine qu'ils vous donnent, à laquelle je suis très-sûr que vous n'avez pas regret; mais il est superflu que vous continuiez d'en prendre au sujet de ce coquin de Thevenin, dont l'imposture est maintenant dans un degré d'évidence auquel M. de Tonnerre lui-même ne peut se refuser. Savez-vous là-dessus quelle justice il se propose de me rendre, après m'avoir promis la protection la plus authentique pour tirer cette affaire au clair? C'est d'imposer silence à cet homme; et moi toute la peine que je me suis donnée étoit dans l'espoir qu'il le forceroit de parler. Ne parlons plus de ce misérable ni de ceux qui l'ont mis en jeu. Je sais que l'impunité de celui-ci va les mettre à leur aise pour en susciter mille autres; et c'étoit pour cela qu'il m'importoit de démasquer le premier. Je l'ai fait, cela me suffit : il en viendroit maintenant cent par jour que je ne daignerois pas leur répondre.

Quoique ma situation devienne plus cruelle de jour en jour, que je me voie réduit à passer dans un cabaret l'hiver dont je sens déjà les atteintes, et qu'il ne me reste pas une pierre pour y poser ma tête, il n'y a point d'extrémité que je n'endure plutôt que de retourner à Trye; et vous ne me proposeriez sûrement pas ce retour si vous saviez ce qu'on m'y a fait souffrir, et entre les mains de quelles gens j'étois tombé là. Je frémis seulement à y songer : n'en reparlons jamais, je vous prie.

Plus je réfléchis aux traitements que j'éprouve, moins je puis comprendre ce qu'on me veut. Également tourmenté, quelque parti que je prenne, je n'ai la liberté ni de rester où je suis, ni d'aller où je veux; je ne puis pas même obtenir de savoir où l'on veut que je sois, ni ce qu'on veut faire de moi. J'ai vainement désiré qu'on disposât ouvertement de ma personne; ce seroit me mettre en repos, et voilà ce qu'on ne veut pas. Tout ce que je sens est qu'on est importuné de mon existence, et qu'on veut faire en sorte que je le sois moi-même; il est impossible de s'y prendre mieux pour cela. Il m'est cent fois venu dans l'esprit de proposer mon transport en Amérique, espérant qu'on voudroit bien m'y laisser tranquille, en quoi je crois bien que je me flattois trop; mais enfin j'en aurois fait de bon cœur la tentative si nous étions plus en état, ma femme et moi, d'en supporter le voyage et l'air. Il me vient une autre idée dont je veux vous parler, et que ma passion pour la botanique m'a fait naître, car, voyant qu'on ne vouloit pas me laisser herboriser en repos, j'ai voulu quitter les plantes; mais j'ai vu que je ne pouvois plus m'en passer : c'est une distraction qui m'est nécessaire absolument ; c'est un engouement d'enfant, mais qui me durera toute ma vie.

Je voudrois, monsieur, trouver quelque moyen d'aller la finir dans les îles de l'Archipel, dans celle de Chypre, ou dans quelque autre coin de la Grèce; il ne m'importe où, pourvu que je trouve un beau climat fertile en végétaux, et que la charité chrétienne ne dispose plus de moi. J'ai dans l'esprit que la barbarie turque me sera moins cruelle. Malheureusement, pour y aller, pour y vivre avec ma femme, j'ai besoin d'aide et de protection. Je ne saurois subsister là-bas sans ressource ; et sans quelque faveur de la Porte, ou quelque recommandation du moins pour quelqu'un des consuls qui résident dans le pays, mon établissement y seroit totalement impossible. Comme je ne serois pas sans espoir d'y rendre mon séjour de quelque utilité au progrès de l'histoire naturelle et de la botanique, je croirois pouvoir à ce titre obtenir quelque assistance des souverains qui se font honneur de le favoriser. Je ne suis pas un Tournefort, ni un Jussieu ; mais aussi je ne ferois pas ce travail en passant, plein d'autres vues et par tâche : je m'y livrerois tout entier, uniquement par plaisir et jusqu'à la mort. Le goût, l'assiduité, la constance, peuvent suppléer à beaucoup de connoissances, et même les donner à la fin. Si j'avois encore ma pension du roi d'Angleterre, elle me suffiroit, et je ne demanderois rien, sinon qu'on favorisât mon passage, et qu'on m'accordât quelque recommandation. Mais, sans y avoir renoncé formellement, je me suis mis dans le cas de ne pouvoir demander, ni désirer même honnêtement qu'elle me soit continuée; et d'ailleurs, avant d'aller m'exiler là pour le reste de mes jours, il me faudroit quelque assurance raisonnable de n'y pas être oublié et laissé mourir de faim. J'avoue qu'en faisant usage de mes propres ressources, j'en trouverois dans le fruit de mes travaux passés de suffisantes pour subsister où que ce fût; mais cela demanderoit d'autres arrangements que ceux qui subsistent, et des soins que je ne suis plus en état d'y donner. Pardon, monsieur : je vous expose bien confusément l'idée qui m'est venue, et les obstacles que je vois à son exécution. Cependant, comme ces obstacles ne sont pas insurmontables, et que cette idée m'offre le seul espoir de repos qui me reste, j'ai cru devoir vous en parler, afin que, sondant le terrain, si l'occasion s'en présente, soit auprès de quelqu'un qui ait du crédit à la cour, et des protecteurs que vous me connoissez, soit pour tâcher de savoir en quelle disposition l'on seroit à celle de Londres pour protéger mes herborisations dans l'Archipel, vous puissiez me marquer si l'exil dans ce pays-là que je désire peut être favorisé d'un des deux souverains. Au reste, il n'y a que ce moyen de le rendre praticable, et je ne me résoudrai jamais, avec quelque ardeur que je le désire, à recourir pour cela à aucun particulier, quel qu'il soit. La voie la plus courte et la plus sûre de savoir là-dessus ce qui se peut faire seroit, à mon avis, de consulter madame la maréchale de Luxembourg. J'ai même une si pleine confiance et dans sa bonté pour moi, et dans ses lumières, que je voudrois que vous ne parlassiez d'abord de ce projet qu'à elle seule, que vous ne fissiez là-dessus que ce qu'elle approuvera, et que vous n'y pensiez plus si elle le juge impraticable. Vous m'avez écrit, monsieur, de compter sur vous. Voilà ma réponse. Je mets mon sort dans vos mains, autant qu'il peut dépendre de moi. Adieu, monsieur; je vous embrasse de tout mon cœur.

LETTRE DCCCL.

A M. MOULTOU.

Bourgoin, le 10 octobre 1768.

Vos lettres, monsieur, me sont parvenues. Je ne répondis point à la première, parce que vous m'annonciez votre prochain départ de Genève; mais j'y crus voir de votre part la continuation d'une amitié à laquelle je serai toujours sensible, et j'y trouvai la clef de bien des mystères auxquels depuis long-temps je ne comprenois rien. Cela m'a fait rompre, un peu imprudemment peut-être, avec des ingrats dont j'ai plus à craindre qu'à espérer, après m'être perdu pour leur service ; mais mon horreur pour toute espèce de déguisement augmente avec l'effet de ceux dont je suis la victime. Aussi-bien, dans l'état où l'on m'a réduit, je puis désormais être franc impunément ; je n'en deviendrai pas plus misérable.

J'ignore absolument ce que c'est que le château de Lavagnac ; à qui il appartient, sur quel pied j'y pourrois loger, s'il est habitable pour moi, c'està-dire à ma manière, et meublé ; en un mot, tout ce qui s'y rapporte, hors le peu que vous m'en dites dans votre dernière lettre, et qui me paroît très-attrayant. Coindet ne m'en a jamais parlé, et cela ne m'étonne guère. Votre courte description du local est charmante. Vous m'offrez de m'en dire davantage, et même d'aller prendre des éclaircissements sur les lieux. Je suis bien tenté de vous prendre au mot : car aller habiter un si beau lieu, moi qui n'ai d'asile qu'au cabaret ; vous voir en passant ; être voisin de M. Venel, pour lequel j'ai la plus véritable estime : tout cela m'attire assez fortement pour me déterminer probablement toutà-fait, pour peu que les convenances dont j'ai besoin s'y rencontrent. A l'égard du profond secret que vous me promettez, vous n'en êtes plus le maître ; ne laissez pourtant pas de le garder autant qu'il vous sera possible ; je vous en prie instamment, puisque votre lettre a été ouverte, quoique celle qui lui servoit d'enveloppe ne l'ait pas été. Avis au lecteur.

J'apprends avec le plus vrai plaisir que votre voyage a été salutaire à la santé de madame Moultou : mon empressement de vous voir est encore augmenté par le désir d'être connu d'elle, et de lui agréer. Si je n'obtiens pas qu'elle approuve votre amitié pour moi, et qu'elle en suive l'exemple, je réponds au moins que ce ne sera pas ma faute; mais, comme je désire m'arrêter un peu à Montpellier pour voir M. Gouan et le Jardin des plantes, je ne logerai pas chez vous. Je vous prierai seulement de me chercher deux chambres dans votre voisinage, et qui n'empêcheront pas, si je ne vous importune point, que vous ne me voyiez chez vous presque autant que si j'y logeois, à condition que vous ne fermerez pour cela votre porte à personne : les sociétés bonnes pour vous seront sûrement très-bonnes pour moi ; et si je ne suis pas bon pour elles, ce ne sera pas la faute de ma volonté.

Vous savez sûrement que ma gouvernante et mon amie, et ma sœur, et mon tout, est enfin devenue ma femme. Puisqu'elle a voulu suivre mon sort et partager toutes les misères de ma vie, j'ai dû faire au moins que ce fût avec honneur. Vingt-cinq ans d'union des cœurs ont produit enfin celle des personnes. L'estime et la confiance ont formé ce lien. S'il s'en formoit plus souvent sous les mêmes auspices, il y en auroit moins de malheureux. Madame Renou ne sera point l'ornement d'un cercle, et les belles dames riront d'elle sans que cela la fâche; mais elle sera, jusqu'à la fin de mes jours, la plus douce consolation, peut-être l'unique d'un homme qui en a le plus grand besoin.

Je vous embrasse de tout mon cœur.

Vous pouvez m'écrire en droiture à M. Renou, à Bourgoin en Dauphiné.

LETTRE DCCCLI.

A M. LALIAUD.

Bourgoin, le 23 octobre 1768.

J'ai, monsieur, votre lettre du 13 et les autres. Je ne vous ferai point d'autres remercîments des peines que je vous donne que d'en profiter; il en est pourtant que je voudrois vous éviter, comme celle des duplicata de vos lettres que vous prenez inutilement, puisqu'il est de la dernière évidence que si l'on prenoit le parti de supprimer vos lettres, on supprimeroit encore plus certainement les duplicata.

Je sens l'impossibilité d'exécuter mon projet:

vos raisons sont sans réplique ; mais je ne conviens pas qu'en supposant cette exécution possible, ce seroit donner plus beau jeu à mes ennemis ; je suis certain de ne pouvoir pas plus éviter en France qu'en Angleterre de tomber dans les mains de leurs satellites ; au lieu que les pachas ne se piquant pas de philosophie, et n'étant que médiocrement galants, les Machiavels et leurs amies ne disposeroient pas tout-à-fait aussi aisément d'eux que de ceux d'ici. Le projet que vous substituez au mien, savoir, celui de ma retraite dans les Cévennes, a été le premier des miens en songeant à quitter Trye ; je le proposai à M. le prince de Conti, qui s'y opposa et me força de l'abandonner. Ce projet eût été fort de mon goût, et le seroit encore ; mais je vous avoue qu'une habitation tout-à-fait isolée m'effraie un peu depuis que je vois dans ceux qui disposent de moi tant d'ardeur à m'y confiner. Je ne sais ce qu'ils veulent faire de moi dans un désert ; mais ils m'y veulent entraîner à toute force, et je ne doute pas que ce ne soit l'une des raisons qui les a portés à me chasser de Trye, dont l'habitation ne leur paroissoit pas encore assez solitaire pour leur objet, quoique le vœu commun de son altesse, de madame la maréchale, et le mien, fût que j'y finisse mes jours. S'ils n'avoient voulu que s'assurer de moi, me diffamer à leur aise, sans que jamais je pusse dévoiler leurs trames aux yeux du public, ni même les pénétrer, c'étoit là qu'ils devoient me tenir, puisque, maîtres absolus dans la maison du prince où il n'a lui-même aucun pouvoir, ils y disposoient de moi tout à leur gré. Cependant, après avoir tâché de me dissuader d'y rentrer et de me persuader d'en sortir, trouvant ma volonté inébranlable, ils ont fini par m'en chasser de vive force par les mains du sacripan que le maître avoit chargé de me protéger, mais qui se sentoit trop bien protégé ici, même par d'autres, pour avoir peur de désobéir. Que me veulent-ils maintenant qu'ils me tiennent tout-à-fait? Je l'ignore; je sais seulement qu'ils ne me veulent ni à Trye, ni dans une ville, ni au voisinage d'aucun ami, ni même au voisinage de personne, et qu'ils ne veulent autre chose encore que simplement de s'assurer de moi. Convenez que voilà de quoi donner à penser. Comment le prince me protégera-t-il ailleurs s'il n'a pu me protéger dans sa maison même? Que deviendrai-je dans ces montagnes si je vais m'y fourrer sans préliminaire, sans connoissance, et sûr d'être, comme partout, là la dupe et la victime du premier fourbe qui viendra me circonvenir? Si nous prenons des arrangements d'avance, il arrivera ce qui est toujours arrivé, c'est que M. le prince de Conti et madame la maréchale ne pouvant les cacher aux machiavélistes qui les entourent, et qui se gardent bien de laisser voir leurs desseins secrets, leur donneront le plus beau jeu du monde pour dresser d'avance leurs batteries dans le lieu que je dois habiter. Je serai attendu là, comme je l'étois à Grenoble, et comme je le suis partout où l'on sait que je veux aller. Si c'est une maison isolée, la chose leur sera cent fois plus commode : ils n'auront à corrompre que les gens dont je dépendrai pour tout et en tout. Si ce n'étoit que pour m'espionner, à la bonne heure, et très-peu m'importe. Mais c'est pour autre chose, comme je vous l'ai prouvé; et pourquoi? Je l'ignore, et je m'y perds ; mais convenez que le doute n'est pas attirant.

Voilà, monsieur, des considérations que je vous prie de bien peser, à quoi j'ajoute les incommodités infinies d'une habitation isolée pour un étranger, à mon âge et dans mon état, la dépense au moins triple, les idées terribles auxquelles je dois être en proie, ainsi séquestré du genre humain non volontairement et par goût, mais par force et pour assouvir la rage de mes oppresseurs : car d'ailleurs je vous jure que mon même goût pour la solitude est plutôt augmenté que diminué par mes infortunes, et que si j'étois pleinement libre et maître de mon sort, je choisirois la plus profonde retraite pour y finir mes jours. Bien plus, une captivité déclarée n'auroit rien de pénible et de triste pour moi. Qu'on me traite comme on voudra, pourvu que ce soit ouvertement, je puis tout souffrir sans murmure; mais mon cœur ne peut tenir aux flagorneries d'un sot fourbe qui se croit fin parce qu'il est faux. J'étois tranquille aux cailloux des assassins de Motiers, et je ne puis l'être aux phrases des admirateurs de Grenoble.

Il faut vous dire encore que ma situation présente est trop désagréable et violente pour que je ne saisisse pas la première occasion d'en sortir; ainsi des arrangements d'une exécution éloignée ne peuvent jamais être pour moi des engagements absolus qui m'obligent à renoncer aux ressources qui peuvent se présenter dans l'intervalle. J'ai dû, monsieur, entrer avec vous dans ces détails auxquels je dois ajouter que l'espèce de liberté de disposer de moi, que mes ressources me laissent, n'est pas illimitée; que ma situation la restreint tous les jours; que je ne puis former des projets que pour deux ou trois années, passé lesquelles d'autres lois ordonneront de mon sort et de celui de ma compagne; mais l'avenir éloigné ne m'a jamais effrayé. Je sens qu'en général, vivant ou mort, le temps est pour moi; mes ennemis le sentent aussi, et c'est ce qui les désole; ils se pressent de jouer de leur reste; dès maintenant ils en ont trop fait pour que leurs manœuvres puissent rester long-temps cachées; et le moment qui doit les mettre en évidence sera précisément celui où ils voudront les étendre sur l'avenir. Vous êtes jeune, monsieur; souvenez-vous de la prédiction que je vous fais, et soyez sûr que vous la verrez accomplie. Il me reste maintenant à vous dire que, prévenu de tout cela, vous pouvez agir comme votre cœur vous inspirera, et comme votre raison vous éclairera : plein de confiance en vos sentiments et en vos lumières, certain que vous n'êtes pas homme à servir mes intérêts aux dépens de mon honneur, je vous donne toute ma confiance. Voyez madame la maréchale; la mienne en elle est toujours la même. Je compte également et sur ses bontés et sur celles de M. le prince de Conti; mais l'un est subjugué, l'autre ne l'est pas; et je ratifie d'avance tout ce que vous résoudrez avec elle, comme fait pour mon plus grand bien. A l'égard du titre dont vous me parlez, je tiendrai toujours à très-grand honneur d'appartenir à S. A. S., et il ne tiendra pas à moi de le mériter; mais ce sont de ces choses qui s'acceptent, et qui ne se demandent pas. Je ne suis pas encore à la fin de mon bavardage, mais je suis à la fin de mon papier ; j'ai pourtant encore à vous dire que l'aventure de Thevenin a produit sur moi l'effet que vous désiriez. Je me trouve moi-même fort ridicule d'avoir pris à cœur une pareille affaire, ce que je n'aurois pourtant pas fait, je vous jure, si je n'eusse été sûr que c'étoit un drôle aposté. Je désirerois, non par vengeance assurément, mais pour ma sûreté, qu'on dévoilât ses instigateurs : on ne l'a pas voulu, soit; il en viendroit mille autres que je ne daignerois pas même répondre à ceux qui m'en parleroient. Bonjour, monsieur, je vous embrasse de tout mon cœur.

P. S. J'oubliois de vous dire que mon chamoiseur est bien le cordonnier de M. de Tanley ; il apprit le métier de chamoiseur à Yverdun après sa retraite. J'ai fait faire en Suisse des informations, avec la déposition juridique et légalisée du cabaretier Janin.

LETTRE DCCCLII.

A M. DU PEYROU.

Bourgoin, le 30 octobre 1768.

Voici, j'espère, la dernière fois que j'aurai à vous parler du sieur Thevenin, dont je n'entends plus parler moi-même. Après les preuves péremptoires que j'ai données à M. de Tonnerre de la fourberie de cet imposteur, il en a bien fallu convenir à la fin, et il m'a offert de le punir par quelques jours de prison, comme si le but de tous les soins que j'ai pris et que j'ai donnés à ce sujet étoit le châtiment de ce misérable. Vous croyez bien que je n'ai pas accepté. L'imposteur étant convaincu, rien n'étoit plus aisé que de le faire parler et de remonter peut-être à la source de ce complot profondément ténébreux dont je suis la victime depuis plusieurs années, et dont je dois l'être jusqu'à ma mort. Je me le tiens pour dit ; et prenant enfin mon parti sur les manœuvres des hommes, je les laisserai désormais ourdir et tramer leurs iniquités, certain, quoi qu'ils puissent faire, que le temps et la vérité seront plus forts qu'eux. Ce qu'il me reste de toute cette affaire est un tendre souvenir des soins que mes amis ont bien voulu se donner en cette occasion, pour confondre l'imposture, et je suis en particulier très-sensible à l'activité de M. Guyenet, dont je n'avois pas le même droit d'en attendre, et avec qui je n'étois plus en relation. J'apprends qu'il commence à se ranger, et je m'en réjouis de tout mon cœur, pour le bonheur de son excellente petite femme et le sien. Je finis, mon cher hôte, un peu à la hâte, en vous embrassant au nom de ma femme et au mien. J'embrasse M. Jeannin.

LETTRE DCCCLIII.

A M. LALIAUD.

Bourgoin, le 2 novembre 1768.

Depuis la dernière lettre, monsieur, que je vous ai écrite, et dont je n'ai pas encore la réponse, j'ai reçu de M. le duc de Choiseul un passeport que je lui avois demandé pour sortir du royaume, il y a près de six semaines, et auquel je ne songeois plus. Me sentant de plus en plus dans l'absolue nécessité de me servir de ce passeport, j'ai délibéré, dans la cruelle extrémité où je me trouve, et dans la saison où nous sommes, sur l'usage que j'en ferois, ne voulant ni ne pouvant le laisser écouler comme l'autre. Vous serez étonné du résultat de ma délibération, faite pourtant avec tout le poids, tout le sang froid, toute la réflexion dont je suis capable ; c'est de retourner en Angleterre, et d'y aller finir mes jours dans ma solitude de Wootton. Je crois cette résolution la plus sage que j'aie prise en ma vie, et j'ai pour un des garants de sa solidité l'horreur qu'il m'a fallu surmonter pour la prendre, et telle qu'en cet instant même je n'y puis penser sans frémir. Je ne puis, monsieur, vous en dire davantage dans une lettre ; mais mon parti est pris, et je m'y sens inébranlable, à proportion de ce qu'il m'en a coûté pour le prendre. Voici une lettre qui s'y rapporte, et à laquelle je vous prie de vouloir bien donner cours. J'écris à M. l'ambassadeur d'Angleterre ; mais je ne sais s'il est à Paris. Vous m'obligeriez de vouloir bien vous en informer ; et, si vous pouviez même parvenir à savoir s'il a reçu ma lettre, vous feriez une bonne œuvre de m'en donner avis ; car, tandis que j'attends ici sa réponse, mon passeport s'écoule et le temps est précieux. Vous êtes trop clairvoyant pour ne pas sentir combien il m'importe que la résolution que je vous communique demeure secrète, et secrète sans exception : toutefois je n'exige rien de vous que ce que la prudence et votre amitié en exigeront. Si M. l'ambassadeur d'Angleterre ébruite ce dessein, c'est tout autre chose, et d'ailleurs je ne l'en puis empêcher. En prenant mon parti sur ce point, vous sentez que je l'ai pris sur tout le reste. Je quitterai ce continent, comme je quitterois le séjour de la lune. L'autre fois, ce n'étoit pas la même chose ; j'y laissois des attachements, j'y croyois laisser des amis. Pardon, monsieur ; mais je parle des anciens. Vous sentez que les nouveaux, quelque vrais qu'ils soient, ne laissent pas ces déchirements de cœur qui le font saigner durant toute la vie, par la rupture de la plus douce habitude qu'il puisse contracter. Toutes mes blessures saigneront, j'en conviens, le reste de mes jours ; mais mes erreurs, du moins, sont bien guéries ; la cicatrice est faite de ce côté-là. Je vous embrasse.

LETTRE DCCCLIV.

A M. MOULTOU.

Bourgoin, le 5 novembre 1768.

Vous avez fait, cher Moultou, une perte que tous vos amis et tous les honnêtes gens doivent pleurer avec vous, et j'en ai fait une particulière dans votre digne père par les sentiments dont il m'honoroit, et dont tant de faux amis, dont je suis la victime, m'ont bien fait connoître le prix. C'est ainsi, cher Moultou, que je meurs en détail dans tous ceux qui m'aiment, tandis que ceux qui me haïssent et me trahissent semblent trouver dans l'âge et dans les années une nouvelle vigueur pour me tourmenter. Je vous entretiens de ma perte au lieu de parler de la vôtre; mais la véritable douleur, qui n'a point de consolation, ne sait guère en trouver pour autrui; on console les indifférents, mais on s'afflige avec ses amis. Il me semble que si j'étois près de vous, que nous nous embrassassions, que nous pleurassions tous deux, sans nous rien dire, nos cœurs se seroient beaucoup dit.

Cruel ami, que de regrets vous me préparez dans votre description de Lavagnac! Hélas! ce beau séjour étoit l'asile qu'il me falloit; j'y aurois oublié, dans un doux repos, les ennuis de ma vie; je pouvois espérer d'y trouver enfin de paisibles jours, et d'y attendre sans impatience la mort, qu'ailleurs je désirerai sans cesse. Il est trop tard. La fatale destinée qui m'entraîne ordonne autrement de mon sort. Si j'en avois été le maître, si le prince lui-même eût été le maître chez lui, je ne serois jamais sorti de Trye, dont il n'avoit rien épargné pour me rendre le séjour agréable. Jamais prince n'en a tant fait pour aucun particulier qu'il en a daigné faire pour moi. « Je le mets ici à ma « place, disoit-il à son officier ; je veux qu'il ait « la même autorité que moi, et je n'entends pas « qu'on lui offre rien, parce que je le fais le maître « de tout. » Il a même daigné me venir voir plusieurs fois, souper avec moi tête à tête, me dire, en présence de toute sa suite, qu'il venoit exprès pour cela, et, ce qui m'a plus touché que tout le reste, s'abstenir même de chasser, de peur que le motif de son voyage ne fût équivoque. Eh bien ! cher Moultou, malgré ses soins, ses ordres les plus absolus, malgré le désir, la passion, j'ose dire, qu'il avoit de me rendre heureux dans la retraite qu'il m'avoit donnée, on est parvenu à m'en chasser, et cela par des moyens tels que l'horrible récit n'en sortira jamais de ma bouche ni de ma plume. Son altesse a tout su, et n'a pu désapprouver ma retraite ; les bontés, la protection, l'amitié de ce grand homme, m'ont suivi dans cette province, et n'ont pu me garantir des indignités que j'y ai souffertes. Voyant qu'on ne me laisseroit jamais en repos dans le royaume, j'ai résolu d'en sortir ; j'ai demandé un passeport à M. de Choiseul, qui, après m'avoir laissé long-temps sans réponse, vient enfin de m'envoyer ce passeport. Sa lettre est très-polie, mais n'est que cela ; il m'en avoit écrit auparavant d'obligeantes. Ne point m'inviter à ne pas faire usage de ce passeport, c'est m'inviter en quelque sorte à en faire usage. Il ne convient pas d'importuner les ministres pour rien. Cependant depuis le moment où j'ai demandé ce passeport jusqu'à celui où je l'ai obtenu, la saison s'est avancée, les Alpes se sont couvertes de glace et de neige ; il n'y a plus moyen de songer à les passer dans mon état. Mille considérations impossibles à détailler dans une lettre m'ont forcé à prendre le parti le plus violent, le plus terrible auquel mon cœur pût jamais se résoudre, mais le seul qui m'ait paru me rester; c'est de repasser en Angleterre, et d'aller finir mes malheureux jours dans ma triste solitude de Wootton, où, depuis mon départ, le propriétaire m'a souvent rappelé par force cajoleries. Je viens de lui écrire en conséquence de cette résolution ; j'ai même écrit aussi à l'ambassadeur d'Angleterre. Si ma proposition est acceptée, comme elle le sera infailliblement, je ne puis plus m'en dédire, et il faut partir. Rien ne peut égaler l'horreur que m'inspire ce voyage ; mais je ne vois plus de moyen de m'en tirer sans mériter des reproches ; et à tout âge, surtout au mien, il vaut mieux être malheureux que coupable.

J'aurois doublement tort d'acheter par rien de répréhensible le repos du peu de jours qui me restent à passer ; mais je vous avoue que ce beau séjour de Lavagnac, le voisinage de M. Venel, l'avantage d'être auprès de son ami, par conséquent d'un honnête homme, au lieu qu'à Trye j'étois entre les mains du dernier des malheureux, tout cela me suivra en idée dans ma sombre retraite, et y augmentera ma misère pour n'avoir pu faire mon bonheur. Ce qui me tourmente encore plus en ce moment est une lueur de vaine espérance dont je vois l'illusion, mais qui m'inquiète malgré que j'en aie. Quand mon sort sera parfaitement décidé, et qu'il ne me restera qu'à m'y soumettre, j'aurai plus de tranquillité. C'est, en attendant, un grand soulagement pour mon cœur d'avoir épanché dans le vôtre tout ce détail de ma situation. Au reste, je suis attendri d'imaginer vos dames, vous, et M. Venel, faisant ensemble ce pélerinage bienfaisant, qui mérite mieux que ceux de Lorette d'être mis au nombre des œuvres de miséricorde. Recevez tous mes plus tendres remérciements et ceux de ma femme ; faites agréer ses respects et les miens à vos dames. Nous vous saluons et vous embrassons l'un et l'autre de tout notre cœur.

P. S. J'ai proposé l'alternative de l'Angleterre, et de Minorque que j'aimerois mieux à cause du climat. Si ce dernier parti est préféré, ne pourrions-nous pas nous voir avant mon départ, soit à Montpellier, soit à Marseille ?

Autre P. S. Si j'avois reçu votre lettre avant le départ des miennes, je doute qu'elles fussent parties.

LETTRE DCCCLV.

A M. LALIAUD.

Bourgoin, le 7 novembre 1768.

Depuis ma dernière lettre, monsieur, j'ai reçu d'un ami l'incluse, qui a fort augmenté mon regret d'avoir pris mon parti si brusquement; la situation charmante de ce château de Lavagnac, le maître auquel il appartient, l'honnête homme qu'il a pour agent, la beauté, la douceur du climat, si convenable à mon pauvre corps délabré, le lieu assez solitaire pour être tranquille, et pas assez pour être un désert; tout cela, je vous l'avoue, si je passe en Angleterre ou même à Mahon, car j'ai proposé l'alternative, tout cela, dis-je, me fera souvent tourner les yeux et soupirer vers cet agréable asile, si bien fait pour me rendre heureux, si l'on m'y laissoit en paix. Mais j'ai écrit : si l'ambassadeur me répond honnêtement, me voilà engagé ; j'aurois l'air de me moquer de lui si je changeois de résolution ; et d'ailleurs ce seroit, en quelque sorte, marquer peu d'égard pour le passeport que M. de Choiseul a eu la bonté de m'envoyer à ma prière. Les ministres sont trop occupés, et d'affaires trop importantes, pour qu'il soit permis de les importuner inutilement : d'ailleurs, plus je regarde autour de moi, plus je vois avec certitude qu'il se brasse quelque chose, sans que je puisse deviner quoi. Thevenin n'a pas été aposté pour rien : il y avoit dans cette farce ridicule quelque vue qu'il m'est impossible de pénétrer, et, dans la profonde obscurité qui m'environne, j'ai peur au moindre mouvement de faire un faux pas. Tout ce qui m'est arrivé depuis mon retour en France, et depuis mon départ de Trye, me montre évidemment qu'il n'y a que M. le prince de Conti, parmi ceux qui m'aiment, qui sache au vrai le secret de ma situation, et qu'il a fait tout ce qu'il a pu pour la rendre tranquille sans pouvoir y réussir. Cette persuasion m'arrache des élans de reconnoissance et d'attendrissement vers ce grand prince, et je me reproche vivement mon impatience au sujet du silence qu'il a gardé sur mes deux dernières lettres; car il y a peu de temps que j'en ai écrit à son altesse une seconde, qu'elle n'a peut-être pas plus reçue que la première : c'est de quoi je désirerois extrêmement d'être instruit. Je n'ose en ajouter une pour elle dans ce paquet, de peur de le grossir au point de donner dans la vue ; mais si, dans ce moment critique, vous aviez pour moi la charité de vous présenter à son audience, vous me rendriez un office bien signalé de l'informer de ce qui se passe, et de me faire parvenir son avis, c'est-à-dire ses ordres ; car, dans tout ce que j'ai fait de mon chef, je n'ai fait que des sottises, qui me serviront au moins de leçons à l'avenir, s'il daigne encore se mêler de moi. Demandez-lui aussi de ma part, je vous supplie, la permission de lui écrire désormais sous votre couvert, puisque sous le sien mes lettres ne passent pas.

La tracasserie du sieur Thevenin est enfin terminée : après les preuves sans réplique que j'ai données à M. de Tonnerre de l'imposture de ce coquin, il m'a offert de le punir par quelques jours de prison. Vous sentez bien que c'est ce que je n'ai pas accepté, et que ce n'est pas de quoi il étoit question. Vous ne sauriez imaginer les angoisses que m'a données cette sotte affaire, non pour ce misérable à qui je n'aurois pas daigné répondre, mais pour ceux qui l'ont aposté, et que rien n'étoit plus aisé que de démasquer, si on l'eût voulu : rien ne m'a mieux fait sentir combien je suis inepte et bête en pareil cas, le seul, à la vérité, de cette espèce où je me sois jamais trouvé. J'étois navré, consterné, presque tremblant ; je ne savois ce que je disois en questionnant l'imposteur ; et lui, tranquille et calme dans ses absurdes mensonges, portoit dans l'audace du crime toute l'apparence de la sécurité des innocents. Au reste, j'ai fait passer à M. de Tonnerre l'arrêt imprimé concernant ce misérable, qu'un ami m'a envoyé, et par lequel M. de Tonnerre a pu voir que ceux qui avoient mis cet homme en jeu avoient su choisir un sujet expérimenté dans ces sortes d'affaires.

Je ne me trouvai jamais dans des embarras pareils à ceux où je suis, et jamais je ne me sentis plus tranquille. Je ne vois d'aucun côté nul espoir de repos ; et, loin de me désespérer, mon cœur me dit que mes maux touchent à leur fin. Il en seroit bien temps, je vous assure. Vous voyez, monsieur, comment je vous écris, comment je vous charge de mille soins, comment je remets mon sort en vos mains et à vous seul. Si vous n'appelez pas cela de la confiance et de l'amitié, aussi bien que de l'importunité et de l'indiscrétion peut-être, vous avez tort. Je vous embrasse de tout mon cœur.

LETTRE DCCCLVI.

A M. DE SAINT-GERMAIN [1].

9 novembre 1768.

Je n'ai pas, monsieur, l'honneur d'être connu de vous, et je sais que vous n'aimez pas mes opi-

---

[1] M. de Saint-Germain a fait une Notice sur sa correspondance avec Jean-Jacques. En voici quelques passages :

« ...... Les personnes clairvoyantes qui ont suivi et vu de près M. Rousseau, en le blâmant dans ses écarts envers ceux qu'il regardoit comme ses persécuteurs, découvroient en lui un amour pour ses semblables dont on trouveroit peu d'exemples.... Son ame bienfaisante lui enlevoit le nécessaire pour soulager les malheureux, et le faisoit malade pour les maux d'autrui. En voici quel-

nions; mais je sais que vous êtes un brave militaire, un gentilhomme plein d'honneur et de droiture, qui a dans son cœur la véritable religion, celle qui fait les gens de bien; voilà tout ce que je cherche. On ne séduit pas M. de Saint-Germain, on l'intimide encore moins; passez-moi, monsieur, la fa-

ques traits dont M. de Saint-Germain (c'est lui qui parle ainsi en tierce personne) a été témoin.

« M. Rousseau, présent à la chute d'un échafaud sur lequel étoit un maçon qui fut blessé grièvement, courut à lui, le fit porter dans son auberge, et lui fit donner tous les secours possibles. S'apercevant quelque temps après que, malgré ses soins et une grosse dépense, cet homme n'étoit ni pansé ni soigné comme il auroit dû l'être, il écrivit à M. de Saint-Germain pour le prier de s'employer auprès du directeur de l'hôpital de Bourgoin afin qu'il y fût reçu et recommandé, offrant de payer à cette maison, fondée seulement pour les pauvres malades du lieu, tout ce qu'il en pourroit coûter pour guérir cet étranger. Le directeur de l'hôpital l'y fit entrer, et après que ce maçon fut parfaitement guéri, il alla remercier son bienfaiteur. M. Rousseau sortit de suite pour payer le directeur, qui lui dit être satisfait. Persuadé que M. de Saint-Germain avoit payé, il vint le trouver, et se plaindre de ce qu'il lui eût enlevé un bien à lui qu'il réclamoit. M. de Saint-Germain eut beau dire, M. Rousseau voulut absolument payer la moitié de ce qu'avoit reçu l'hôpital.

« Un incendie consuma la maison d'un paysan où l'on ne put rien sauver. M. Rousseau en fut malade; il envoya chercher l'incendié, lui donna un louis, et lui dit de prendre chez son boulanger le pain dont il auroit besoin pour lui et sa famille jusqu'à la récolte prochaine. Le paysan lui répondit : Monsieur, il vous en coûtera moins de nous faire donner quelques mesures de seigle; M. Rousseau fit fournir pendant six mois tout le seigle dont cette famille eut besoin.

« Sa bourse ne fut jamais fermée aux malheureux; on ne peut comprendre qu'avec une aussi médiocre fortune, cet homme,

miliarité du terme : vous êtes précisément l'homme qu'il me faut.

J'aurois, monsieur, à mettre en dépôt dans le cœur d'un honnête homme des confidences qui n'en sont pas indignes, et qui soulageroient le mien. Si vous voulez bien être ce généreux dépositaire,

désintéressé jusqu'au blâme, pût donner autant. Personne à la vérité ne fut plus sobre que lui et n'eut moins de besoins, ne fut plus propre et n'usa moins.'

« M. de Saint-Germain, accompagné d'une autre personne, fut visiter M. Rousseau qui s'étoit retiré à la campagne. Peu après leur arrivée un homme vint frapper à la porte. M. Rousseau se lève, lui ouvre, et lui dit de revenir. L'homme insista en disant qu'il venoit de loin, et qu'il avoit besoin de son argent. Alors il le fit entrer, et ces deux messieurs virent sept à huit vêtements de différente taille que cet homme apportoit. M. Rousseau lui demanda ce qu'il lui falloit, il répondit, dix-huit francs ; ils lui furent payés. Voyant que ces messieurs s'étoient aperçus de ce qu'il vouloit leur cacher, M. Rousseau leur dit : C'est une famille qui n'est pas vêtue ; il ne faut pas croire que de donner vingt-quatre sous ou un petit écu à l'importunité d'un pauvre, ce soit remplir les obligations de la charité. Il faut chercher le besoin où il est...., etc.

« Pourroit-on croire que M. Rousseau, avec des sentiments pareils, soutenus par une pratique habituelle, ait pu être un empoisonneur, un fripon ? Il est cependant vrai qu'au sujet de son goût pour la recherche des plantes il a été taxé d'y chercher du poison, et qu'on a cité un homme sur lequel on prétendoit qu'il en avoit fait l'essai, parce qu'il mourut dans les douleurs d'une colique néphrétique, malgré tous les secours que lui procura M. Rousseau. Obligé de subir une confrontation avec un ouvrier, il confondit cet imposteur, qui disoit lui avoir prêté, à Neuchâtel, neuf francs que M. Rousseau n'avoit jamais voulu lui rendre. ...

« Un fermier qui avoit fourni pendant quinze mois à M. Rousseau des œufs, du beurre, du fromage, qui toujours en avoit été

ayez la bonté de m'assigner chez vous l'heure et le jour d'une audience paisible, et je m'y rendrai. Je vous préviens que ma confiance ne sera mêlée d'aucune indiscrétion ; que je n'ai à vous demander ni soins, ni conseils, ni rien qui puisse vous donner la moindre peine ou vous compromettre en aucune façon : vous n'aurez d'autre usage à faire de ma confidence que d'en honorer un jour ma mémoire, quand il n'y aura plus de risque à parler. Je ne vous dis rien de mes sentiments pour vous, mais je vous en donne la preuve.

payé beaucoup au-delà de ce que la chose valoit, et qui en outre avoit reçu de lui, ainsi que sa famille, mille bienfaits, eût l'ingratitude et la mauvaise foi de lui envoyer un mémoire que ce fermier affirmoit lui être dû, et ne lui avoir pas été payé par M. Rousseau avant son départ. Cette demande, vérifiée par M. de Saint-Germain, fut prouvée fausse.

« Une femme de chambre, prétendant à l'esprit, fatiguoit M. Rousseau par des visites continuelles : furieuse de ce qu'il l'avoit chassée de chez lui, elle dit qu'il l'avoit voulu violer, et ce bruit se répandit partout.

« Tous ces événements, quoique fâcheux, n'auroient pas dû affecter M. Rousseau au point où il l'étoit, encore moins lui persuader que ces calomnies grossières étoient l'ouvrage de ses ennemis ; autant à plaindre qu'à blâmer, il étoit, par sensibilité et par méfiance, son plus cruel ennemi à lui-même....., etc. »

LETTRE DCCCLVII.

A M. LE COMTE DE TONNERRE,

EN LUI ENVOYANT L'ÉCRIT SUIVANT.

Bourgoin, le 9 novembre 1768.

Monsieur,

J'ai l'honneur de vous envoyer ci-jointe la déclaration juridique du sieur Jeannet [1], cabaretier des Verrières, relative à celle du sieur Thevenin. De peur d'abuser de votre patience, je m'abstiens de joindre à cette pièce celles que j'ai reçues en même temps, puisqu'elle suffit seule à la suite des preuves que vous avez déjà pour démontrer pleinement non l'erreur, mais l'imposture de ce dernier. Je n'aurois assurément pas eu l'indiscrétion de vous importuner de cette ridicule affaire, si le ton décidé sur lequel M. Bovier se faisoit le porteur de parole de ce misérable n'eût excité ma juste indignation. Vous m'avez fait l'honneur de me marquer qu'après ce qui s'est passé mon prétendu créancier se tiendra pour dit qu'il ne sauroit se flatter de trouver en moi son débiteur. Voilà, mon-

---

[1] Ce *Jeannet* est nommé *Janin* dans les lettres précédentes ; c'est sans doute une erreur de Rousseau, qui avoit été mal informé.

sieur le comte, de quoi jamais il ne s'est flatté, je vous assure ; mais il s'est flatté, premièrement, de mentir et de m'avilir à son aise; puis, après avoir dit tout ce qu'il vouloit dire, et n'ayant plus qu'à se taire, de se taire ensuite tranquillement; et, s'il étoit enfin convaincu d'être un imposteur, de sortir néanmoins de cette affaire, confondu, très-peu lui importe, mais impuni, mais triomphant. Pour un homme qui paroît si bête, je trouve qu'il n'a pas trop mal calculé.

Je vous supplie, monsieur, de vouloir bien ordonner, à votre commodité, que les deux pièces ci-jointes me soient renvoyées avec la lettre de M. Roguin. Je sens que j'ai fort abusé, dans cette occasion, de la permission que vous m'avez donnée de faire venir mes lettres sous votre pli. Je serai plus discret à l'avenir; et si l'impunité du premier fourbe en suscite d'autres, elles me servira de leçon pour ne m'en plus tourmenter.

J'ai l'honneur, monsieur le comte, de vous assurer de tout mon respect.

Déclaration juridique du sieur Jeannet.

L'an 1768, et le dix-neuvième jour du mois de septembre, par-devant noble et prudent Charles-Auguste du Terraux, bourgeois de Neuchâtel et de Romain-Motiers, maire pour sa majesté le roi de Prusse, notre souverain prince et seigneur, en la juridiction des Verrières, administrant justice par jour extraordinaire, mais aux lieu et heure accoutumés, et en la présence des sieurs jurés en icelle après nommés :

Personnellement est comparu M. Guyenet, receveur pour sa majesté, et lieutenant en l'honorable cour de justice du Val-de-Travers, qui a représenté qu'ayant reçu depuis peu une lettre de M. J. J. Rousseau, datée de Bourgoin, du 8 du courant, par laquelle il lui marque que le nommé Thevenin, chamoiseur de sa profession, lui ayant fait demander neuf livres argent de France, qu'il prétend lui avoir fait remettre en prêt, au logis du Soleil, à Saint-Sulpice, il y a à peu près dix ans; et comme cet article est trop intéressant à l'honneur de mondit sieur Rousseau pour ne pas l'éclaircir, vu et d'autant qu'il n'a jamais été dans le cas d'emprunter cette somme dudit Thevenin, et que cet article est controuvé; c'est pourquoi mondit sieur le lieutenant Guyenet se présente aujourd'hui par-devant cette honorable justice, pour requérir que, par reconnoissance, il puisse justifier authentiquement ce qu'il vient d'avancer, ayant pour cet effet fait citer en témoignage le sieur Jean-Henri Jeannet, cabaretier de ce lieu; présent lequel et par qui l'argent que répète ledit Thevenin à mondit sieur Rousseau doit, suivant lui, avoir été remis; requérant qu'avant de faire déposer ledit sieur Jeannet, il y soit appointé, ce qui a été connu.

Et, pour y satisfaire, ledit sieur Jeannet étant

comparu, a, après serment intime sur les interrogats circonstanciés à lui adressés, tendants à dire tout ce qu'il peut savoir de cette affaire, déposé comme suit :

Qu'il n'a aucune connoissance que le nommé Thevenin, chamoiseur, ait jamais prêté chez lui, déposant, ni ailleurs, aucun argent à M. Jean-Jacques Rousseau pendant tout le laps de temps qu'il a demeuré dans ce pays, n'ayant jamais eu l'honneur de voir dans son logis mondit sieur Rousseau; bien est-il vrai qu'il y a à peu près cinq ans qu'il le vit s'en revenant du côté de Pontarlier, sans lui avoir parlé ni l'avoir revu dès-lors.

Il se rappelle aussi très-bien qu'en 1762, pendant le courant du mois de mai, arriva chez lui un nommé Thevenin, qui se disoit être de la Charité-sur-Loire, réfugié dans ce pays pour éviter l'effet d'une lettre de cachet obtenue contre lui, lequel étoit accompagné du nommé Guillobel, marchand horloger du même lieu; ledit Thevenin n'ayant séjourné chez lui que huit à dix jours, pendant lequel temps arriva encore dans son logis un nommé Decustreau, qu'il connoissoit depuis près de vingt ans, pour avoir logé chez lui à différentes fois, et duquel il peut produire des lettres.

Ledit Decustreau partit au bout de quelques jours pour Neuchâtel; Thevenin avec lui Jeannet l'accompagnèrent jusqu'à Saint-Sulpice, au logis du Soleil, où ils dînèrent. Après le départ dudit

Decustreau, ledit Thevenin demanda au déposant s'il connoissoit ledit Decustreau; il lui répondit qu'il le connoissoit pour avoir logé chez lui. Cette demande dudit Thevenin ayant excité au déposant la curiosité d'apprendre de lui pourquoi il lui formoit cette question, ledit Thevenin lui répondit que c'étoit à cause d'un écu de trois livres qu'il avoit prêté audit Decustreau sur la demande qu'il lui en avoit faite. Et enfin ledit sieur Jeannet ajoute que pendant tout le temps que ledit Thevenin a resté chez lui, il ne lui a point parlé de M. Rousseau, ni dit qu'il eût la moindre chose à faire avec lui; que ledit Thevenin, lorsqu'il arriva dans ce pays, n'avoit point de profession, ayant dès-lors appris celle de chamoiseur à Estavayé-le-Lac.

C'est tout ce que ledit sieur Jeannet a déclaré savoir sur cette affaire.

Enfin mondit sieur le lieutenant a continué à dire qu'étant nécessaire à M. Rousseau d'avoir le tout par écrit, pour lui servir en cas de besoin, il demandoit que par connoissance il lui fût adjugé; ce qui lui a été.

Connu et jugé par les sieurs Jacques Lambelet, doyen, et Jacob Perroud, tous deux justiciers dudit lieu; et par mondit sieur le maire ordonné au notaire soussigné, greffier des Verrières, de lui en faire l'expédition en cette forme. Le jour prédit, 19 septembre 1768.

Par ordonnance. *Signé* JEANJAQUET.

LETTRE DCCCLVIII.

A M. DE SAINT-GERMAIN.

A Bourgoin, le 13 novembre 1768.

Mardi, monsieur, vous n'êtes pas libre, ni moi mercredi; le jeudi même est douteux : reste donc demain, lundi, pour ne pas aller trop loin. Il me seroit moins incommode, il faut l'avouer, que vous me fissiez l'honneur de venir manger mon potage; mais comme une soupe de cabaret n'est pas trop présentable, et que j'y perdrois l'honneur de dîner avec madame de Saint-Germain, je préfère, monsieur, de profiter de votre invitation, en la priant de permettre que j'aille demain lui demander à dîner. S'il faisoit beau demain, sur les dix heures, j'irois vous proposer une promenade jusqu'à midi, à moins que vous ne la préférassiez de nos côtés, où il y a d'assez belles prairies.

Ne craignez pas, monsieur, d'entendre de ma part rien qui vous puisse déplaire : je respecte trop pour cela et vous et vos sentiments; et les miens, que je vois bien qui ne vous sont pas connus, en sont moins éloignés que vous ne pensez. Mais ce n'est pas de cela qu'il s'agira.

Je suis bien sensible, monsieur, à votre complaisance; vous ne tarderez pas d'en connoître le prix. Si j'avois trouvé plus tôt un cœur auquel le mien osât s'ouvrir, j'aurois souffert de moins vives angoisses, et ma raison s'en trouveroit mieux. A demain donc, monsieur, puisque vous le voulez bien. Permettez que je présente mon respect très-humble à madame de Saint-Germain.

RENOU.

LETTRE DCCCLIX.

A M. LE COMTE DE TONNERRE.

Bourgoin, le 16 novembre 1768.

Monsieur,

Pardon de mes importunités réitérées, mais je ne puis me dispenser de vous envoyer encore l'imprimé ci-joint qu'on n'a pu recouvrer plus tôt [1]. Vous y verrez, monsieur le comte, que ceux qui ont aposté le sieur Thevenin ont su choisir un sujet déjà expérimenté dans le métier qu'ils lui faisoient faire.

Je ne puis penser, monsieur, que vous m'ayez pu croire dans l'ame assez de bassesse pour vouloir

---

[1] C'étoit l'arrêt du parlement de Paris, du 10 mars 1761, qui condamnoit Thevenin au carcan, à être marqué, et aux galères pour trois ans, pour *impostures et calomnies*.

me venger d'un tel malheureux. Moi qui jamais n'ai fait, ni rendu, ni voulu le moindre mal à personne, commencerois-je si tard et sur un pareil personnage? Non, monsieur, je n'ai point désiré sa punition, mais sa confession, et c'est ce que sa conviction devoit produire, si l'on en eût profité pour remonter à la source de ces menées. Mais c'est ce qui commence à devenir superflu; et sans que l'autorité ni moi nous en mêlions en aucune manière, je prévois que le public ne tardera pas à savoir à quoi s'en tenir.

Permettez que je vous réitère ici mes actions de grâce des bontés dont vous m'avez honoré, et mes excuses de l'abus que j'en ai pu faire; et daignez, monsieur, agréer, je vous supplie, les assurances de mon respect.

P. S. Je prends la liberté d'exiger, monsieur, que vous ne fassiez aucun usage de cet imprimé. Il est pour vous seul, et pour être brûlé après l'avoir lu, à moins que vous n'aimiez mieux le garder, mais de façon qu'il ne puisse nuire à celui qu'il concerne.

LETTRE DCCCLX.

A M. MOULTOU.

Bourgoin, le 21 novembre 1768.

J'ai, mon ami, votre lettre du 14. Je ne puis me détacher de l'idée d'aller vous embrasser et délibérer avec vous de ma destination ultérieure. Je n'ai point encore de réponse de l'ambassadeur d'Angleterre : il n'étoit pas à Paris quand je lui ai écrit; et j'ai appris dans l'intervalle qu'il avoit l'honnête Walpole pour secrétaire d'ambassade : cette nouvelle a achevé de me déterminer. Je n'irai point en Angleterre : on me traitera comme on voudra en France, mais je suis déterminé à y rester. Je ne puis renoncer à l'espérance qu'au moins, pour l'honneur de l'hospitalité françoise, il s'y trouvera quelque coin où l'on voudra bien me laisser mourir en repos. Si ce coin, cher Moultou, en pouvoit être un du château de Lavagnac, il me semble que sous les auspices de l'amitié l'habitation m'en seroit délicieuse. Malheureusement j'écris inutilement à M. le prince de Conti; mes lettres ne lui parviennent point. Il me répondoit fort exactement au commencement; il ne me répond plus : il m'a fait dire qu'il ne recevoit point de mes nouvelles. Les négociations intermédiaires ont leurs inconvénients. La générosité de ce grand prince m'a accoutumé à accepter, et non pas à demander; je ne puis me résoudre à changer de méthode. Si l'ami de M. Venel, qui commande dans le château, veut écrire, à la bonne heure, je lui en serai obligé; pour moi je n'écrirai pas. Mais dites-moi, n'y a-t-il dans le pays aucune habitation qui pût me convenir que ce château? Le bon M. Venel ne pourroit-il pas me trouver un terrier à Pézenas même, ou aux environs? Pourvu que je sois son voisin, que m'importe en quel lieu j'habite? Si nous étions dans une meilleure saison, si le voyage étoit moins pénible, si j'avois plus de facilités pour le faire, je volerois près de vous; mais mon transport et celui de tout mon attirail de botanique est embarrassant. Je ne suis point à portée ici d'avoir des voitures. Il me faudroit un bon carrossin qui pût charger avec nous cinq ou six malles ou caisses; il me faudroit un bon voiturier, qui nous conduisît bien et qui fût honnête homme: j'ai pensé que cela se pourroit trouver où vous êtes, et que vous pourriez être à portée de faire pour moi ce marché, et de m'envoyer la voiture au temps convenu. Voyez. Ah! si vous pouviez faire plus! Mais madame Moultou, votre santé, vos affaires! et quand tout vous le permettroit, je ne devrois pas le souffrir. Quoi qu'il en soit, j'ai le plus grand désir de me rendre auprès de vous, et cela d'autant plus que j'ai quelque lieu de croire qu'on m'y verroit avec plus de plaisir qu'ici.

J'ai reçu depuis peu, avec le reste de mes plantes et bouquins, une lettre que M. de Gouan m'écrivoit à Trye : elle est de si vieille date que je ne sais plus comment y répondre. Il m'accusera de malhonnêteté envers lui, moi qui voudrois tout faire pour obtenir ses instructions et sa correspondance, et que ce désir anime encore à me rendre à Montpellier. Si vous le connoissez, si vous le voyez, obtenez-moi, je vous prie, ses bonnes grâces en attendant que je sois à portée de les cultiver. Quel trésor vous m'annoncez dans l'herbier des plantes marines ! Que je suis touché de la générosité de votre digne parent ! Elle me fera, avec celle du brave Dombey, une collection complète, surtout si M. Gouan veut bien y ajouter quelques fragments de ses dernières dépouilles des Pyrénées. Que je vais être riche ! Je suis si avare et si enfant que le cœur me bat de joie. Gardez-moi bien précieusement ce beau présent, je vous prie, jusqu'à ce qu'il soit décidé qui de lui ou de moi ira joindre l'autre.

J'ai été très-malade, très-agité de peines et de fièvre ces temps derniers ; maintenant je suis tranquille, mais très-foible. J'aime mieux cet état que l'autre, et j'aurai peu de regret aux forces qui me manquent s'il m'en reste assez pour vous aller voir. Adieu, cher Moultou ; faites agréer à madame les hommages et respects de votre vieux ami et de sa femme. Nous vous embrassons l'un et l'autre de tout notre cœur.

LETTRE DCCCLXI.

A M. DU PEYROU.

Bourgoin, le 21 novembre 1768.

Je vous remercie, mon cher hôte, de l'arrêt de Thevenin; je l'ai envoyé à M. de Tonnerre, avec condition expresse, qui du reste n'étoit pas fort nécessaire à stipuler, de n'en faire aucun usage qui pût nuire à ce malheureux. Votre supposition qu'il a été la dupe d'un autre imposteur est absolument incompatible avec ses propres déclarations, avec celle du cabaretier Jeannet, et avec tout ce qui s'est passé; cependant si vous voulez absolument vous y tenir, soit. Vous dites que mes ennemis ont trop d'esprit pour choisir une calomnie aussi absurde : prenez-garde qu'en leur accordant tant d'esprit vous ne leur en accordiez pas encore assez; car leur objet n'étant que de voir quelle contenance je tenois vis-à-vis d'un faux témoin, il est clair que plus l'accusation étoit absurde et ridicule, plus elle alloit à leur but : si ce but eût été de persuader le public, vous auriez raison, mais il étoit autre. On savoit très-bien que je me tirerois de cette affaire ; mais on vouloit voir comment je m'en tirerois; voilà tout. On sait que Thevenin ne m'a pas prêté neuf francs, peu importe ; mais on sait qu'un imposteur peut m'embarrasser ; c'est quelque chose.

Vos maximes, mon très-cher hôte, sont très-stoïques et très-belles, quoique un peu outrées, comme sont celles de Sénèque, et généralement celles de tous ceux qui philosophent tranquillement dans leur cabinet sur les malheurs dont ils sont loin, et sur l'opinion des hommes qui les honore. J'ai appris assurément à n'estimer l'opinion d'autrui que ce qu'elle vaut, et je crois savoir, du moins aussi bien que vous, de combien de choses la paix de l'ame dédommage ; mais que seule elle tienne lieu de tout et rende seule heureux les infortunés, voilà ce que j'avoue ne pouvoir admettre, ne pouvant, tant que je suis homme, compter totalement pour rien la voix de la nature pâtissante et le cri de l'innocence avilie. Toutefois, comme il nous importe toujours, et surtout dans l'adversité, de tendre à cette impassibilité sublime à laquelle vous dites être parvenu, je tâcherai de profiter de vos sentences, et d'y faire la réponse que fit l'architecte athénien à la harangue de l'autre : *Ce qu'il a dit, je le ferai.*

Certaines découvertes, amplifiées peut-être par mon imagination, m'ont jeté durant plusieurs jours dans une agitation fiévreuse qui m'a fait beaucoup de mal, et qui, tant qu'elle a duré, m'a empêché de vous écrire. Tout est calmé; je suis content de moi; et j'espère ne plus cesser de l'être, puisqu'il ne peut plus rien m'arriver de la part des hommes à quoi je n'aie appris à m'attendre, et à quoi je ne sois préparé. Bonjour, mon cher hôte; je vous embrasse de tout mon cœur.

LETTRE DCCCLXII.

A M. LALIAUD.

Bourgoin, le 28 novembre 1768.

Je ne puis pas mieux vous détromper, monsieur, sur la réserve dont vous me soupçonnez envers vous, qu'en suivant en tout vos idées, et vous en confiant l'exécution; et c'est ce que je fais, je vous jure, avec une confiance dont mon cœur est content, et dont le vôtre doit l'être. Voici une lettre pour M. le prince de Conti où je parle comme vous le désirez et comme je pense. Je n'ai jamais ni désiré ni cru que ma lettre à M. l'ambassadeur d'Angleterre dût ni pût être un secret pour son altesse, ni pour les gens en place, mais seulement pour le public; et je vous préviens une fois pour toutes que, quelque secret que je puisse vous demander sur quoi que ce puisse être, il ne regardera jamais M. le prince de Conti, en qui j'ai autant et plus de confiance qu'en moi-même. Vous m'avez promis que ma lettre lui seroit remise en main propre; je suppose que ce sera par vous; j'y compte, et je vous le demande.

Vous aurez pu voir que le projet de passer en Angleterre, qui me vint en recevant le passe-port, a été presque aussitôt révoqué que formé : de nouvelles lumières sur ma situation m'ont appris que je me devois de rester en France, et j'y resterai. M. Davenport m'a fait une réponse très-engageante et très-honnête. L'ambassadeur ne m'a point répondu : si j'avois su que le sieur Walpole étoit auprès de lui, vous jugez bien que je n'aurois pas écrit. Je m'imaginois bonnement que toute l'Angleterre avoit conçu pour ce misérable et pour son camarade tout le mépris dont ils sont dignes. J'ai toujours agi d'après la supposition des sentiments de droiture et d'honneur innés dans les cœurs des hommes. Ma foi pour le coup je me tiens coi, et je ne suppose plus rien; me voilà de jour en jour plus déplacé parmi eux et plus embarrassé de ma figure : si c'est leur tort ou le mien, c'est ce que je les laisse décider à leur mode : ils peuvent continuer à ballotter ma pauvre machine à leur gré, mais ils ne m'ôteront pas ma place; elle n'est pas au milieu d'eux.

J'ai été très-bien pendant une dizaine de jours;

j'étois gai; j'avois bon appétit : j'ai fait à mon herbier de bonnes augmentations : depuis deux jours je suis moins bien, j'ai de la fièvre, un grand mal de tête, que les échecs où j'ai joué hier ont augmenté; je les aime, et il faut que je les quitte; mes plantes ne m'amusent plus : je ne fais que chanter des strophes du Tasse; il est étonnant quel charme je trouve dans ce chant avec ma pauvre voix cassée et déjà tremblotante. Je me mis hier tout en larmes, sans presque m'en apercevoir, en chantant l'histoire d'Olinde et de Sophronie; si j'avois une pauvre petite épinette pour soutenir un peu ma voix foiblissante, je chanterois du matin jusqu'au soir. Il est impossible à ma mauvaise tête de renoncer aux châteaux en Espagne. Le foin de la cour du château de Lavagnac, une épinette, et mon Tasse, voilà celui qui m'occupe aujourd'hui malgré moi. Bonjour, monsieur : ma femme vous salue de tout son cœur; j'en fais de même; nous vous aimons tous deux bien sincèrement.

LETTRE DCCCLXIII.

A MADAME LA PRÉSIDENTE DE VERNA.

Bourgoin, le 2 décembre 1768.

Laissons à part, madame, je vous supplie, les livres et leurs auteurs. Je suis si sensible à votre obligeante invitation, que si ma santé me permettoit de faire en cette saison des voyages de plaisir, j'en ferois un bien volontiers pour aller vous remercier. Ce que vous avez la bonté de me dire, madame, des étangs et des montagnes de votre contrée, ajouteroit à mon empressement, mais n'en seroit pas la première cause. On dit que la grotte de la Balme est de vos côtés; c'est encore un objet de promenade et même d'habitation, si je pouvois m'en pratiquer une dont les fourbes et les chauves-souris n'approchassent pas. A l'égard de l'étude des plantes, permettez, madame, que je la fasse en naturaliste, et non pas en apothicaire : car, outre que je n'ai qu'une foi très-médiocre à la médecine, je connois l'organisation des plantes sur la foi de la nature, qui ne ment point; et je ne connois leurs vertus médicinales que sur la foi des hommes, qui sont menteurs. Je ne suis pas d'humeur à les croire sur leur parole, ni à portée de la vérifier. Ainsi, quant à moi, j'aime cent fois mieux voir dans l'émail des prés des guirlandes pour les bergères que des herbes pour les lavements. Puissé-je, madame, aussitôt que le printemps ramènera la verdure, aller faire dans vos cantons des herborisations qui ne pourront qu'être abondantes et brillantes, si je juge par les fleurs que répand votre plume, de celles qui doivent naître autour de vous ! Agréez, madame, et faites agréer à M. le président, je vous supplie, les assurances de tout mon respect.

RENOU.

FIN DU TOME CINQUIÈME DE LA CORRESPONDANCE.

TABLE ANALYTIQUE

DES LETTRES CONTENUES DANS CE VOLUME.

Lettre DCCXI, à madame la marquise de Verdelin. — Nouvelles explications sur sa querelle avec M. Hume. Il conseille à Me de Verdelin d'épouser son amant. Page 3

Lettre DCCXII, à Marc-Michel Rey. — Il le prie de ne plus lui parler de ce qu'on dit de lui. *Le public est mort pour lui.* Exaction des douanes angloises 10

Lettre DCCXIII, à M. d'Ivernois. — Vives inquiétudes sur son silence. Commission 15

Lettre DCCXIV, à M. du Peyrou. — Nouvelles explications sur M. Hume, sur la pension du roi d'Angleterre. . . 17

Lettre DCCXV, à madame la comtesse de Boufflers. — Il se justifie relativement aux torts qu'elle lui suppose envers M. Hume 22

Lettre DCCXVI, à M. d'Ivernois. — Il l'exhorte à laisser dire et faire M. Hume 26

Lettre DCCXVII, à madame la duchesse de Portland.— Sur la botanique 28

Lettre DCCXVIII, à M. Roustan.—Explication sur la conduite du clergé catholique et celle du clergé protestant envers lui. Il le prie de ne pas prendre sa défense. — Éloge des bourgeois de Genève 30

Lettre DCCXIX, à milord Maréchal.—Il est navré de son silence, se persuadant que M. Hume en est cause. . . 33

Lettre DCCXX, à M. Richard Davenport. — Renseignements sur des estampes. Il a le projet de lui donner quelques idées sur la plantation de son jardin 35

Lettre DCCXXI, à milord Maréchal.—Il le conjure de ne plus lui parler de M. Hume 36

Lettre DCCXXII, à madame ***.—Conseils sur un jeune homme. Horreur des conspirations. Le sang d'un seul homme est d'un plus grand prix que la liberté du genre humain. Sur le secret 38

Lettre DCCXXIII, à M. du Peyrou.—Il est révolté du soin qu'il prend de lui transmettre les bruits du public. Nouveaux détails sur M. Hume................ 43

Lettre DCCXXIV, au même.— Reproches faits à ses amis sur leurs doutes, sur la facilité qu'ils ont à croire le mal qu'on dit de lui. Il est las de perdre son temps à se justifier 50

Lettre DCCXXV, au même.— Il lui fait des réparations touchantes 55

Lettre DCCXXVI, à M. Laliaud.—Il n'a plus rien à dire de M. Hume qui lui paroît bien insultant pour un bonhomme, et bien bruyant pour un philosophe 57

Lettre DCCXXVII, à mademoiselle Dewes.—Lettre de compliment 59

Lettre DCCXXVIII, à milord Maréchal.—Plaintes amères. Il ne peut pas plus cesser de lui écrire que de l'aimer. 60

Note sur cette lettre...................... Ib.

Lettre DCCXXIX, à M. d'Ivernois.—Inquiétudes sur sa santé. Il désire savoir s'il exécutera son projet de venir en Angleterre 62

Lettre DCCXXX, à M. Davenport. — Il lui demande une explication sur le changement qu'il a remarqué dans ses manières 63

Lettre DCCXXXI, à lord vicomte de Nuncham.—Sur des estampes 65

Lettre DCCXXXII, à M***.— Il demande des renseignements sur un M. Deyverdun qu'il soupçonne de publier des libelles contre lui 66

Lettre DCCXXXIII, au même.—Il est content de M. Davenport. Sur M. Hume. Passion pour la botanique .. 68

Lettre DCCXXXIV. Réponses aux questions faites par M. Chauvel, à l'occasion de plusieurs assertions calomnieuses de Voltaire...................... 71

TABLE ANALYTIQUE. 401

Note à ce sujet. 71

Lettre DCCXXXV, à M. du Peyrou.—Explication sur leur mésintelligence momentanée ; sur sa rupture avec M. Hume 75

Lettre DCCXXXVI, à M. le marquis de Mirabeau.—Détails intéressants sur ses goûts, son caractère et ses projets. 82

Lettre DCCXXXVII, à M. d'Ivernois.—Il s'étonne de la crédulité de ses amis à ses dépens ; approuve la conduite des Génevois envers leurs magistrats 88

Lettre DCCXXXVIII, à M. Dutens.—Remerciements pour un ouvrage qu'il a fait passer. Éloge de Linnée. Il est fâché qu'on le défende contre M. Hume qu'il faut *laisser hurler*. Sur Genève. 90

Lettre DCCXXXIX, à M. le duc de Graffton.—Il le remercie de ce que le roi George lui a fait la remise des droits pris à la douane pour ses livres et ses gravures. 94

Lettre DCCXL, à madame Latour.—Remerciements . . 95

Lettre DCCXLI, à M. Guy.—A l'occasion de sa défense faite par madame Latour. Sur M. Hume . . . . Ib.

Note sur cette lettre . . . . Ib.

Lettre DCCXLII, à milord comte de Harcourt.—Il le remercie de son intérêt et le prie de lui donner des nouvelles de M. Watelet. 98

Lettre DCCXLIII, à M. Davenport.—Expression de sa reconnoissance pour M. Fitzherbert 99

Lettre DCCXLIV, au même.—Il ne refuseroit les grâces du roi qu'autant qu'elles lui viendroient par le canal de M. Hume. Il lui offre ses ouvrages. Sur le livre d'Helvétius 100

Lettre DCCXLV, à M. d'Ivernois.—Il est navré de la détresse du peuple de Genève : il voudroit qu'il cédât parce qu'il a plus besoin de pain que de liberté. . . . 103

Lettre DCCXLVI, à milord Maréchal.—Vives inquiétudes sur la santé de milord, qu'il appelle son bienfaiteur et son père 106

Lettre DCCXLVII, à milord Granville.—Les cadeaux le

contrarient. Après avoir aimé avec passion la liberté
et l'égalité, il aime à présent la paix et la préfère à tout. 107
Lettre DCCXLVIII, à milord comte de Harcourt.—Il lui
offre les estampes de ses écrits 109
Lettre DCCLXIX, à M. du Peyrou.—Il le plaisante sur sa
crédulité qui lui fait ajouter foi aux nouvelles les plus
absurdes sur son compte 111
Lettre DCCL, à M. Dutens.—Dispositions à prendre pour
la vente de ses livres 114
Lettre DCCLI, à mademoiselle Théodore.—Conseils sur la
conduite qu'elle doit tenir 116
Lettre DCCLII, à M. Granville.—Il le gronde d'être venu
le voir par la neige et de lui faire des cadeaux 118
Lettre DCCLIII, au même.—Il lui demande des nouvelles
de son voyage à Bath 119
Lettre DCCLIV, à M. Dutens.—Il prendra tous les arrangements qui lui conviendront s'il veut faire l'acquisi-
tion de sa bibliothèque 120
Lettre DCCLV, à milord comte de Harcourt.—De ses estampes, la seule qu'il veuille se réserver est le portrait
de milord Maréchal que pour rien au monde il ne voudroit perdre. Dispositions sur les autres gravures . . . 122
Note sur Huber 124
Lettre DCCLVI, à milord Maréchal.—Plaintes amères et
touchantes sur le silence de milord. 125
Lettre DCCLVII, à M. du Peyrou.—Annonce d'une pension de 2,400 francs que lui fait le roi d'Angleterre . . 127
Lettre DCCLVIII, à M. Dutens.—Il le charge de diverses
commissions pour la France, où M. Dutens va se rendre.
Il trouve la rente qu'il veut lui faire pour l'achat de ses
livres trop forte 128
Lettre DCCLIX, à M. le général Conway.—Remerciements pour la pension que lui accorde le roi d'Angleterre 131
Lettre DCCLX, à milord comte de Harcourt.—Disposition
sur ses estampes 132

Lettre DCCLXI, à M. du Peyrou.—Confidences pénibles qui montrent un grand découragement 134
Lettre DCCLXII, au même. — Il lui parle d'un dépôt qu'il lui destine. Ce sont les six premiers livres de ses Confessions 138
Lettre DCCLXIII, à M. d'Ivernois. Projet du traité pour pacifier Genève. Rousseau donneroit la moitié de son sang pour que ce vœu fût exaucé 141
Lettre DCCLXIV, à M. le marquis de Mirabeau.—Inquiétudes sur la liberté. Éloge de Richardson 142
Lettre DCCLXV, à milord comte de Harcourt.—Remerciements pour la peine qu'il s'est donnée dans la vente de ses gravures. 144
Lettre DCCLXVI, à M. Davenport.—Il annonce son départ de Wootton pour le lendemain 145
Lettre DCCLXVII, à M. le général Conway.—Plaintes sur l'Angleterre. Inquiétudes de son esprit. Terreurs paniques. Il se croit déshonoré 147
Lettre DCCLXVIII, à M. E.-J., chirurgien. — Il repousse les éloges pompeux qu'il lui adresse 155
Note qui prouve que la date de cette lettre n'est pas exacte . . . . Ib.
Lettre DCCLXIX, à M. le marquis de Mirabeau.—Annonce de son débarquement à Calais. Il n'est pas décidé sur le lieu de sa retraite 157
Lettre DCCLXX, à M. du Peyrou. Annonce de son retour en France 158
Lettre DCCLXXI, à M. le marquis de Mirabeau. — Il lui donne son itinéraire 159
Lettre DCCLXXII, à M. du Peyrou.—Les honneurs qu'on vouloit lui rendre l'ont fait partir d'Amiens 160
Lettre DCCLXXIII, à M. le marquis de Mirabeau.—Éloge de l'asile où il est 161
Lettre DCCLXXIV, au même.—Refus positif de reprendre la plume, ainsi que le marquis l'engageoit à le faire . . 162
Lettre DCCLXXV, à M. du Peyrou.—Indication de ce qu'il doit faire à son arrivée 164

Lettre DCCLXXVI, à M. le marquis de Mirabeau.—Il lira l'ouvrage qu'il lui a envoyé. Remerciements. 165

Lettre DCCLXXVII, à M. du Peyrou.—Il lui fait part de son arrivée à Trye 166

Lettre DCCLXXVIII, à M. le marquis de Mirabeau.—Il n'entend rien à sa *Philosophie rurale*. Il a pris le nom de *Renou*. 167

Lettre DCCLXXIX, à milord de Harcourt.—Remerciements de sa lettre. Rousseau ne peut ni dater ni signer sa réponse, à cause de l'incognito auquel il est forcé . 168

Lettre DCCLXXX, à M. du Peyrou.—Il est inquiet de son silence 169

Lettre DCCLXXXI, à M. le marquis de Mirabeau.—Indignation que lui cause sa théorie du *despotisme légal*. Observations intéressantes. Il le conjure de ne plus lui envoyer de livres 170

Lettre DCCLXXXII, à M. du Peyrou.—Il le presse de venir le voir. Commissions. Mesures à prendre 176

Lettre DCCLXXXIII, à M. Granville.—Il regrette son voisinage 179

Lettre DCCLXXXIV, à M. Guy.—Commissions pour madame Latour Franqueville 180

Lettre DCCLXXXV, à M. le marquis de Mirabeau.—Il persiste dans son refus de ne plus écrire. Il se plaint des mauvais traitements des habitants de Trye. 181

Lettre DCCLXXXVI, à madame la maréchale de Luxembourg. Il la prie d'obtenir du prince de Conti la permission de quitter Trye 182

Lettre DCCLXXXVII, à M. le marquis de Mirabeau. Remerciements. Sur les maisons des grands qui ne savent jamais ce qui se passe chez eux 184

Lettre DCCLXXXVIII, à M. d'Ivernois.—Renseignements sur une ancienne commission qu'il lui avoit donnée. Maladie de du Peyrou 186

Lettre DCCLXXXIX, à M. du Peyrou.—Détails sur des tracasseries misérables. Méfiances injustes. Plaintes. Besoin de voir son ami 189

TABLE ANALYTIQUE. 405

Lettre DCCXC, à M. de Sartines.—Il provoque l'examen du *Dictionnaire de Musique*, avant de publier cet ouvrage.. 195

Lettre DCCXCI, à M. du Peyrou.—Il lui fait part de la précédente.. 196

Lettre DCCXCII, à madame la marquise de Mesmes.— Il la remercie des peines qu'elle se donne pour lui trouver une autre retraite.................................. 197

Lettre DCCXCIII, à M. du Peyrou.—Il le presse de venir à Trye... 199

Lettre DCCXCIV, au même.—Conseils sur sa santé. Il s'affecte des nouveaux propos de M. Hume............ 201

Lettre DCCXCV, au même.—Inquiétudes causées par son silence. Il attend le prince de Conti...................... 203

Lettre DCCXCVI, au même.—Il blâme son régime. Il le défie aux échecs... 204

Lettre DCCXCVII, au même.—Diverses commissions à faire avant de venir à Trye................................... 208

Lettre DCCXCVIII, à M. du Peyrou.—Visite du prince de Conti. A son insu l'on refuse tout à Rousseau...... 209

Lettre DCCXCIX, à M. Dutens.—Arrangements relatifs à la petite rente qu'il lui doit pour l'achat de sa bibliothèque.. 211

Lettre DCCC, à M. du Peyrou.—Il le plaisante. État de la botanique.. 212

Lettre DCCCI, à madame Latour.—Il lui donnera, dans peu, par une voie sûre, les motifs de son silence...... 215

Lettre DCCCII, à M. le marquis de Mirabeau.—Il consent à ce qu'il imprime la lettre que lui a écrite l'ami des hommes. Sur les querelles littéraires.................... Ib.

Lettre DCCCIII, à M. du Peyrou.—Il l'exhorte à une vie réglée.. 216

Lettre DCCCIV, à milord comte de Harcourt.—Commissions. Il désire le portrait du roi qui étoit dans ses estampes. Excuses sur son silence............................ 219

Lettre DCCCV, à M. le marquis de Mirabeau.—Sur les querelles des économistes. Il l'exhorte à faire un opéra. 221

LETTRE DCCCVI, à madame Latour.—Plaintes sur sa situation... 223

LETTRE DCCCVII, à M. Granville.—Remerciements. Envoi de son Dictionnaire de Musique................ 225

LETTRE DCCCVIII, à mademoiselle Dewes.—Compliments. 227

LETTRE DCCCIX, à M. le marquis de Mirabeau. Ils ne feront point d'opéra. Bruits faux sur son compte............ 228

LETTRE DCCCX, à madame Latour. — Il est inquiet d'une lettre qu'il lui a écrite, et à laquelle elle n'a pas répondu... 231

LETTRE DCCCXI, à M. d'Ivernois.—Craintes pour Genève. Commission pour une tante...................... 232

LETTRE DCCCXII, au même.—Il l'exhorte à la paix...... 235

LETTRE DCCCXIII, au même.—Il discute des projets d'accommodement proposés pour le rétablissement de la paix à Genève. Observations importantes sur les vices du gouvernement de cette république. Moyens d'y remédier... 236

LETTRE DCCCXIV, à M. du Peyrou.—Il apprend avec plaisir son retour chez lui. Découragement............ 248

LETTRE DCCCXV, à M. d'Ivernois.—Nouveau mémoire sur lequel il est consulté. Utilité d'un règlement provisoire pour concilier la prudence et l'activité.............. 250

LETTRE DCCCXVI, à madame la comtesse de Boufflers.— Expressions de tristesse et de découragement........ 254

LETTRE DCCCXVII, à M. du Peyrou.—Détails sur les tracasseries qu'on lui fait pour le dégoûter de Trye..... 255

LETTRE DCCCXVIII, à M. Moultou.—Il rend compte des conseils qu'il a donnés à M. d'Ivernois. Il ne veut être ni la cause ni le prétexte de la continuation des troubles de Genève....................................... 258

LETTRE DCCCXIX, à M. d'Ivernois. — Il revient à l'expédient d'un gouvernement provisoire. Il l'exhorte à la paix, et, pour l'obtenir, à beaucoup de concessions. 263

LETTRE DCCCXX, à M. le marquis de Mirabeau.—Il ne peut aller le voir à Fleury................................ 265

LETTRE DCCCXXI, à M. de Lalande.—Remerciements sur

le compte qu'il a rendu du *Dictionnaire de Musique.*
Indication des articles dont il auroit désiré le choix... 268
Lettre DCCCXXII, à M. du Peyrou. —Il veut s'acquitter
avec lui et lui rembourser ce qu'il lui doit. Il ne veut
ni ne peut plus lire.................................. 270
Lettre DCCCXXIII, à M. d'Ivernois. —Joie que lui cause
la paix. Il engage les Génevois à ne pas faire les choses
à demi. Il est beau de se soumettre après avoir prouvé
qu'on savoit résister............................... 274
Lettre DCCCXXIV, à madame la comtesse de Boufflers.—
Il la remercie de son intérêt........................ 277
Lettre DCCCXXV, à M. le duc de Choiseul.—Longue explication... 278
Note préliminaire pour l'intelligence de cette lettre.... Ib.
Note sur la pusillanimité de ses patrons.............. 279
Note sur le passage du *Contrat social*............... Ib.
Note sur le caractère de Rousseau, comme auteur.... 281
Lettre DCCCXXVI, à M. d'Ivernois. — Il commence à
craindre qu'il ne se crée des maux imaginaires....... 284
Lettre DCCCXXVII, au même.—Il a renoncé à la pension
du roi d'Angleterre, et aux avantages que lui faisoit
du Peyrou... 285
Lettre DCCCXXVIII, à M. du Peyrou.—Il insiste pour le
remboursement de sa dette. L'un veut rendre, l'autre
ne veut rien recevoir................................ 289
Lettre DCCCXXIX, au même.—Nouveaux débats de générosité. Soins qu'il prend pour former des herbiers.. 294
Lettre DCCCXXX, à M. le prince de Conti.—Il le prie de
lui permettre de sortir de Trye...................... 300
Lettre DCCCXXXI, à M. du Peyrou. —Il lui fait part de
son arrivée à Lyon; il herborise pour se distraire de
ses chagrins... 301
Lettre DCCCXXXII, au même.—Projet d'une grande herborisation à la grande Chartreuse. Il réclame ses papiers, entre autres *Émile et Sophie*, ou les Solitaires... 302
Lettre DCCCXXXIII, à mademoiselle Le Vasseur.—Annonce de son départ pour Chambéry. Conseils....... 305

Lettre DCCCXXXIV, à M. le comte de Tonnerre. — Il le prie d'être son médiateur entre M. Faure et lui pour le loyer d'une maison.................... 307.

Lettre DCCCXXXV, au même. — Sur le même sujet...... 309

Lettre DCCCXXXVI, au même. — Envoi d'une lettre de M. Bovier........................ Ib.

Lettre DCCCXXXVII, au même. — Il le prie d'éclaircir une calomnieuse imputation dont il est l'objet........ 310

Lettre DCCCXXXVIII, à M. Laliaud. — Manière dont Rousseau reconnoît Thérèse pour sa femme.......... 311

Lettre DCCCXXXIX, à M. le comte de Tonnerre. — Il le remercie d'avoir interrogé Thevenin. Il ne veut point aller loger dans une ville où l'on répand des impostures sur son compte....................... 313

Lettre DCCCXL, à une dame de Lyon. — Explication sur des copies infidèles faites de plusieurs phrases écrites au crayon par lui.................... 315

Note sur cette lettre singulière............. Ib.

Lettre DCCCXLI, à M. le comte de Tonnerre. — Il offre d'être confronté avec Thevenin, à condition que cette affaire sera suivie sans interruption............ 318

Lettre DCCCXLII, à M. du Peyrou. — Détails sur l'affaire Thevenin....................... 319

Lettre DCCCXLIII, à M. le comte de Tonnerre. — Il part pour se rendre à son audience.............. 324

Lettre DCCCXLIV, au même. — Détails sur son entrevue avec Thevenin..................... 326

Lettre DCCCXLV, au même. — Il lui envoie une lettre qui fait voir que Thevenin a jadis été condamné aux galères........................ 342

Lettre DCCCLVI, à M. Laliaud. — Détails sur la même affaire; dégoûts qu'elle lui cause.............. 343

Lettre DCCCXLVII, à M. du Peyrou. — Sur son mariage avec Thérèse; sur l'affaire Thevenin; sur la botanique et la liberté...................... 346

Lettre DCCCXLVIII, au même. — Condoléances sur un accident arrivé à son ami. Réflexions philosophiques.. 350.

TABLE ANALYTIQUE.

Lettre DCCCXLIX, à M. Laliaud.—Nouveaux éclaircissements sur Thevenin. Inquiétudes sur le choix d'une retraite 352

Lettre DCCCL, à M. Moultou.—Sur le choix d'une retraite. Éloge exagéré de Thérèse, et fait pour justifier son mariage 357

Lettre DCCCLI, à M. Laliaud.—Détails sur ses projets, sa situation. Il s'aperçoit qu'il a donné beaucoup trop d'importance à Thevenin 360

Lettre DCCCLII, à M. du Peyrou.—Encore sur le même homme; il refuse l'offre de le faire punir 366

Lettre DCCCLIII, à M. Laliaud.—Il a reçu un passeport; il veut retourner en Angleterre 367

Lettre DCCCLIV, à M. Moultou.—Condoléances sur la mort de son père. Détails sur les bontés du prince de Conti. Projet d'aller à Wootton 369

Lettre DCCCLV, à M. Laliaud.—Regrets sur le parti qu'il a pris. Il se croit obligé de faire usage du passeport... 374

Lettre DCCCLVI, à M. de Saint-Germain.—Il a besoin d'un dépositaire de secrets, et lui demande s'il veut l'être 377

Notice de M. de Saint-Germain sur ses rapports avec Rousseau .... Ib.

Lettre DCCCLVII, à M. le comte de Tonnerre.—Sur l'affaire Thevenin. Déclaration juridique 381

Lettre DCCCLVIII, à M. de Saint-Germain. Il accepte son invitation 386

Lettre DCCCLIX, à M. le comte de Tonnerre.—Il lui envoie l'arrêt du parlement qui condamne Thevenin à la marque et aux galères, mais à condition qu'il n'en fera aucun usage 387

Lettre DCCCLX, à M. Moultou.—Il renonce à l'Angleterre et se résout à rester en France 389

Lettre DCCCLXI, à M. du Peyrou.—Remerciements de son zèle 392

Lettre DCCCLXII, à M. Laliaud.—Il n'a point de réserve

avec lui. Il s'occupe du Tasse; il chante *Olinde* et *Sophronie* 394

Lettre DCCCLXIII, à madame la présidente de Verna.— Il ne refuse pas d'aller herboriser de son côté, ... 397

FIN DE LA TABLE.

www.ingramcontent.com/pod-product-compliance
Lightning Source LLC
Chambersburg PA
CBHW052139230426
43671CB00009B/1305